小森孝一が語る 佐原の山車祭りとまちおこしの35年

特定非営利活動法人 佐原アカデミア＝編

言叢社

刊行にあたって

本書は、佐原の山車祭りを通してまちの再生に立ち上がった一人の人物の三五年の活動を中心にまとめた本である。その人、小森孝一氏が佐原のまちおこしに賭けた想いの根っ子には、衰退していくまちの様子を目の当たりにして、「このままでは佐原はだめになる」という切迫した危機感があった。年代でいえば一九八〇年代半ばのころである。

佐原は江戸時代、政治行政的には「村」なのだが、利根川の水運を利用し東北や関西と江戸をつなぐ流通の拠点として多くの商人が出入りする都市的な要素をもった「まち」（在方町）として発展してきた。佐原の豪商たちは、佐原に屋敷を持つだけでなく、江戸の河岸にも店を構え事業を行なっていたため、江戸文化の粋を吸収し、その文化を佐原に持ち帰っていた。しかし、外部のエネルギーを巧みに取り込みつつ、その力をまちの一体性、秩序維持につなぐには、佐原で暮らしを営む人々の結集がなければならない。佐原の山車祭りは、そのための重要な道具立てとして受け継がれてきた歴史をもつ。

江戸の末期、利根川の中・下流の名所・旧跡、名品、風土などを紹介した赤松宗旦の『利根川図誌』（安政二年）には、「佐原は下利根川附第一繁昌の地なり。村の中程に川有りて、新宿・本宿の間に橋を架す（大橋といふ)。米穀諸荷物の揚下げ、旅人の船、川口より此処まで、先をあらそひ両岸の狭きをうらみ、誠に水陸往来の群衆、昼夜止む時なし」と記されている。

「水陸往来の群衆、昼夜止む時なし」の賑わいをもった佐原のまちを内側からみれば、お互い負けまいと競い合う力が潜んでいることを知ることができる。佐原の祭りは、小野川(『利根川図誌』では佐原川)を挟んで右岸・東側の本宿惣町の夏祭り(八坂神社祇園祭)と左岸・西側の新宿惣町の秋祭り(諏訪神社大祭)の二つから成っているが、二つの祭りは微妙に性格の違う歴史を有している。対抗しつつ競い合いの中からまち全体の活力を引き出そうとする佐原のまちの気風は、この異なる特徴をもつ二つの祭りに端的に表れている。だが、その特徴は二つの祭りの間だけではなく、町内同士の中にも深く浸透している。

全国各地から人の出入りの多い佐原にとって、まちを治めるにはコミュニティの結束は欠かせなかった。また、度重なる利根川や小野川の氾濫に対処するため、日ごろからコミュニティの自治を築いておくことは極めて重要であった。佐原のまちは、つねに外に向かって開きつつ、外部のエネルギーを積極的に取り込む一方で、幕府の権力をふくめ外部からの圧力に抗する力を町衆の自治として築いてきた。そうした佐原の町立ての骨格をつくってきたのが伊能三家及び伊能忠敬であった。伊能忠敬が江戸に隠居した後も、佐原のまちには、有力旦那衆を中心に自治の気風がみなぎり、お互い競い合い、そのエネルギーを佐原のまち全体の活力に転換させるダイナミズムが息づいていた。その中核にはつねに山車祭りの存在があった。

佐原の祭りは、大人形の山車や日本三大囃子の一つといわれる佐原囃子が有名だが、山車祭りを構成している一つひとつの要素が、江戸の文化を超えようという旦那衆の心意気によって支えられていた。小江戸ではなく「江戸優り」のまち佐原である。その心意気は江戸末期から明治・大正を経て、戦前昭和まで引き継がれている。

佐原の祭りは、船と汽車が主要な交通機関であった明治、大正時代から昭和初期まで、近郷周辺から四、五万人を超える人が集まるほどの賑わいをもっていたという記録がある。しかし昭和二〇年、日本が戦争に負けたことを機に、佐原のまちは一変する。主産業であった米、酒、醤油は戦中、戦後の配給制度で廃業を強いられ、佐原の隆盛は途絶え、祭りも大きく変わっていく。

戦後復興期を経て高度経済成長期に至り、交通機関が鉄道から自動車に移行する過程で、佐原のまちはいちだんと衰退の道をたどっていく。同時に山車祭りも「金食い虫で、荒っぽいだけの祭り」といわれるまでになり、佐原の祭りを支えていた人たちの熱い想いも次第に遠い過去のものになっていく。特に一九八〇年代ともなれば、佐原の祭りは、ドブ川と化した小野川、また小野川沿いに建つ古い町並みとともに、「佐原の三悪」といわれるまでに酷評される。

小森孝一さんがこのままではダメだと危機感を抱き、山車祭りを通して佐原のまちおこしを決意したのはこの時期である。小森さんの住む東関戸が平成二（一九九〇）年から三五年ぶりに諏訪神社大祭の山車年番（正年番）をつとめる四、五年前のことである。正年番というのは、山車祭り全体を仕切る重要な役目である。小森さんは、昭和六二（一九八七）年に東関戸の祭事区長になり、平成二年から新宿惣町の正年番区長に就く。その立場を生かし、当時、佐原の三悪と称された遺産（宝）を取り戻すため、さまざまな改革に取り組みはじめる。

なお当時、小森さんは情報通信技術（ＩＣＴ）分野の有力企業である㈱エヌアイデイの経営者でもあった（現在は取締役会長）。ということは、一九八〇年代後半から九〇年代の小森さんは、東京に拠点をおくＩＴ企業の経営者と佐原のまちおこしのリーダーという二つの現場の第一線に立っていたことになる。名誉職的な役割ならいざ知らず、二つの現場とも、自身の判断や行動が周囲に与える影響の大きさを考えれば、そんなことがどうして可能なのか、誰もが不思議に思ってもおかしくない。

小森さんの魅力を一言でいえば、会社経営とまちおこしという明らかに価値軸の違う二つの世界を、一方の価値観で律しようとしないところにあるように思う。むしろ価値軸の異なるもの同士の反発し合う力を巧みに活用しつつ、全体の均衡をはかろうとする。その発想は、対抗しつつ競い合いの中から、まちを構成する多様な人たちの潜在的な力を引き出そうとする佐原のまちの組織の組み方とどこか似ているようにも思える。

本書を編纂しながら私は、小森さんのそうした組織論を密かに「楕円の組織論」とよんできた。重心が一カ所に固定されれば、そこに関わる人たちの行動と組織も「指揮する者―される者」の依存関係を軸に、同心円的な構造で固定されがちになる。しかし、重心が移行することで、こうした組織の陥りがちな弊害を回避する道が開ける。小森さんの行動をみていると、次つぎに起きてくる課題に即応して柔軟に重心を移動させている。その移動にともない、組織は流動化するが、そこに関わる人たちの当事者意識は高まり、お互いの信頼関係も強くなる。そのダイナミズムが会社経営、まちおこしの双方に内在している印象をもつ。

本書は、小森孝一という一人の人間のまちおこしの歴史を中心に編んだ本である。だが、一人の人物のヒーロー物語ではない。小森さん自身、たえず重心を移動させつつ、多層な楕円の渦に多くの人を巻き込み、かつ本人もその渦に巻き込まれていく。小森さんは今年八八歳になるが、自分が仕掛けた渦の中に自らもワンオブゼムの一人として巻き込まれていく。この反転する動的な構造に身をおくことで、今なおまちおこしの現場の第一線に立つ。そのエネルギーの根底には、つねに自身を固定した中心に据える発想を限りなく避けようとする組織論がある。

さて、ここで小森孝一さんが歩んできた道を素描しておく。小森さんは昭和九（一九三四）年、佐原町関戸（当時）で、父鍾吉（しょうきち）、母良（りょう）の長男（姉一人、妹三人）として生まれる。戦前の小森家は、千葉県下総圏域を中心に一三〇〇町歩を超える大地主であり、米穀取引と金融業を営む豪家であった。だが、第二次大戦の敗戦を機に、GHQの占領政策（非軍事化と民主化）による農地解放で、小森家は一夜にして没落の憂き目にあう。

戦後復興期の佐原は、穀倉地帯という地の利もあり、ヤミ経済が横行する。また昭和三〇年代前半は、鹿島コンビナート開発の前夜にあり、土地成金などで一時的に栄えていた。当時、二〇代であった小森さんは、小森家の再建を願いつつ、その手がかりを見出せないまま、いわば自分探しの旅の途中にあった。当時の自分を鼻っ柱だけは強い、生意気な青年であったと述懐している。

小森さんは昭和四二（一九六七）年に、当時黎明期にあったコンピュータ関連の会社を立ち上げる。彼をそこに導いたのは叔父・北川宗助氏である。北川氏は戦前、日本のコンピュータ業界の文字通り草分け時代の技術者の一人であり、戦後は日本のＩＴ企業のパイオニアとして会社経営に携わっていた。その後、紆余曲折を経て、昭和四七（一九七二）年に二人の会社は合併、社名を日本情報開発（平成六年からエヌアイデイに変更）として、小森さんは専務、副社長、社長を歴任し、現在に至っている。
小森さんが実業の世界に入ったころとほぼ重なり、父鍾吉氏は佐原市長を二期（昭和三四～四二年）つとめている。しかし、三期目の選挙で負け、佐原に賭けた構想を実現できないまま市長職を終えている。小森さんは、父鍾吉氏のことを「半面教師」と述べている。その言葉には、佐原の伝統的な旦那衆の心意気を受け継ぐ父への愛惜と、冷静な政治的リアリズムに疎かった父に対する口惜しさが入り混じっているように思う。しかし、小森さんの父に対する感情はもっと深く、政治の力だけでは変えることのできないものへの直観が働いているように感じる。それが何なのか、佐原のまちおこしに賭ける小森さんの三五年の活動は、それを探し出す旅であるようにもみえる。

本書は、六章構成になっている。各章のテーマ、内容に関しては、各章冒頭に簡潔に記しておいた。一章は東日本大震災の被害が生々しく残る年になされた講演を下敷きにしている。二章は、佐原商工会議所が実施した佐原の山車祭りに関する調査におけるヒアリングがもとになっている。三章以下は、インタビュー形式で行なった小森さんのまちおこしへの想いを四つのテーマに分け、まとめた。小森さんの語りは、佐原の過去、現在、未来へと広がっている。そこで、その語りの内容を補強する意味で、三人の方に寄稿、一人の方にインタビューをお願いした。また、関連する資料も掲載した。インタビューをはじめ小森さんへの聞き取りには幾人かの人が関わっているが、最終的に私の責任でまとめている。そのことをふくめ、本書全体の構成、編集は私が担った。

本書は、多くの人の協力があって上梓まで漕ぎつけることができた。特に、小出晧一氏と香取市教育委員会の坂本行広氏にはお世話になった。小出さんは小森さんの発言の中でたびたび登場するが、小森さんの山車祭りに対する原イメージの形成にとって小出さんは欠かせない存在である。坂本氏は、国の重要無形民俗文化財指定のためまとめられた『佐原山車祭調査報告書』の編纂に携わった人である。二人は、それまで口承が主だったため、乱れがちだった佐原の山車行事の歴史、解釈を、丹念な記録、史料の収集のもとに定着させるうえで大きく貢献している。二人から貴重なご指摘、示唆をいただいたが、この場を借り深く感謝申し上げる。なお、その他にも、多くの方々から内容に関連する資料、写真等の教示や提供を受けている。また、資料収集をはじめ編集に関わる諸々の作業は、佐原アカデミアのメンバーにお願いした。個々のお名前はあげないが、あらためてお礼申し上げる。

本書は、小森さんのまちおこしへの想いに共感する多くの人たちに支えられて刊行することができた。だが、本書で提示した楕円の組織論、特にその中核にある自治の気風――外部のエネルギーをとり込みつつ、その力を佐原のまち全体の活力に反転させるダイナミズムを、私たちはまだ十分生かしきっているとはいえない。むしろその本格的な作業はこれからであろう。

今、日本の地域社会は「失われた三〇年」の言葉に象徴されるように、未来への展望を見出せない閉塞状況にある。小森さんのまちおこしの出発も「このままでは佐原はだめになる」という危機感にあった。しかし、わが地域にはこれが足りない、こうした条件が整っていないからだめなんだ等々、「いま、ここ」の表層的な時間・空間軸で地域を見ている限り、地域の自治つまり地域の自律・自立への展望が拓けるとは思えない。まちおこしに全国共通の一般解がない以上、むしろそこで暮らす人々の現場に根を下ろし、その地点から地域固有の歴史、文化を直視するところから出発すべきであろう。

小森さんは、まさにそうした発想を根底に据え、「佐原らしさとは何か」という問いを一貫して見失わずまちおこしに関わってきた。その問いを胸に抱きながら佐原の過去に遡及し、その地点から、あるべき佐原の未来へと想像力を広げていった。その思考、実行力に今日の日本の閉塞した状況を切り拓く一つの可能性を見出したい。本書はその第一歩である。佐原アカデミアも本書の刊行を機に、あらためて地域の自律・自立をめざす前線に連なることを誓う。

大矢野　修
特定非営利活動法人　佐原アカデミア理事長

目次

一章　佐原市民の誇りをよびおこす旅

小森孝一さんのまちおこしへの挑戦は、佐原の山車祭りが「金食い虫で、荒っぽいだけの祭り」と酷評されはじめたことへの危機感が起点になっている。小森さんは、明治・大正時代の祭りが商業振興の意図をもっていた事実を踏まえ、佐原の祭りを「見せる祭り」にしようと山車特曳きのイベントを企画する。山車が横一列に勢ぞろいした光景を目の当たりにすることで、観光客だけでなく地元市民も祭りの魅力、価値を再発見する。ここから佐原のまちおこしは本格化し、三悪とまでいわれた祭り、ドブ川と化した小野川、川岸の古い家並みを、佐原の宝にする動きにはずみがつく。

だが、佐原のまちおこしは、二〇一一年三月一一日の東日本大震災でまち全体が甚大な被害をうけたことで急停止を強いられる。しかし、3・11の体験は、佐原の市民にとってまち再生の原点を見つめ直す機会であった。震災から四日後、瓦礫の中から一条の光が射すように「このままではしょうがない」という女性たちの声が聞こえてくる。その声に励まされるように多くの市民が立ち上がっていく。椎名喜予さんの寄稿は、まちおこしの灯を絶やすまいと「復興観光」の名で動きはじめた市民群像を紹介している。一九八〇年代半ば、小森さんの決意からはじまった佐原のまちおこしは、自治のまち佐原の誇りを呼び覚ます苗床づくりでもあった。

3・11の瓦礫の中で 佐原まちおこしの原点を想う

佐原の三悪をかけがえのない宝に

まちづくりが木っ端微塵に……3・11直後の佐原

東日本大震災で、私たちがこの二四、五年間やってきたまちおこしが、木っ端微塵に飛んでしまい、なくなってしまいました。古い町並み、特に「重要伝統的建造物群保存地区」（以下、「重伝建保存地区」と記す）の建物の屋根瓦が全部落ちてしまいました。一瞬にして二十数年の努力が水の泡になったということです。

3・11の地震があったその日、私は自転車に乗って重伝建保存地区の町並みを見て回りました。家並み全体がもう瓦礫の山で、屋根の瓦がすっぽり落ちて、つるっ禿げになっているんです。それで「人は大丈夫か？」とたずねますと、誰もけがをした人もいないし、亡くなった方もいなかった。この日、観光に多くのお客さんが来ていましたが、家の中に皆さんを引き入れたらしいんですね。家の外に逃げたら、たぶん瓦礫の下敷きになったかもしれませんが、人身事故がなかったというのは不幸中の幸いでした。けれども自転車で回りながら、もうがっかりしました。「ああ、二十数年間の苦労がこれですっ飛んでしまったな。ゼロになっちゃったな」と。

地震の日、小野川の川沿いを見ていましたら、舟の船頭が手を振るんです。「小野川が地震で、埋まっちゃったよ」と、こう言うわけです。舟が道路の高さくらいまでせり上がっているんです。一瞬にして小野川が液状化で盛り上がり、舟は打ち上げられ、一メートル近いコイが二匹も三匹も死んでいるんです。「こりゃあ、えらいことになった」と脇の石垣を見たら、亀裂しているところへ自転車が落ちてひっくり返りそうになっている。道路も、ピッと尖った（両手の指先を合わせて山を作って見せる）槍ヶ岳みたいになっている箇所があるんです。ですから、まっすぐ歩くこともできない状態です。埋まった川の延長は二〇〇メートルぐらい、それに支流も四〇〇メートルぐらいが埋まって、川の上に道ができているんです。市役所に行きましたら、市役所の広場は液状化で水が五〇センチくらい溜まっていて、車が身動きのとれないような状況でした。「ああ、佐原のまちは、これからどうなるんだろう」と本当にがっくりきました。

いち早く立ち上がった女性たち

実はその四日後に、まちづくりに参加していた女性たちが私のところに来まして、「ポスターを印刷して貼りたい」と言うんです。「ポスターを作って貼るって、資金は?」とたずねたら、「資金はないけど、貼りたい」と言うんですよね。その心意気に打たれてすぐ印刷会社へ電話をして、「やりましょう」という話になった。そのときに作ったのが（講演会場に貼ってあるポスターを指しながら）、この「負けるな佐原！　がんばろう　佐原の町並　心を重ね、今こそ示そう　江戸優り佐原の誇り」のポスターですね（二〇頁）。震災後十日目にはポスターが出来上がって、佐原のまち中に全部貼りました。それを見ながら、「ああ、これ

2011年3・11の被災状況（香取市ホームページより）

液状化により小野川の川底が盛り上がり、舟が打ち上げられた

護岸も崩れ落ちた

町屋の瓦がくずれ落ちる

地盤沈下で、マンホールが浮き上がる

路面もあちこちで、盛り上がって、行く手を塞ぐ

千葉県指定文化財も被災

伊能忠敬旧宅も被災

負けるな佐原!
がんばろう
佐原の町並
東北関東大震災
心を重ね、今こそ示そう
江戸優り佐原の誇り

女性たちの呼びかけで、震災後 10 日目にできあがったポスター

からもう俺なんかの時代は終わったな。いよいよ、女性たちの時代だな」と、つくづく思いました。その後、「復興観光」というポスターもつくりまして、まちの人を随分と勇気づけてくれました。

それ以後一カ月ぐらい、店も売り上げがゼロに近い、そういう状況が続いていたんです。「これはもうダメだな」という話の中で、「とにかく、今までの蓄積があるから必ずお客さんが戻ってくる」と励まし合っていたら、四月の末からお客さんが少しずつ戻ってくるようになりました。震災前までは観光バスで来るお客さんが多かったんですが、少人数で訪れる人たちがずいぶん増えてきて、今までの蓄積が生きていたんだと、うれしかったですね。ブルーシートだらけのまちに来てくれて、お土産買っていってくれましたから、本当にうれしく思いました。

まちおこしは「見せる祭り」から

これからの話はちょっと自慢話になりますけれども、実は、一九八〇年代半ばから、佐原のまちおこしをやろうと数人の仲間と話をして、それがしだいに本物になってきたんですね。私が首謀者だったものですか

ら、途中で抜けられなくなって、つい今日までできてしまったということです。振り返ってみれば、「しまった、えらいことやっちゃった」と思うところはあるんですが、でも「とにかくやっただけ得だったかな」ということですかね。そのかわり、もう散々女房にぐちを言われましてね、「家のことは一つもやらないで、まちのことだけやってる」と。それで「いつのまにか小遣いが一銭も無くなっているけど、あなたどこで使ってるの」と、こう言われましたけれどね。

私が佐原のまちおこしを真剣に考えはじめたのは、私の住んでいる東関戸が三五年ぶりに諏訪神社大祭の幣台（山車）年番がまわってくる四、五年前のころでした。山車祭り全体を仕切る町内のことを山車正年番というんですが、その中心にいるのが年番区長なんです。当時、私は東京で会社を経営していましたから、その兼ね合いもあって、最初は東関戸の区長になることをしぶっていたんです。どうして引き受けたかといいますと、「佐原が祭りもできなくなるようなまちになっちゃあ、もう本当に佐原の価値がなくなっちゃう。町内で私らもがんばるから、小森さんもひと肌脱いでほしい」と背中を押されたことがきっかけでした。私が五〇歳すぎのころです。それから東京で仕事をしているときは会社のこと以外考えない。会社を出て佐原に帰ったらまちおこしのこと以外何も考えない。そんな生活がはじまりました。

しかし当時、衰退していく佐原のまちを前にして、もう一度、昔のような賑わいをとり戻したいという話を佐原の人にしても、ほとんどみんな「無理だよ。ダメだよ」と、話に乗ってくれる人がいないような状況でした。ただ、祭りの話になると俄然白熱してくるんです。そこで「よし、祭りとまちおこしをつなげて、それを起爆剤にしてみんなを説得しよう」と考えました。

この小さい佐原のまちに山車が現在二四台あるんです。各町内は山車をシンボルにして所有しているんですが、実は、一年に一回、山車曳き廻しを競うという祭りの仕組みをつくったのは、伊能家なんです。そのことについては、後ほど触れたいと思いますが、いずれにしろお祭りの話になると、町内対抗意識が非常に強くなるんです。そこでお祭りをまちおこしの出発点にして、観光と商業振興に寄与するお祭りにすれば、何とかなると考えました。それがまちおこしを思い立ったはじまりでした。

そこで、山車の曳き廻しを競うような場所をつくろうということで、山車の特曳き（特別山車曳き廻し）イベントを計画しました。東関戸が山車年番になって、私が諏訪神社大祭の正年番区長になった翌年の平成三（一九九一）年ですね。山車の特曳きは、それまでお祭りの最終日の夜に、千葉銀行前の交差点を会場にして行なわれていたんですが、場所が狭いために警察から場所を変えるよう要請されていました。それをきっかけに会場を佐原駅北口のコミュニティセンター駐車場に移して、できれば観客席を設けて有料にしたいと考えたんです。

佐原の山車祭りは、昭和の戦前期ころまでは観光と商業振興に寄与する歴史をもっていまして、汽車や汽船、乗合自動車の増発や運賃割引の働きかけなどをしていたんです。しかもその交渉は、全部山車年番がやっていた伝統があるんです（第二章一〇四頁）。［なお、佐原では山車のことを「幣台」「屋台」とも呼ぶ。「屋台」は江戸時代から使われており、江戸ことばに通じる「やでえ」と発音される。本書では文脈に応じ使いわけている］。

日本が戦争に突入する昭和一〇年代の前まで、船と汽車しかないような時代に、佐原の山車祭りは、近郊の町、村から四、五万人も集まったという記録があるぐらい賑やかな祭りだったんです。ですから佐原の祭りは、こんなに価値があるんだというふうに、みんなに知ってもらうにはどうしたらいいだろうということで、会社経営のかたわら時間をつくっては全国各地の祭りを見て回ったんです。そこからはじめたんです。

そうしたら衝撃的だったのが秩父の夜祭で、桟敷席が五千円なんですよ、普通の桟敷席がね。団子坂という坂を、屋台を引き上げるところが秩父夜祭の一番のクライマックスなんですが、そこは折り畳み椅子一脚で一万円。それをヒントにして、「これをやろうじゃないか」とひそかに考えたんです。いきなり入場料をとるわけにいきませんが、平成三年の最初の年は約六、七千人、翌四年は招待の桟敷席をつくったところ、二万数千人の大観衆が押し寄せ、佐原はじまって以来の大イベントになりました。でもスタートしたときは、お金は一円もなかった。しかしまあ、今から思えば、佐原の祭りをまちおこしの出発点にしようとする最初の試みが、ここからはじまったように思います。

これまでは、自分たちのためだけのお祭りでした。しかし、これからは「見せるお祭り」にして、皆さんがお金を出した倍ぐらいお金が返ってくるような、そんなお祭りにしたいと言いながら各町内を説得して回りました。でも、まちの反応は「佐原の祭りは金を払わなければ見せないなんていうのは聞いたことがない」とずいぶん文句を言われまして、定着するまで二、三年はいろいろ苦労がありました。

佐原繁栄の基礎は河岸の競争に勝ったこと

その間に、佐原のまちとしての成り立ちの歴史を仲間と調べていました。そうしますと、小野川を動脈として、佐原は江戸とつながって発展してきたことがはっきりわかってきたんです。きっかけは、徳川家康による利根川の東遷で、水路を銚子方面に移したことで、佐原は利根川舟運の中継基地として発展してきたんです。

利根川の東遷は、何次にもわたる河川工事によって進められていますが、承応三（一六五四）年に赤堀川が開削され、利根川本流は常陸川を経て銚子河口に至る流れが完成します。それをうけて、佐原も舟運で江戸に通じる路が開かれます。この舟運によって、江戸に物資を運ぶ道が開かれるわけですが、その途中で荷主と船持ちとの仲介業務を担う河岸制度（三章「寄稿」一四九頁）が発展してきます。佐原にも河岸ができますが、他に利根川下流域の銚子をはじめ、東庄の笹川、小見川などにもできます。また対岸の常陸側にも潮来河岸、牛堀河岸などができてきます。利根川東遷の当初は、積み荷の多くは潮来河岸に集まり、奥州廻米を江戸に運ぶ要衝になっていました。しかしその後、数次にわたる流路の変更、また砂洲の水田開発などで、潮来河岸は利根川の本流から遠ざかり、下総側の佐原河岸、小見川河岸、津宮河岸などが主流になってきます。

では、利根川の流域でライバルの河岸が多くあるなかで、どうして佐原河岸が他の河岸に伍して栄えてきたのか。実は他の河岸では、積み荷の手数料ですとか、舟数の所有などを独占する河岸問屋がいて、こうした問屋がそれぞれの河岸を牛耳っていたんですが、佐原にはそうした河岸全体を独占的に仕切る問屋がなかったんです。ということは、佐原河岸では問屋同士がお互い競争して、まち全体が潤うような仕組みがあり、それが大きな要因となって、しだいに物資の中継地点として佐原が栄えてくる礎がつくられてきます。その中心に代々の伊能家がいたんですが、奥州米の多くが銚子湊を経て佐原河岸に集まるようになり、佐原河岸を中継地にして、江戸の河岸へと物資が運ばれていったわけです。

さて、米が集まるようになりますと、その米を活用した酒造りが盛んになってきます。銚子は醤油ですが、佐原は酒です。野田も醤油なんです。佐原にも醤油はあったんですが、どちらかというと酒が主です。「関東灘」ですね。江戸末期の天明のころ、江戸の酒の六〇％ぐらいが佐原の酒というくらい酒造りが盛んだったんです。それが明治時代になっても続いていきます。その証拠の一つに、明治三五（一九〇二）年当時の東京税務署管内の職員定数表があるんですが、それをみますと、酒税担当の官吏が関東一円で一番多いのが佐原なんです。七人いるんです。川越、浦和、銚子は六人、佐原だけ七人ですから、まさに酒造りでは関東一だったんです。

年番引継書を読み、山車祭りが商業振興だったことを知る

そういった佐原の歴史・伝統を、どうしたらまちおこしにつなげられるかと考えました。まず、祭りの意識、やり方を変えることと、そのころドブ川だった小野川をどう生かすのか、最初はこの二つを中心に考えたんですが、二つとも大問題をかかえていました。まちのみんなを集めて祭りと小野川を何とかしようという話をすると、ほとんどが「そんなことといったって、できっこねえよ。やりたけりゃやってみろ」というから、「よし、わかった。やりますよ」と、まあ、タンカを切るように宣言してはじめました。

山車祭りの歴史については、誰と議論しても負けないようにと思って、仲間の二人とずいぶん調べました。そうしたら、明治一〇（一八七七）年から新宿惣町の山車年番が変更された経緯を詳細に記録した資料が諏訪神社から出てきたんです。正式には『幣台規則並割合帳（へいだいきそくならびにわりあいちょう）』というんですが、幣台つまり山車年番を記録した文書です。その引継書にはお祭りのことより、その年々の世情ですね、例えば今年は大水害があってどうのこうので、次の年は疫病が流行（はや）ってどうのこうのといったことが書いてある。今年は豊年で、水害もなかったのでお祭りができたとか、その時々の世情が丹念に書いてありました。

この年番引継書を熟読するのと同時に、伊能家の古文書を調べるなどして、多くのことがわかってきました。一つは、佐原の山車祭りというのは商業振興の意味をもっていたということです。引継書には、たしかに「お祭りは年々盛大にやるべし」と書いてあるんです。ただ、洪水や飢饉などで祭りができない年もあっ

た。ですから「祭りをやる時は、近郷近在の人を佐原に呼ぶよう努力すべし」と書いてある。しかも「祭りはなるべくゆっくりやれ」とも書いてある。つまり「今年は佐原で祭りをやるから、見に来てください」という宣伝の意味がそこに込められているんですね。そういうことを読み込んでいきますと、佐原の祭りが神社の祭礼だけでなく、まちおこし、商業振興の道具、シカケだったということがだんだんわかってきました。つまり近郷近在から人を集めて、佐原でお客としてもてなしながら、お金の流れをつくるという仕組みになっていたということが、この年番引き継ぎの記録帳などから見えてきたんです。

　昔は今みたいにテレビやインターネットがあるわけではないですから、全部口コミですね。江戸時代はお祭りをやるには、山車の上に載せる飾り物（練り物ともいう）も自分たちでつくっていたんです。竹を組んで紙を貼ったりして自分たちでつくっていた。それも、わざわざ人に見えるところでゆっくりやっていました。そうすることで、今年はお祭りをやるんだということを周辺に知らせる。すると口コミで外へもどんどん広がっていく。そうしますと、周辺の集落がお囃子の練習をはじめだす。佐原囃子の演奏集団のことを下座連というんですが、今年は佐原で祭りをやるから、下座連として参加しようということで、お囃子の練習をやろうやということになる。そういうかたちで、お祭りの雰囲気がだんだん盛り上がってくるんですね。盛り上がってくれば、佐原にたくさんの人が集まる。こういう具合に、昔から佐原のお祭りは、すごく経済効果を考えながらやっていたんです。ですから、お祭りはなるべくゆっくり準備をしていくということだったんです。

　佐原のみなさんは、一人一人お祭りへの想いが強いために、祭りには「いろんなうるさい決まりがあるんだ」とおっしゃるんですが、よく年番引継書を読むと、山車祭りは、毎年実施されていたわけではなくて、柔軟にやれる時にやってたんですね。なるほどと感心しました。

本宿の夏祭りと新宿の秋祭りは性格が違う

それからもう一つ。ご存知のように佐原の大祭は、本宿（ほんじゅく）の夏祭り（八坂神社祇園祭、七月一〇日以降の金・土・日）と新宿（しんじゅく）の秋祭り（諏訪神社大祭、一〇月第二土曜日を中日とする金・土・日）の二つが合わさって「佐原の大祭」ということになっています。たしかに、両方の祭りとも山車の曳き廻しと神輿の巡幸で成り立っています。しかし、山車年番の引継書や他の古文書などをつき合わしてみますと、二つの祭りは微妙に違うことがわかってきました。地名が本宿、新宿ですから、山車祭りは本宿のほうが古いと思っていたんですが、現在の祭りの形になるのは、新宿の方が先なんですね。本宿の夏祭りは八坂神社の祭礼の性格が強くて、神輿の巡幸が主で、山車の曳き廻しは従なんです。しかも山車の巡行は、新宿の祭りから五〇年ほど遅れてはじまっていることもわかってきました。

一方、新宿の秋祭りは、諏訪神社の祭礼であることは確かなんですが、祭りの本体は「附祭り（つけまつり）」つまり諏訪神社の祭礼行事である神輿巡幸とは別に出される山車の曳き廻しが第一で、神輿は山車の後に付いていくということで、本宿と新宿の祭りはずいぶん違うことがわかってきました。そういうことを頭に入れながら、特に新宿の諏訪神社のお祭りは、周辺から人を集めて「見せる祭り」を意図したものだということですから、「とにかく、お祭りでお金が儲かるんだということを一度見せて、感じてもらいたいので、協力をしてくれ」とみなさんにお願いをしました。そうしたら「一回ならいいよ。一回なら協力するからやってみようか」ということで、先ほど述べましたように、山車の特曳きの実行委員会を諏訪神社の祭礼とは別の企画にして立ち上げました。

特曳きイベントの成功で山車祭り実施本部を立ち上げる

実は、それまで佐原では山車は縦一列に並んで巡行することはあっても、横一列で一堂に集まることはなかったんです。それをはじめて横一列に並べたイベントとして実施したんです。今もはっきり覚えていますが、雨上がりの夜で、工事用の電灯だけのうす暗がりの中で、山車が集まってくれるかどうか不安でしたが、新宿の山車八台が来てくれて、先ほど言いましたように、観客も六、七千人も来てくれて好評でした。そこで翌年も開催して、この時は招待客用の桟敷を八〇〇席つくり、二万数千人の観客を集めて、大成功でした。なおこの年、お祭りの準備風景がＮＨＫテレビで放送され、佐原の祭りがしだいに知られるようにもなってきました。

ところで平成四（一九九二）年は、私が正年番区長を終える年で、西関戸に引き継ぐことになるわけですが、この年、お祭りの反省会というか新宿の惣町区長・当役長（とうやくちょう）会議で、山車特曳きが好評だから今後とも続けてほしい。また、町内によっては特曳きの準備をするのは大変なので、そのための実行委員会を正式に立ち上げてはどうかということが決まり、私に一任されたんです。それをうけて平成五（一九九三）年に市長を本部長とする佐原観光山車祭り実施本部が発足します。ここに新宿惣町だけでなく、市役所や商工会議所はじめ佐原市全体で祭りを支える体制ができてきたんですが、集客時における警備上の問題もあって、責任体制を整える必要があったんです。しかし、実際の実行部隊はこれまでのように山車年番の町内を中心に運営するのは変わりなくて、そこで両者をつなぐ役割をお前がやれということになり、「佐原観光山車祭り実行委員会」（後に「佐原の大祭実行委員会」に変更）という組織を新たにつくり、私が初代委員長になります。

ですから、形としては市役所はじめ行政機関を巻き込んだ組織ができあがったわけですが、私は対外的な交渉事をふくめて、お役御免というわけにはいかず、文字通り渦中に巻き込まれていくことになります。

佐原の人たちも山車祭りの価値を再認識する

さて、山車の特曳きイベントはお金がほぼゼロからスタートしたといいましたが、一つだけ救いの神があらわれました。東京電力佐原営業所の所長です。というのは、うす暗がりの中で特曳きイベントを終え、酒を飲みに行ったら東電の所長と一緒になったんです。そしたら誰かが私を指して、「真っ暗闇でよ、この人におらあ屋台(やでえ)曳かせられてよ」とはじまったわけです。所長がどうしたんですかと聞くから、かくかくしかじかでお金がないから工事現場の電気一つでやったんだと説明した。「ああ、そうか」ということでその場は終わったんですが、その翌日、所長から「小森さん、あそこの電気、私がつけてあげますよ」というんです。「お金は一銭もないから、私払えませんよ」と言ったら、「金は一銭もいらない」と。

後でわかったんですが、東京電力は、社内で地域振興金というのを持っていて、佐原では一度も使ってなかったらしい。それを使いましょうということだったんです。ただし条件があって、「小森さんに頼まれてやるというわけにはいかないから、市長と商工会議所会頭の二人を連れてきて、頭下げてくれればやりますよ」って、こう言うんです。そこで、まず市長のところに掛け合いに行ったら、「頭一つ下げればいいんだな」となった。それから佐原商工会議所に行った。会頭の方が歳をとっていて、市長より偉いんですよね。「市長が頭下げるんだったら、俺も頭下げてやるわ」ということで、二人連れていって「お願いします」となったんです。

そうした偶然もあって、山車の特曳きイベントは継続できたわけですが、先ほども言ったように、秩父の夜祭のことが頭にありましたから、無料では面白くないので、入場料をとろうということで、三年目から三千円の入場料をとって実施したんです。そしたら、これがまた大変な議論を呼びまして、市議会でもですね、「神社のお祭りを金をとって見せるとは何事だ」と。「祭りはただで見るもんだ」ということで、さんざんでした。それを何とか説得できたのは、佐原の山車祭りが神社の祭礼から一定程度自立した性格をもった「附祭り」だということの証拠が年番引継書という形で残っていたからなんですね。そういう意味で、やはり記録というのは大事なんだとつくづく実感しました。

ところで、秩父夜祭のまねをして、三千円の桟敷席をつくって「見せる祭り」をやろうとしたわけですが、最初入場券はなかなかさばけなかった。でも、大した宣伝もしてないのに、口コミなんですね、最終的には立錐の余地もない程の人で埋まりました。確かに会場に山車が勢ぞろいしますと、地元の佐原の人たちも「山車があんなにすごいというのははじめて見た」と驚くほど壮観でした。先ほども言ったように、まちなかでの山車の曳き廻しは、縦に並んでいるもので、横に並んでいるのは佐原の人たちにとってもはじめてだったんです（四章一八六－一八七頁写真）。佐原の山車祭りがはじまって以来の話で、これはすごいということになって、評判が評判を呼んで、次の年は三日で売り切れ、その次の年は三時間で売り切れというふうになってきた。「どうですか、みなさん。佐原の祭りというのは、これほど価値があるんですよ」と、こういうふうに、みんなに言ったんだけど、やっぱり大冒険であったことは間違いありませんでした。でも、このイベントを通して、あらためて佐原の祭りのもつ魅力、価値が再認識されたように思います。

ところが、山車特曳きイベントが終わって解散となりますと、みんなご飯を食べに行くわけですよ。今まではお祭りをやっても、大して経済効果がなかったので、食事を準備するようなことは考えてなかった。ところが特曳きのイベントが終わったら、人が一斉にまちなかに散らばって飲み食いをはじめた。一時間半ぐらいで、佐原の飲食店に売るものが全部なくなってしまったんです。そういうのを想定していませんでしたから、びっくりしましたが、こういう経験を経て、地元の人たちの祭りをみる目も変わっていったように思います。ともあれ、祭りを出発点にしたまちおこしは、こういうかたちではじまりました。

佐原の「三悪」

当時佐原では、「佐原の三悪」といって、なんとか変えなければだめだと地元の人たちも思っていたものが三つあったんです。一つがお祭りのやり方がこのままでいいのかどうか。それから小野川と小野川沿いに建っている古い町並み。古い町並みですから、町全体が薄暗くて流行のファッションの店なんかもう売れないわけです。ですから、古い土蔵造りを全部取り壊して、新しい店に付け替えて、建て直そうという意見が大半でした。

次は小野川ですが、これがまた巨大排水路みたいなあり様でした。みんなゴミは捨てる、水は濁る、メタンガスがブクブク湧き出しますから臭い。そういったことで、「埋めて駐車場にしよう」という議論をやっていた時代なんです。かくいう私自身、祭りのことを深く考えるまえは、同じ意見だったんです。しかし、まちの歴史的な成り立ちがわかってくるにつれて、「いや、小野川を埋めてはダメなんだ」「小野川は、佐原の昔からの命綱だから、絶対埋めてはいけない」と、逆のことを言いはじめたんです。そうしたらみんなきょとんとして、「お前、この間まで埋めろ、埋めろ、って言ってたじゃないか、先頭に立ってたのに何だ」ということになった。私は、君子は豹変するんだとか、勝手なことを言いながら、「埋め立てなんてとんでもない」と説得して回りました。

実は、私が埋め立て派から保存派に変わったのには理由があったんです。私事で恐縮なんですが、私の長男の嫁さんが飛騨高山の出でして、それを機に、飛騨高山のまちづくりについては関心をもっていました。そこで一度、飛騨高山の関係者の方たちを招いて佐原の実状を見てもらったことがあったんです。その時、蛇行している小野川の光景を見て、「これこそが佐原の宝物ではないですか」と言われたんです。今思えば恥ずかしいことですが、それを聞いて、ハッとしたんですね。曲がりくねって蛇行して流れる小野川、また小野川に抱かれるように建っている古い町並みの価値を、観光まちづくりの大先輩である飛騨高山から教えてもらったんです。それから俄然、私は埋め立て派から保存派に転向したんです。

大人形が通れるように電線を引き上げる

ところで、お祭りの運営に四年、五年と関わってきますと、山車祭りで人を集めればまちが潤うということがわかってきました。そうしますと、どんどん協力してくれる人が増えてきて、いいねっていう話になってきたんです。そうなると、このお祭りをもっとよく見せなくちゃダメだっていう話が出てきます。問題は二つあって、一つは低い電線でした。それまで、まち全体に低い電線が張られてたんで、山車がなかなか通れないんです。佐原の山車祭りの特徴は、大人形と佐原囃子ですが、大人形を伸ばすと八メートルを超えるんです（人形は伸縮式になっていて、低い電線の箇所はそれで対応）。そこで、「大人形が通れるように電線を上げろ」という話になって、山車祭り実行委員会の責任者として、私が東京電力へ交渉に行きました。

東京電力は「電柱の高さは一二メートルですから、電線を上げること自体は大丈夫です」と簡単に言うわけです。だけど、こちらはお金はないわけですから、「お金ないんですよ」と、こういう話をしましたら、実はこのときも東電の地域振興の補助金をまわしてもらったんです。東電の電柱は道の片側だけで、反対側はＮＴＴの低い電柱があって、両方を高くしないと山車の大人形は通れませんからその交渉もやったんですが、東電さんが全部めんどうをみてくれたんです。その他に、小野川の両側に水銀灯をつけたのもそうでした。そのとき注文したのは、フラッシュをたかないでも山車曳き廻しの写真が撮れるような明るさにしてほしいとお願いしたんですが、それもすべて東電が協力してくれました。まあそういう訳で、事のはじまりは東電の所長さんと偶然飲み屋で一緒になったことからでしたが、そういう偶然のタイミングで懸案の問題が解決するのを、その後もいくつか経験しました。

本宿・新宿の山車相互乗り入れと忠敬橋の歩道橋撤去

もう一つの課題は、忠敬橋にあった歩道橋の撤去問題でした。さっき桟敷付きのイベントの話をしましたが、このイベントは新宿の秋祭りだけで、本宿の夏祭りのときはなかったんです。そうしますと、秋祭りで集客がうまくいきだすと、どうしても本宿の祭りと差が出はじめるんです。本宿の方から「何で新宿だけでやるんだ」と言われて、「俺は新宿の山車年番だから、本宿のことは口出しできないでしょう」と言いながら、しかし内心では、何とかできないかと思っていました。また本宿のみなさんからも相談されました。そこで思いついたのが、小野川をうまく使って、本宿の山車と新宿の山車を小野川の両岸に相互に乗り入れることはできないか、ということでした。

山車の曳き廻しは、それぞれ諏訪神社と八坂神社の氏子の町域を回るのがならわしですから、氏子圏を離

上：忠敬橋歩道橋竣工時（昭和四三／一九六八年三月）
中：撤去前は歩道橋がまちを分断
下：歩道橋が撤去された現在の風景
＊上写真は、香取市教育委員会提供

れて対岸に入るのはお互い認められなかった。それを実現するため、諏訪神社と八坂神社の宮司さんや新宿・本宿の氏子総代のみなさんと相談するなどいろいろやりましたが、何とか双方で氏子圏域を越えて小野川の両岸を山車の曳き廻しに使う「議定書」を取り交わすところまでこぎつけたのが、平成八（一九九六）年でしたかね（四章一八九頁図）。

先ほど、祭りのやり方を変えると言いましたが、それまで小野川を境にして、別々の祭りと思っていた新宿・本宿の祭りが、この相互乗り入れをきっかけに、小野川を中心にお互い競い合いながら、文字通り「佐原の大祭」として、夏祭り、秋祭りが一体とした祭りに変わってきたんです。これを機に、本宿の祭りもパッと火がついてきたのを実感しましたね。

ただ、ここで浮上してきたのが忠敬橋にかかっていた歩道橋でした。忠敬橋の歩道橋は、それまで新宿の祭りと本宿の祭りを分断する象徴のような存在でしたから、二つの祭りを一体化するには、どうしても歩道橋の撤去は必要でした。忠敬橋に歩道橋があることで、山車の大人形を取り外さないと通れない。それから景観上の問題もあったんです。実は、市長の紹介で住友金属工業鹿島製鉄所の所長が佐原の町並みを見たいというので、案内したことがありました。そしたら所長が忠敬橋の歩道橋に来た時、「小森さん、佐原にとって一番いい場所に、一番邪魔なものがありますね」と言うんです。香取街道と小野川が交差するこの場所は佐原の中心地ですし、歩道橋を撤去しないと、まちの景観が台なしだと言うんです。そういうこともあって、忠敬橋の歩道橋撤去を決意するんですが、周囲の住民やＰＴＡなどからずいぶん反対されました。

たまたま新聞に目を通していますと、東京・新宿区で交通弱者のために歩道橋を外すという記事があったんですね。その記事を見て、「しめた」と思いました。さっそく身障者やお年寄り、子どもなどが安心して道路を渡れるように改善したいといって、教育委員会やＰＴＡのお母さんなどを説得しました。それから、歩道橋がどんな使われ方をしているのか、業者に頼んで一週間ほど秘かにビデオで撮ったんです。それを見てもらいながら、反対される人が言うほど、歩道橋が使われていないことを理解してもらい、何とか撤去を説得したのを憶えています。

まあそういう動きがあって、見せる祭りのための条件がだんだん整ってきました。そうしますと今度は、今の山車だけでは祭り全体の見栄えが足らないし、整備もされていない。それからお祭りをやってる人も夏祭りなんか、祭りの衣装も着ないでみんな裸なんですね。これはみっともないとかいろんな話が出て、少しずつ少しずつ変えていきました。それから、観光客の方たちが、いろいろな意見を述べていってくれるのも非常に刺激になって、若い人たちから「見せる祭り」にしていこうという雰囲気がどんどん出てきましたね。佐原の祭りというのは、小さいよちよち歩きの子どもから、おじいちゃん、おばあちゃんまで、町内の全員参加のお祭りなもんですから、だんだん、だんだんとまち全体の意識が盛り上がってきました。

ドブ川の小野川をどうするか

ところで祭りが軌道に乗ってきたら、「小森さん、小野川をちゃんとするとか何とか言ってたよな」とこう言われるわけです。小野川をちゃんとするといっても、ドブ川みたいで、もう臭くてね、この辺の人たちも、自分の家のゴミが出たら、小野川にポンと捨てていたんですね。「困ったなあ」と思いながら小野川を行ったり来たりして考えていたら、ひょいと気がついた。昔は船着き場みたいな「出し」が、三軒間隔ぐらいで並んでたんです。当時、正上(しょうじょう)さん(創業寛政一二/一八〇〇年の商家)の「出し」といっていたんですが、荷揚げ場が一つ残っていて、他は全部埋められてなくなっていた。そこで荷揚げ場を作ってくれと、県の香取土木事務所へ行ったところ、担当者が変わった人で、「小野川に杭一本打っても水の流れを阻害するからダメだ」と。「俺がハンコを押さないうちは絶対造らせない」とこう言うんですよね。その人とはだいぶ議論をしました。

商家・正上前の「出し」

こいつはダメだあと思いながら、「ここで子どもが落っこちたら上がる所が一ヵ所もないよ」こう話をしたんです。「昔は、こういう〝出し〟五〇メートルに一ヵ所位ずつあったから、何処でもすぐ上がれたんだ。だから、小野川のどこを歩いてても、ほとんど溺死した人がいない」と頑張ったんです。もっとも小野川の水深は浅いんです。でも小野川は両岸が高いので、すぐ上にあがれないような状態はまずいし、これから、この小野川を観光の目玉にしようと思っているんだから協力してくださいとお願いしても、頑として聞く耳をもたない。ところが、しばらくしてその人は異動になり、若い人が所長になりました。新しい所長さんは話を聞いてくれて、酒を飲みながら、いろんな話をすると「じゃあ、やってみようか」と言ってくれて、伊能忠敬旧宅前にあるジャージャー橋(三章一三二頁)のところに船着場(出し)を造ることになりました。

船着き場ができたら、今度は「お前、いつ舟走らせるんだ」と、こう言うわけです。いつ舟を走らせるといっても、小野川をきれいに掃除しなくちゃ、舟は走れません。とにかく木の枝は落ちてる、自転車は落ちてる、何が落ちてるかわからない。ドブ川同然ですからね。若い連中に「小野川を掃除しようと思うんだ」と言ったら、「小野川は臭いですよ。とんでもないです」と、こういう話になって全然とりあってくれない。「ダメかなあ、諦めようか」と思っていたら、お祭り開催時の交通規制の話が持ち上がってきたんです。

窮余の策で利根川の河川敷を駐車場に

それまで、お祭りの日は交通規制をしてませんから、まちなかに車はどんどん入ってきます。他方で、山車はゆっくり進みますから大渋滞が起きますし、山車を曳いてるほうも安心して曳けない。車を運転している人もイライラする。これはまずいから何とか警察と交渉して、祭りの区域に車を一台も入れないように規制したいということで、「小森さん、交通規制のこと考えてくれませんか」と、こういう声が出てきた。

これもね、みんな難題ばっかりもってきて、これは困っちゃったなあということで、警察に相談に行ったんです。そしたら、警察署長が「わかりました。全面的に交通規制をやりましょう。しかし、観光客や見物人がたくさん来ますから、千台停まれる駐車場を用意してください」と、こう言うわけです。この佐原の古い町並みで、一〇台停まれる駐車場はありますが、千台なんか停められる駐車場はどこを探してもない。おそらく警察署長もそんなのできっこないから、もう頼みにこないだろうと思ったんですね。

そこでまた困って、今度は市役所の観光課へ行って相談したんです。そうしたら若い職員が利根川の河川敷は駐車場に使えないだろうか、と言ったんです。実はよく考えたら、小野川をずっと下って利根川に出る水門の先に広い河川敷があるんです。県道二号水戸鉾田佐原線沿いにあるんですが、私の背丈よりも高いような草ぼうぼうのその河川敷を建設省（現、国土交通省）の利根川下流河川事務所に頼んで整備してもらって、砕石を敷いてもらえばそこが駐車場になるのではないかというアイディアなんですね。そこでさっそくその職員といっしょに河川事務所に行って話をしようということになった。

河川事務所の所長さんが「おもしろい、小森さん、貸しますよ」と、こう言うんですよ。そして、少し詳しいことを聞きたいから祭り関係者と一緒に建設省に来てくれませんかということで、観光課の職員を連れて行ったんです。そうしますと、「建設省としては、ここを駐車場にお貸しします。ですが、停めた千台の車の人をまちなかまでどんな方法で誘導するんですか。歩いて行かせるんですか、それともバスを通すんですか」と、こう言うわけです。

とっさに観光客を舟で運ぶと提案

ちょうどそのころ、建設省では、「水辺に近づくな」と、川から人を排除していた政策を変えて、水に親しむという運動をはじめていた時期でしたから、それで話に乗ってきたんですね。ただし「何で人を運ぶんですか」と言うから、とっさに、もう破れかぶれではないけれど、「利根川から舟で運ぶ」って、そう言っちゃったんです。「香取土木事務所も舟着き場を造ってくれますから、ここから舟で運びましょう」と言った。建設省も「それができるんだったら、駐車場を本格的に整備します」ということになった。そこで、町内に帰ってお祭りをやる連中を集めて、小野川に舟を入れる相談をしたんです。しかし全員反対でした。

こんな汚い川、臭くてゴミだらけで、あんなところに舟走らせたら評判が悪くなる。川っていうのは生きた川にしないときれいにならないという議論になった。そこから生きた川とは何だろう、ということに話がなってきて、私が「金を稼ぐ川だ」と言ったんです。河川敷の駐車場から舟で往復千円の運賃で小野川を走らせたら、少しでもお金を落としてくれる川になってくれるんじゃないか。それが生きた川だ、と説得したら、みんな渋々乗ってきて話がまとまりました。でも、どこから手をつけていいかわからないんです。

今考えても、まったく行き当たりばったりでしたね。ぶつかった課題について、愚直に一つ一つ解決していく他に、方法がなかったんです。ドブ川同然だった小野川に舟を通すというのは全員反対ですから、それを納得してもらうにはどうしたらいいか、いろいろ考えましたが、なかなかいい知恵は浮かばない。ただ「小野川は佐原の大動脈だったんだ。これを汚しておいたままでは、佐原の宝をつぶすことになる」とか何とか理屈を言って、「やるんだ、やるんだ」とみんなを説得する日々が続きました。

小野川のドブさらいと交通規制

舟は利根川と常陸利根川の間の十六島(じゅうろくしま)や十二橋(じゅうにきょう)の方へ行くとありますから、これをチャーターしてくれば何とかなるかなと考えた。だけど、この小野川のゴミをどうしようかということになって、「とにかくやってみよう。一週間ほどゴミ拾いをすれば、ある程度きれいになるだろう」ということで、みんなバカ長靴を履(は)

いて小野川に下りました。浮いている物は簡単に取れるんですが、歩くとね、足にいろんな物がぶつかるんですよ。引き上げてみたら自転車なんです。自転車が半分くらい顔を出して埋まってるんです。とにかく手で引っこ抜きながら、ロープに結わえて軽自動車で引き上げる。自転車だけで四〇〇台から五〇〇台上がりましたかね、四トンのダンプに三台分。自転車に乗ってきて小野川へポンと投げていたんですね。それとあと、護岸を直した時の古い石がそのまま川底にゴロゴロ残っていました。それから、いろんな物……さすがに人間の死体は上がってきませんでしたが、犬の死骸なんかもありましたよ。

一週間ほどかかって何とか川さらいをして、これで舟が通れるだろうということで、北佐原地区の船頭さんに「ちょっと走ってみてくれ」と頼んだら、「これ通ってもいいけど、臭くて」と言うから、「臭いのは我慢してくれ」と頼み込んだ。ところが走れないんですね。護岸工事でそのままになっていた石に舟がドカンドカンぶつかって、どうしようもない。そこで、すぐに建設省に頼み込んで、「申し訳ないけれども、小野川の水門を閉めてください。小野川の水位を上げれば舟が走れますから」ということで、水位を上げてもらって何とか舟を通したんです。こうして平成五（一九九三）年、祭りの日限定でしたが、戦後三〇年ほど途絶えていた小野川の舟運が、利根川河川敷の駐車場と祭りの会場を結ぶ便として復活しました。

建設省の利根川下流河川事務所の所長さんも理解のある人でした。駐車場を使うようにした一年目のときは、お客さんが車を停めて堤防を上がろうとしたら、草で滑って苦労したんですが、翌年にはちゃんと堤防に階段を付けてくれました。そんなふうに協力してくれたんです。ここまできて、「さあ、警察署長さん、交通規制お願いします」ということになった。

ところが警察は「交通規制をしたら、五メートル先に自分の駐車場があっても入れませんよ」とこう言うんですよ。住民からそうとう苦情が出るでしょうというから、「苦情は慣れてますからやってください」という話をしてですね、祭りの当日、交通規制をやってもらったんですが、本当にもう一日目はすごい苦情でした。しかし、佐原の家というのは表も裏も道路に接していて、水害があったときなど、裏から逃げられるようになっているんです。火事も多かったんで、そういう造りになっていて、車も人も裏から出入りできる。それでいいだろうということで、二日目にはなんとか納得してもらった。それでどうにか交通規制をして、安心してまちなかを山車が曳ける、観光客の人にも評判がいいということで、だんだん人を呼び込める祭りの体制が整ってきました。

シャトル舟が走り、住民の意識も変わる

一番驚いたのは、小野川の中橋の所まで舟を入れたんですが、人を乗せて舟がのぼってきて、何回も往来すると両岸の人が手を振るんですね。はじめはみんな「ばかなことをはじめやがって」と言っていたんです。はじめて舟を走らせたときは、水門を閉めるのを妨害されたりしました。「何で水門を閉めるんだ」とか、「水が臭い」とか言われたんです。ところが不思議なもので、舟が走り出すと、今まで見向きもしなかった人が家の外に出てきて手を振るんです。舟に人を乗せて走るなんていうのは何十年ぶりなんですね。その光景をみんな見ていて、「やっぱり舟が走るといいな」「人が乗って走るというのはいいもんだ」という話をおばあちゃんなんかがしているので、しめたと思ったんです。そこで気をよくして、お祭りが終わった後、また川に下りて川さらいをはじめました。

それで驚いたのは、それまで小野川へゴミを捨てていた近所の人が捨てなくなったんです。ぴたっと止まった。やっぱり小野川をきれいにしなきゃいけないと思ったんですね。それまでは、川の脇でドラム缶を置いてゴミを燃して、みんな小野川へその灰を捨てていたんです。ところがドラム缶がどんどん消えてなくなってきた。

しかし強情な人もいて、相変わらず川に捨てている人もいたんです。そこで今度は市役所の環境担当のところに行って、「ちゃんと指導してくれ。もし捨てるのをやめない人がいたら、ダイオキシンの問題を出して、むやみに燃やしちゃいけない決まりがあるから、それで説得してくれ」と頼んだら、ようやく止まった。それを契機に、小野川にゴミを捨てるのがみんな止まったんです。

もう一つ驚いたのは、ゴミ捨てがなくなったとたんに小野川の水がきれいになり、泥臭さも消えてきたんです。上流が田んぼですから、うす濁りなんですよね。うす濁りなんですけど、まあまあいいところかなあ。水質検査してもらったら水質は悪くないということで、とにかくお祭りの三日間だけシャトル舟が走るようになりました。

通年運行のための舟造りに奔走

そしたら、また難題が出てきた。「通年で運行するって言っただろ」と、こういうわけですよ。通年で舟を走らせようとしたら、一年中水門を閉めなければいけない。でも、そういうわけにはいきません。小野川は水量が少ないですから、何としても人が乗っても沈まない舟が欲しい。

この辺りの舟は「さっぱ舟」といって、昔は農作業用の舟です。田んぼの脇まで牛や馬を乗せる、そういう舟ですから、大勢が乗るとドボンと沈んじゃうんですね。小野川は深さが五〇センチほどしかないんで、ちょっと水が少ないと、動かなくなってしまうんです。それで、これ困ったな、どこかにいい舟がないかなと考えました。

浦安のディズニーランドに行って海賊船に乗ったんです。あの船は滝の上からドンと落ちても沈まないんですよ。沈まないでポンと進むんです。「あれ、これ何だろう」と思って、降りて聞いたんです。実はこの舟は二重底になっていて、その間に空気を入れて浮き袋にして、沈まないシカケになっていることがわかって、「これだ！」ということで、造船所に行ったら、目の玉が飛び出るほど高いんですよね。「こりゃあ、ダメだ」。

たまたま新聞に、島根県の松江市がお城のお堀巡りをはじめたというんで、すぐ飛行機に乗って行ったんです。行ってみて驚いたことに、その船が二〇人乗っても五センチしか沈まない。なぜだろうと思って聞いたら、「お堀もドロドロの状態で、ヘドロで水深が浅いもんだから、そういうところでも大丈夫な舟を開発した」という。そこで「図面をいただけないですかね」と言ったら、「一般の方には渡せない」と言うんです。「市から正式に依頼がくればちょっと考えることはできます」という話でした。そこで佐原に帰ってすぐに市役所へ飛び込んで、こうこうこうだから図面を借りられるようお願いして欲しいと言ったら、その場で電話してくれたんです。話が決まったから、誰か取りに行ってくれとなったんですが、観光課に予算がないというので、松江まで小江戸さわら会（一章「寄稿」註16）の若い連中二、三人に、夜行バスで行ってもらった。今小野川を走っている舟は松江のコピーです。ですから、二〇人位乗っても五センチ位しか沈まない。これで十分対応できることになりました。

ふたたび人海戦術で小野川の川底をきれいに

小野川で安定して浮かべられる舟にメドがたって、こりゃ良かったなって思ったんですが、今度は、先ほど言いましたように、小野川の川底には護岸を崩した時の石がたくさん残っていて、その石にスクリューが当たってみんな壊れちゃうんですね。この問題を解決しないことには、通年で舟を走らせることはできません。石を水から揚げると重くて持てないもんですから、水の中をずうっと移動して脇へポンと置く。そういうことを朝から晩までやるわけにいきませんので、合間を見つけて、水が少ない時に川に下りて作業をしました。そうやっていたら、ないはずの自転車がまた出てくるんですね。歩いているとね、足へポンとぶつかるんですよ。すぐ軽自動車に来てもらって、ロープで縛って上から車でガーッと引き上げるんです。ずいぶん佐原には自転車泥棒が多かったんですね。よく騒がなかったですね。あんなに自転車が川に捨てられているのには本当にびっくりしました。そんなことをかれこれ三年ほどやりましたかね。

そのころ、手伝ってもらった連中は、私が鉄砲撃ちなどをやって遊んでいたころの仲間が多かったんですが、若い連中はみんな、「小森と目を合わせるなよ、目を合わせたら、呼ばれて手伝いをやらされるぞ」と言ってたらしい。川さらいがはじまったら普通は五時で終わりますが、夏は七時すぎまで、暗くなるまでやってました。七、八人で横に一列に並んで歩いて、川底に障害物があったらそれを片付ける。もうないだろうと思っても、まだあるんですね。完全に人海戦術で繰り返しやりましたね。市は小野川の川さらいの予算を付けてませんから、仕方なく私のほうで、夜一杯飲ませる金を渡して手伝ってもらいました。

ちなみに当時の私の行動指針は「すぐやる、必ずやる、できるまでやる」というもので、小野川の川さらいもそんな思いで取り組みました。でもそんな苦労も、小野川を佐原の宝として残せたかと思うと、懐かしい思い出になりましたね。

歴史的町並み保存で佐原の宝が揃う

さて、先ほど「佐原の三悪」という話をし、また忠敬橋にかかっていた歩道橋の撤去の話をしましたが、実際に歩道橋がなくなって、忠敬橋が新宿と本宿双方の山車が相互に乗り入れのできる、文字通り二つのお祭りをつなぐ「交差点」になってきますと、不思議なもので、それまで小野川に沿ってくすんだように建ち並んでいた古い町並みの眺望が一気に開けてきました。

小野川沿いの古い建築群は平成八（一九九六）年に、関東地区ではじめて「重要伝統的建造物群保存地区」に選定されましたが、保存の取り組みは忠敬橋の歩道橋撤去ではずみがつき活発になってきました。そうした動きはもちろん行政の力もあったんですが、市民の力も大きかった。その中心にいたのが、当時「正上」のご主人であった加瀬順一郎さんでしたね。加瀬さんはたしか保存運動の二代目の代表でした。町並み保存については、重伝建地区に選定される以前から、保存運動に熱心だった人から「小森さん、あんた祭りを一生懸命やってるようだけど、俺たちの方も手伝えや」と言われました。「この古い町並みを国の重要伝統的建造物にするんだ」と言うんですよ。小野川の町並みが重伝建保存地区に選定されるんだったら、お祭りも箔がつくだろうという話をして、協力して一生懸命にやりました。当初、「佐原の町並みを考える会」といっていたんですが、いつのまにか小野川をくわえて「小野川と佐原の町並みを考える会」と呼ぶようになってきました。

柿実るころの小野川

佐原の宝、小野川と伝統的町並み

小野川に沿って山車が縦一列に並ぶ

国の重伝建保存地区の選定を受けたのが平成八（一九九六）年、お祭りの方も平成一六（二〇〇四）年に重要無形民俗文化財の国指定を受けることができました。ここまできてようやく、佐原の三悪を佐原の宝にする足がかりができたわけです。

「小江戸」から「江戸優り」へ

その間に「小江戸会」っていう会を立ち上げまして、栃木市・川越市・佐原市と一緒にまちおこしをやりましょうと呼びかけて、一番はじめに川越市で開いたんです。そしたら川越の人に「佐原は『小江戸』『小江戸』と言ってますが、どこの小江戸ですか?」ってこう言われたんです。実は、後で調べましたら、川越市はいろんなものが「小江戸」で登録してあるんですね。それで、こっちはカチンときましてね、「小江戸」を使わないようにして何かいい言葉はないかと考えました。そうしたら、昔の戯れ唄でね、「お江戸見たけりゃ佐原へござれ　佐原本町江戸優り」という歌詞があるんですよ。「おい、これから『小江戸』と言うのはよそう、全部『江戸優り』でいこう」こういう話になって、今はほとんど「江戸優り」ということにしています。

でも不思議なもので、「江戸優り」という言葉を使うことで、祭りはもちろんですが、江戸時代から培ってきた佐原の歴史、経済、文化で、今まで気がつかなかった佐原の独自性というか特徴がいっぱい見えてくるようになりました。

以上、駆け足でお祭りを出発点にした佐原のまちおこしの話をしてきました。今から思えば、まちおこしといっても行き当たりばったりで、先ほども言いましたが、壁にぶつかって、これをやんなくちゃいけないと思ったら、すぐにやる、できるまで必ずやる。三年経とうが四年経とうが諦めないで、できることは必ずやる。それから、やろうと決めたら、できない理由は聞かない。できることだけを議論しようというようなことを行動指針にして、ひたすら突き進んできたように思います。何かが足りないと気がついたら、とにかくやってみて、ぶつかってはじめてわかるというのがまちおこしではないかと実感しています。まちおこしは、筋書きのないドラマそのものだとつくづく思いますね。そんな流れのなかで「江戸優り」という言葉も浮かんできたように思います。

モデルとしての飛騨高山

さて二〇〇〇年代に入ってきますと、小野川周辺の電線の地中埋設化の実施とか、小野川のシャトル舟の観光運航も本格化します（平成一五／二〇〇三年）。なお、前年に運航のためのまちおこし会社「ぶれきめら」を市民、商工会議所、市出資で設立します。また中心市街地活性化基本計画が、行政だけでなくＴＭＯ（タウンマネジメント機関）構想として佐原商工会議所でも策定されるようになります。さらに、成田空港のトランジット客を対象に、短時間で歴史的たたずまいをもつ佐原のまちを観てもらう実証実験もはじまってきます。また、こうした流れをいっそう強くしようと、テレビ局を活用して佐原のＰＲができるようになりました。でも、まちおこしをはじめたころは宣伝力がないものですから、何とかしたいと考えていました。そこで先進地に学ぼうと、市役所の人を連れて研修旅行ということで飛騨の高山へ行ったんです。飛騨高山はもう何十年も前から「観光」と言いはじめていて、海外戦略室もつくっている観光先進都市です。高山に行ってびっくりしたのは、手ぬぐいをかぶったおばあちゃんが英語で外国人観光客と話していたことです。もちろん片言ですが十分通じている。そこまで徹底しているのかと感心しました。また、パリに高山市役所の出張所も置いている。腰の入れ方がまったく違うんです。

それから、飛騨高山の奥に古川という旧城下町があるんですが、古川は町並みもきれいで、よく整備されていて、祭り会館（飛騨古川まつり会館）も立派でした。「この祭り会館はどなたが設計されたんですか」と聞いたら、「建築家の清家清さんです」という。「いくら払われたんですか」とたずねたら、ほとんどボランティアでやってもらって、その代わりに幾つか条件を出されたんだそうです。古川のまちを流れる瀬戸川もドブ川状態で、埋めようとしていた計画があったそうですが、それをやめて復活させるのが条件だったようです。清家さんもさすがですね。

ところで、「飛騨高山を売り出すのに、市としてどれくらい予算を組んでいるんですか」と聞いたんですが、二、五〇〇万円だって言うんですよ。それも「テレビ以外は宣伝費を使わない。テレビが一番効果があるから」という話でした。「佐原市（当時）さんはいくら宣伝費をもってるんですか」と質問されたんですが、市役所の人は誰も答えないんですよ。「小森さん、言わせんなよ」ってわけですよ。「言わせんなって、聞かれてるよ」と言ったら、三〇〇万円。佐原市は三〇〇万円で観光振興をやろうというんですから、すごい話なんですよ。市の職員も大変でしたよね。

飛騨高山の宣伝費は、おそらく実質一〇倍で、三億円くらいでしょうね。「行政としては金を使っていないけど、ＪＲや旅行会社などいろんな業界が取り上げてくれてますから」と言っていました。「有名になるのにどれくらいかかりますかね」と聞きましたら、三〇年ぐらいかかりますというわけですよ。三〇年って、俺死んじゃうなって思って聞いてたんですけど、飛騨高山は昭和三〇年代にすでに、これからはもう観光で生きていくんだと考えていて、そこに目が向いてるんですね。

佐原は、平成の時代になって、ようやく観光で人を集めようとはじめたんだから、周回遅れもいいところです。もちろん飛騨高山は江戸・東京から遠かったので、独自の経済、文化を築いていった。佐原は飛騨高山とは歴史的にも地理的にも条件が違うわけですが、東京圏に近いという地の利を何とか活用しながら、佐原らしい観光のまちをつくっていく必要がある。これは観光先進都市の飛騨高山から教わった宿題ですね。

「女性のまち佐原」にあらためて気がつく

そういうふうに無手勝流でガムシャラにやってきた中で、多くの人と接点ができてきて、いろんな人に応援してもらって、佐原の知名度を高めてもらいました。また、私どもが考えつかないような角度からまちおこしに協力してもらい、なんとかここまできました。

しかし、こうして人の前でしゃべると単なる自慢話になってしまうんですが、冒頭言いましたように、これからのまちおこしは女性ですね。3・11を経験して、私たちはこれから、どういうやり方でまちおこしを展開していくべきか、あらためて課題を突き付けられているように思います。東北もどうもそのようですが、危機になると、やはり女性が強いですね。男どもはみんな腑抜け。男どもは「あと二〇年も生きてられねえから、復興観光なんてやめた方がいいよなあ、壊しちゃった方が楽でいいよ」とこういう感じです。女性たちは、「いや、少しでもできることをやっていきたい」と、いろいろとアイディアを出してきて、今そのパワーに引きずられて、男どもはその後からずるずるついていってる感じですね。

実は、もともと佐原は、江戸と直結して栄えてきたまちですから、旦那衆は一年のうち八カ月ぐらい江戸にいて商人として仕事をしている。佐原には四カ月くらいしかいないんです。伊能忠敬先生もそうでした。その間、佐原をとり仕切っていたのは、実は女将(おかみ)さんたちなんです。佐原の女将さんというのは、旦那衆の内助の功というより、旦那衆が留守の間、お店を取り仕切る立派なマネージャーの役を担っていたんです。ですから、佐原の女性はもともと強いし、賢かったんです。

そのことを気づかせてくれたのは、江戸東京博物館館長(当時)の竹内誠さんです。竹内さんが佐原に来て講演をしてくれた時に、「皆さん、佐原はね、昔から特色のあるまちなんです。ご存じですか?」とおっしゃる。江戸時代、学者とか文人といった人たちが、講義をしながらお布施をもらい各地を回るんですね。佐倉、成田、佐原、銚子をぐるっと回ってまた江戸へ帰るわけですが、特筆すべきことは、佐原だけはそういった講義を聞きに来る三割ぐらいが女性なんだそうです。他の地域は全部男性。「佐原はね、みなさん、男がいくら偉そうなこと言っても、女将さんにはかないませんよ」って、こう言われたんです。それでね、はっと気がついたんです。「そうだ、おかみさん会をつくんなくちゃいけない」と思ったんです。

昭和一桁生まれというのは、「人の前でしゃべるな、余分な口はきくな、男女席を同じゅうせず」ということで、おかみさん会をつくりたいと思っても、まったく知恵が働かない。そこで、当時市役所にいた椎名喜予さんと相談して、「なんとかしようよ」ということで、平成一七（二〇〇五）年に「佐原おかみさん会」という会を立ち上げました。同じ時期に国際交流協会を立ち上げ、特に女性中心に通訳ガイドボランティアが生まれました。その後、平成二一（二〇〇九）年にもう一つ「結の会」という会も立ち上げました。こうした女性中心の会はそれぞれやり方は違いますが、佐原のまちおこしのため、頑張ってもらっています。今のところ、男どもは腑抜け。今日もお祭りをやっていますけれど、女性の方が元気で、祭りも半分は女性ですね。

佐原の原点としての伊能三家

「おかみさんのまち・佐原」もそうなんですが、祭りの歴史をずっと調べていきますと、最終的にたどり着くのは伊能家なんですね。戦後復興から高度経済成長を経るなかで、佐原のまちは時代から取り残され、衰退していきます。そして最後は、お祭りと小野川と古い町並みを「佐原の三悪」と呼ぶところまできてしまったんです。しかし、祭り、小野川、伝統的建造物群は、三悪どころではない、「町衆の自治」「江戸優り」の佐原を象徴する三つの「宝」そのものなんだということがわかってきます。

伊能家の古文書などを読みますと、佐原の祭りの原形は、享保六（一七二一）年までさかのぼることができますが、その中心にいたのが伊能家でした。伊能家は伊能七家といわれますが、中核を担ったのは伊能三郎右衛門（本家）と分家の茂左衛門、権之丞の三家です。そして、この伊能三家がお互い連携し合うことで、佐原のまち全体を町衆の力で治める「自治のまち佐原」の気風が育ってきます。そのツール、道具立てとして山車祭りがあったんですね。古文書にも、佐原の名主として伊能忠敬先生が、祭りを巧みに使って佐原を治めていたことが書かれています。

祭りになれば、町内同士で競い合います。しかし、利根川の氾濫や飢饉などの災害でまち全体が危機に陥ると、伊能家を中心に、佐原の町衆みんなが一致団結してまちを守ったんです。佐原は城下町ではなく天領ですので、武士に頼るわけにはいきませんから、自分たちのまちは自分たちで守るほかなかった。そのために、さまざまな工夫や知恵を働かせてきたのが佐原のまちの原点なんです。

「自治のまち佐原」を築くために、内側を固めるだけではなく、外の風、つまり江戸の文化を積極的に取り入れています。山車の彫刻、人形の飾り物、佐原囃子の独特のメロディなどには、すべて江戸文化の最先端の技能・文化が取り込まれています。その受け手の一つに、女将さんたちに代表される、女性の力もあったということですね。そう考えてきますと、「江戸優り」というのは、単なる江戸のミニチュアではない、独自の経済圏、文化圏をつくってきた佐原の人たちの心意気というか、自治の力のことをいうのではないか、と考えるようになりました。

今はまだ、東日本大震災の復興のさなかで苦労は尽きません。しかし、そうした状況だからこそ、心を一つにして佐原を守ってきた町衆の心意気を想い起こしながら、私自身、微力ではありますが、これからも佐原のまちおこしに取り組んでいきたいと思っています。

寄稿

佐原のまちづくり　大震災から一〇年

復興観光を担った市民たち：市民活動はソーシャル・キャピタル

椎名　喜予（特定非営利活動法人　佐原アカデミア事務局長）

はじめに

茶色の砂埃とともに、家々の瓦が音をたて崩れ落ちる様を見た時は、「これで佐原のまちは終わってしまった」と思った。それは二〇一一年三月一一日の午後だった。

東日本大震災により、千葉県香取市（旧佐原市。平成一八／二〇〇六年に一市三町が合併して香取市になる）は甚大な被害を受けた。特に、関東ではじめて重要伝統的建造物群保存地区に選定されている佐原では、町並みの瓦は落ち、まちの真ん中を流れる小野川の護岸は崩れ落ち、液状化により河床が盛り上がり道路と同じ高さになるなど、川の流れがせき止められた様は信じられない光景であった。

あれから一〇年余が過ぎ、まちは震災前の景観を取り戻し、人々はふたたび地域への熱い想いをもって未来に向かって歩みはじめている。

江戸優り佐原

佐原は利根川の舟運で栄えた商都である。歴史的町並みが軒を連ね水面に映る様や、小野川沿いの柳が風に揺れる風景は、いっそう風情を醸し出す。3・11大震災まで、日常のこの眺めがこんなにも心を癒してくれるものか気づかなかった。

早春に柳の花がきらきら輝く姿は本当に美しい。特にこの歴史的空間を舞台として、夏と秋には国指定重要無形民俗文化財である佐原の山車祭りが執り行なわれ、市民はこの祭りに照準を合わせて暮らしている。地域の誇りである佐原の町並みと祭りは市民がたゆまぬ努力を重ねて磨いてきた二つの宝であり、心の柱として人々は、日々の暮らしぶりや培われた文化、佇まいを大切にしてきた。

飛鳥時代、佐原は下総国の香取郡・海上（かいじょう）郡に属し、香取郡は香取神宮の神郡となった。鎌倉時代になると、各地で定期市が開かれるようになり、近世初頭に徳川家康は、矢作（やはぎ）（四万石）に譜代家臣を配した。

かつて先人たちは利根川の舟運をスーパーハイウェイとし、佐原を江戸の台所としてとらえ、時の流れを読みながら物資を江戸に運び、江戸からさまざまな文物を佐原に運んできた。また先人達は、当時名人といわれる匠（たくみ）たちを佐原に招き、「江戸優り」の心意気で江戸以上の文化を創り上げようとしてきた。そのことを佐原の市民は誇りに思っているし、先人が培ってきた本物にこだわるまちづくりを継続していきたいと願っている。「お江戸見たけりゃ佐原へござれ　佐原本町江戸優り」の唄が残っている。

今も町並みは訪れる人々の心を癒し、祭りは大震災の年も止めることなく、ブルーシートの町並みを背に山車の曳き廻しを行なった。お囃子の音は町衆の心を鼓舞し、復興に立ち向かう背中を押し続けた。

平成二八（二〇一六）年四月には町並みと山車行事、伊能忠敬の遺品、香取神宮、津宮の常夜燈が日本遺産に認定された。さらに、佐原の山車行事は同年一二月に全国三三の「山・鉾・屋台行事」とともにユネスコ無形文化遺産に登録された。

このままではしょうがない！

佐原は旦那衆のまちといわれるが、実は女性たちのまちでもある。もともと佐原の商家は、江戸の蔵前に店を構えていた。旦那衆は一年の約八カ月を江戸で暮らし、佐原ではおかみさん方が、商いもまちのことも取り仕切っていたようだ。そのことを江戸東京博物館の竹内誠館長（当時）の講演で教えられた。当時江戸から学者達が各地を巡って講演会を開催していた時に、他の地域では受講者が全員男性であったが、佐原だけはつねに女性が三割程度参加していたとのことで、佐原は江戸時代から女性たちのまちでもあった。

震災後、旦那衆は片づけに忙しかった。震災から四日目に、多様なまちづくり団体に所属して主体的に活動している女性たちが立ち上がった。このままではしょうがない！

自分たちを元気にするために心の言葉を紡ぎたい。この想いをポスターにしてそれぞれの心に掲げたい。自らを鼓舞するために。

3・11から一〇日目ごろのお彼岸にポスター・チラシが完成し、早速手分けして配布。各々が店の名前を書き込んで店頭に貼り出した。「負けるな佐原！　がんばろう佐原の町並　心を重ね、今こそ示そう　江戸優り佐原の誇り」この言葉にまちの復興を誓った。当時、あのポスターの言葉は本当に心に響いた。くじけない心の象徴でもあった。

当時、建物被害は六、二四〇棟、液状化は三、五〇〇ha（東京ドーム約七五〇個分）、およそ七割弱一九、七六八戸の世帯が断水し、全世帯の復旧に一年以上かかった。さらに農業の作付不能面積は、市内水田の三割二、五〇〇haに、くわえて放射能の影響で農作物・加工品等は敬遠された（八三頁、〈資料2〉）。

まちが動きはじめる

春、お客さんの数が増える時期にもかかわらず、まちなかは閑散としていた。道路に散乱していた瓦は片づけられ、家々の屋根はブルーシートで覆われた。そんな小野川沿いにも柳が芽吹き、季節の訪れを知らせてくれる。耳に入ってくるのは、観光バスのキャンセルの連絡。いつもなら集客の季節のはじまりのとき、さまざまな報道で佐原のまちの被害が紹介され、瓦の落ちる様子が映し出される。心情的に被災地へ出かけることは、地元の復旧作業の邪魔ではと考えてしまう方々が多いように見受けられた。そんなお心遣いに感謝しつつも、この状況から脱却しなくては……。ブルーシートに覆われていても佐原のまちはお客様をお迎えできることを発信しなくては。佐原にお越しいただくために行動しなくては。まちはまた動きはじめた。

復興観光

「訪れていただくことが最高の復興観光支援です。訪れてくださった皆様の心が私たちの心に重なって町並みも、私たちも癒されます。」と佐原の思いを込めたポスターとチラシを作成した。ぜひ、多くの方々に復興のプロセスに参加していただきたいと願い、市民自らが連携して情報発信をはじめた。一万枚のチラシと、二、〇〇〇枚のポスターをまちなかや近隣に貼り出すとともに、チラシを方々に置いてもらったり、市民が知人等へ送付してくれたりした。

行政も連携して旅行社や交通関係者、観光関係者などできる限りのところを訪問し発信した。あらゆる機会をとらえて配付するなど、とにかく今できることに皆で取り組んだ。チラシやポスターは観光庁等の会議でも被災

「復興観光」のチラシ、1万枚を配った

地の取り組みとして紹介された。通訳ガイドボランティアは、成田空港の外国人観光客案内所へ足を運んだ。

市民が手を携えて集客のための情報発信に動いている。NPO法人小野川と佐原の町並みを考える会[※1]はホームページで、また、フェイスブックを活用して情報発信する市民活動団体も出てきた。さらに復興メディア支援隊や、プラットフォーム佐原[※2]も情報発信を行なった。シティプロモーションは想いを込めてこそ意味があり、功を奏する。そうした取り組みが他所からの応援発信につながり、ゴールデンウィークには少しずつ観光客が戻ってきた。

今ではSNSでの情報発信が主流になり、歴史的町並みでのシャッターチャンスはビジュアルに発信され、佐原は、インスタ映えする地域として若者が訪れるまちになってきている。最近では令和二（二〇二〇）年に毎月第三金・土・日を「江戸優り佐原　まちぐるみ着物の日」として着物の似合うまち佐原を発信している。令和三年はSNSでの着物の日フォトコンテストを加えて集客及び情報発信に取り組んでいる。

佐原囃子マラソン・チャリティーコンサート

震災後の五月には、被災の状況も全容が明らかになり、まちなかの家屋でも甚大な被害を受けており、修復するためには莫大な費用がかかることもわかってきた。

沈みがちな市民の心を鼓舞するため、NPO法人まちおこし佐原の大祭振興協会[※3]が仲間を募ってチャリティー

佐原囃子マラソン・チャリティーコンサート

ブルーシートのめだつ
震災後の５月、マラソン・
チャリティーコンサート
が行なわれ、復興への想
いを新たにする

コンサートを企画した。お囃子は心を浮き浮きさせる。市民の心が元気になる佐原囃子の連続演奏、つまりマラソンコンサートである。

夕方五時から八時まで八チームのお囃子の団体が集い、また、運営のため多くのボランティアも参加して、被災した建物を背景に佐原囃子の演奏や手踊りが披露された。参加者は最後まで席を立つことはなく、佐原囃子は参加した人たちの心に響いた。演奏者も寄付を持ち寄り、三時間に一〇〇万円を超える義援金が集まった。

義援金を募るにあたり、NPO婆沙羅、[4] 佐原おかみさん会[5]と、結いの会[6]がきちっと着物を着こなし募金を受け取っていた。被災された多くの市民が心を寄せて、募金箱に足を運んでくださった。被災した方が、被災した大変さがよくわかると、自分よりももっと大変な人がいると仰って募金してくださる。そうした市民同士の心遣いは集まった人々の心に深く沁み入り、参加者は復興への想いを新たにして、家路についた。佐原囃子は何時でも市民を元気にしてくれる。

親子の対話

県の文化財に指定されている商家も建物が大きな被害に遭い、一部地場野菜に基準以上の放射能が確認されたことによる風評被害で、食品製造している商家は打撃を受けた。その様子は、商家の跡取りの心に大きな影響を与えた。醤油醸造を営んでいる商家の中学生の息子は被災した家をみて、父や祖父、先祖たちが守り続けてきたものの大きさを身体と心で感じたという。商家の一年間の祭事や商売の有様など、口伝も含め自分の家が守ってきたものを自分の代で途絶えさせてなるものかと心に誓ったようだ。この様子は震災から立ち上がる商家の様子としてテレビで放映された。

被災し、祖父や父の偉大さを心に刻み、心を通わせ家を守っていく決心をしたようだ。子どもたちが震災に遭遇したことで自分たちの郷土の文化や歴史の重要さを認識し、あらためて自分たちのまちに誇りを持った。震災で多くのものを失ったけれど、それぞれの心に目に見えない大事なものを育んだ。それは郷土の再発見であり、まちへの誇りであり、まちへの熱い想いである。それぞれの町内コミュニティでは子どもからお年寄りまでが一緒に、祭りという場を通して文化や歴史、暮らしぶりを継続していく。祭り自体が学びの場なのである。子どものころからあらゆる年代層の中で自分の立ち位置、関係性、ふるまい方を身につけてゆく。地域の一員として活動し続けることで自ずとシビックプライドを培っていく。そのことが持続可能な地域づくりにつながっていく。老舗醤油醸造店では、当時中学生だった息子が今、若旦那の修行をしている。

歴史的町並みの保存と活用

歴史的建物の三分の二が被災し、県指定文化財も被災した。町並み保存活動を展開してきた小野川と佐原の町並みを考える会は、市とともにさまざまな助成制度の補助率向上に取り組み、被災者の相談にも積極的に応じた。また、各々の個人負担分を支援するため、世界の歴史的建造物などの文化遺産の保護・保存活動を推進しているワールド・モニュメント財団[7]とアメリカンエキスプレス財団の二つに働きかけ、佐原は、世界で緊急に保存・修理の措置が必要な地域として、支援を受けられる六つの地域の一つになった。

また、地元の佐原信用金庫はいち早く支援のための仕組みをつくり、助成制度だけでは立ち行かない部分を支援して復興に貢献した。地元密着の金融機関だからこそである。地域密着金融機関のもつ意味合いは非常に大きい。支援制度の意思決定の速さは、確実な復興への着手につながる。

佐原の町並みは生きた町並みとして、そこに住み暮らしていることが大きな特徴である。この間復興に取り組んだことで、震災前の町並みが戻るだけでなく、新たな活用も着実に生まれている。

建物は修復して活用することでさらに持続性が高まっていく。平成三〇（二〇一八）年には歴史的建造物や県文化財を活用し、㈱NIPPONIA SAWARA[8]が運営する古民家ホテルがスタートした。まち全体がホテルのイメージ。フロントは一カ所で、まちなかに現在一二棟一三室が整備されており、佐原の新たな魅力となっている。さらに、駅前にはビジネスホテルがオープンした。旅の形も変わりつつあり、ゆっくり時の流れを楽しむ若者たちが増えている。

異文化交流

佐原では、外国人観光客の誘致に積極的に取り組んできたが、震災以降外国人観光客を見ることはなくなった。日本への観光客が来なくなったのだから、佐原だけで解決できるものではないと思いつつも、何とか情報発信しなくてはと、市の観光部署では観光庁と連携して外国人を佐原の大祭に誘致し、海外への情報発信につとめた。

また、香取市国際交流協会[9]を中心に補助事業を活用し、佐原は安全ですというメッセージを世界に発信した。一つは留学生を招き、母国へ発信することを企画した。また、千葉大学と連携し、県が海外への情報発信のために任命しているチーバくん大使を誘致して、日本一の大土蔵を会場に、日本文化や食文化の体験などを実施した。さらに、市内や成田空港周辺に暮らしている外国人にも呼びかけた。一一月、留学生達は仲間や母国への情報発信を約束してくれた。

そのような活動の積み重ねで、多くの外国人観光客が佐原に戻り、歴史的町並みを楽しんでくれた。国際交流協会の通訳ガイドボランティアが黄色いスタッフジャンパーで風を切りながら、とてもフレンドリーにまちを案内していく。成田空港から周辺観光を行なう定期バスも運行され、また、国際交流協会間の交流も推進された。国際交流協会の女性メンバーが宣伝大使となり、佐原の魅力を発信してくれた。海外から彼女たちに逢いたいと訪れる人たちもいる。また、まちなかや店舗を会場として、地域の人たちへの多言語教室「リビング・イングリッシュ」も定期的に行なわれ、異文化交流は着実に進んでいる。コロナ禍においてもこの多言語教室は毎月開催されている。

佐原を有名にする

復興に取り組みながら、元気を取り戻しつつある佐原を発信したいと、佐原商工会議所柏木会頭（当時）をはじめとするまちづくり関係者は考えていた。

平成二一（二〇〇九）年一月から東京ドームで、「ふるさと祭り東京〜日本のまつり・故郷の味」[10]が開催されており、全国の有名な祭りがドームで披露され、地域をＰＲする有効な機会となっていた。お祭り広場が設置され、全国から厳選された自慢のお祭りがステージを彩る。中央で発信してこそ佐原の存在も多くの人に知ってもらえる。何とか佐原の大祭も東京ドームの日本の祭りに出演したい、復興にいっそうの弾みをつけたい。そんな強い想いを抱いてみんなで活動した結果、平成二五（二〇一三）年一月の「ふるさと祭り東京」に出演することができた（四章二〇六頁）。

夏祭りの本川岸（ほんがし）区、秋祭りの下川岸（したがし）区の二台の山車を東京ドームに運んで曳き廻しを行ない、佐原囃子の演奏と手踊りも披露した。翌年は東関戸区が出演、祭り風景を再現し、大人から子どもまであらゆる年齢層が楽しそうに参加する、そんな祭りの様を全国に向けて発信することができた。

それから令和二（二〇二〇）年まで八年間、毎年佐原囃子と手踊りによる出演を続けている（なお二〇二一、二二年はコロナ禍で中止）。選ばれなければいくら出場したくても出られない。出場が厳選される中での連続出場は、佐原の大祭が全国的な立ち位置を確保してきた証である。「東京ドームで知ったから実際の祭りを見に来たよ」という観光客が確実に増えてきた。ドームに出演するためのお囃子の練習や、子どもたちの手踊りの練習など、地域のたゆまぬ努力の結実である。二〇二〇年は、佐原囃子の演奏で、佐原音頭、佐原小唄をはじめて長唄の唄方小塚希帆さんにより披露した。特に、佐原音頭の作詞は竹柴金作二世、作曲が四世杵屋佐吉、踊りの振付が七世坂東三津五郎という超一流の作で、このような文化的作品を残してくれた先人たちへ感謝のみである。

江戸優り佐原まちづくりフォーラム

江戸優り佐原まちづくりフォーラムは平成二二（二〇一〇）年三月に木内志郎、小森孝一、菅井源太郎、柏木幹雄、小森哲の各氏をはじめとする佐原の有志が立ち上げた。佐原が持続可能なかたちで発展をとげていくには、地域自らの力で地域資源を掘り起こし、磨きをかけ、発信していく必要がある。特に、まちづくりのプロセスに市民が自発的、自律的に関わることが何より大切であり、そのための支援が重要だと考えた。かつて佐原の旦那衆がまちづくりを支えてきたように、平成の旦那衆の想いを認定特定非営利活動法人というかたちで組織し、市民の活動を総合的に支援する仕組みを構築して、佐原のまちの持続的な発展に寄与することを目的に、次の四項目、(i)佐原のまちづくり支援助成事業、(ii)佐原のまちづくり人材育成事業、(iii)佐原の魅力情報発信事業、(iv)目的達成に必要な事業、を掲げて活動を行なった。この設立はちょうど東日本大震災の前年であり、さっそく法人寄付を募り、震災復興のために一役を担った。二〇二〇年に一〇年の活動期間を経て解散したが、この間、多くの市民活動団体が文化活動や交流活動などのソフト事業を行なうことができた。新たな資源を磨き上げた集客ツールづくり、佐原紹介の冊子の作成、多言語化、コンサートや朗読会の開催、学生と地域との交流会など、佐原の元気を取り戻すためのさまざまな活動を展開するうえで、このまちづくりフォーラムはとても重要な存在だったと思い返している。

伝統文化の育成　小森文化財団

３・11の年の七月には復興支援も含め、有形・無形の伝統文化が消滅することのないよう、一般財団法人小森文化財団が設立された。地域における文化の振興・文化財保護活動に対して助成することを通じて、まちおこしに寄与したいという小森孝一氏の想いによる。特に、小中高校の郷土芸能部の道具の整備支援、市内での文化活動、大学と地域との交流、研究活動等を対象に佐原での伝統文化を育み、継承していくことを助成の目的とした。これまでに一〇〇件を超える団体を支援してきている。さらに最近は、山車の彫刻や人形の着物など、山車持ち町内への支援にも取り組みの範囲を広げている。

江戸優り佐原文化芸術祭　佐原まちぐるみ小劇場

佐原はこれまでも伝統・文化・芸術に触れることのできるまちをめざし活動を展開してきたが、その集積として、毎年定期的にまちぐるみの文化芸術祭を開催している。まち全体を舞台として地域が培ってきた伝統・文化を身近に体感できる場があることで、伝承につとめてきた人たちもさらに真摯に技術向上に取り組むことができる。また発表の場があることで、訪れる人たちとの交流が深まることが期待される。

本事業は平成二六（二〇一四）年からはじまり今年で九年目を迎える。市・会議所・観光協会・商店会およびまちづくり団体で実行委員会を組織し運営している。地域の想いを重ねて一〇月終わりから一一月の下旬までの期間を「江戸優り佐原文化芸術祭 まちぐるみ小劇場」と称して、土蔵や中庭、個店の空間などまちなかのいろいろな場で開催している。佐原囃子の演奏や、ミニコンサート、お茶会など、伝統文化、芸術を体感できる場、地域の子どもたちの郷土芸能の発表の場、またプロの芸術家の演奏や古典芸能などの舞台観賞の場を設けること。さらに、まちぐるみ博物館のそれぞれの個店で老舗が培ったものの展示、また歴史的町並みを舞台として「出し」（荷上場）の上や軒先に生花のモニュメントを飾り、お花のおもてなしを行なう。

文化芸術を享受できる環境づくり、伝統文化の保存・継承・活用、さらに他分野との連携による新たなジャンルの開拓、また訪れる人たちとの交流の中から、地域がいっそう郷土に誇りを抱き、地域の持続可能性を高めていく。このことは、まちの品格の向上にも寄与するもの。

これらの活動は、秋祭り終了後の閑散期の集客戦略としての側面をもっている。各個店や商店会の活性化など、いっそうの佐原地域の振興につなげていきたい。

かき氷のまち

夏祭りが終わり、七月半ばから一〇月の秋祭りまでの間は暑くて訪れる人が少ない。この期間中に新たな

コミュニティ空間に生きる

お正月

佐原まちぐるみ博物館（通年）

上：スピーチコンテスト
下：まちを案内。通訳ガイドボランティア

お祭りの日本文化体験

夕涼み

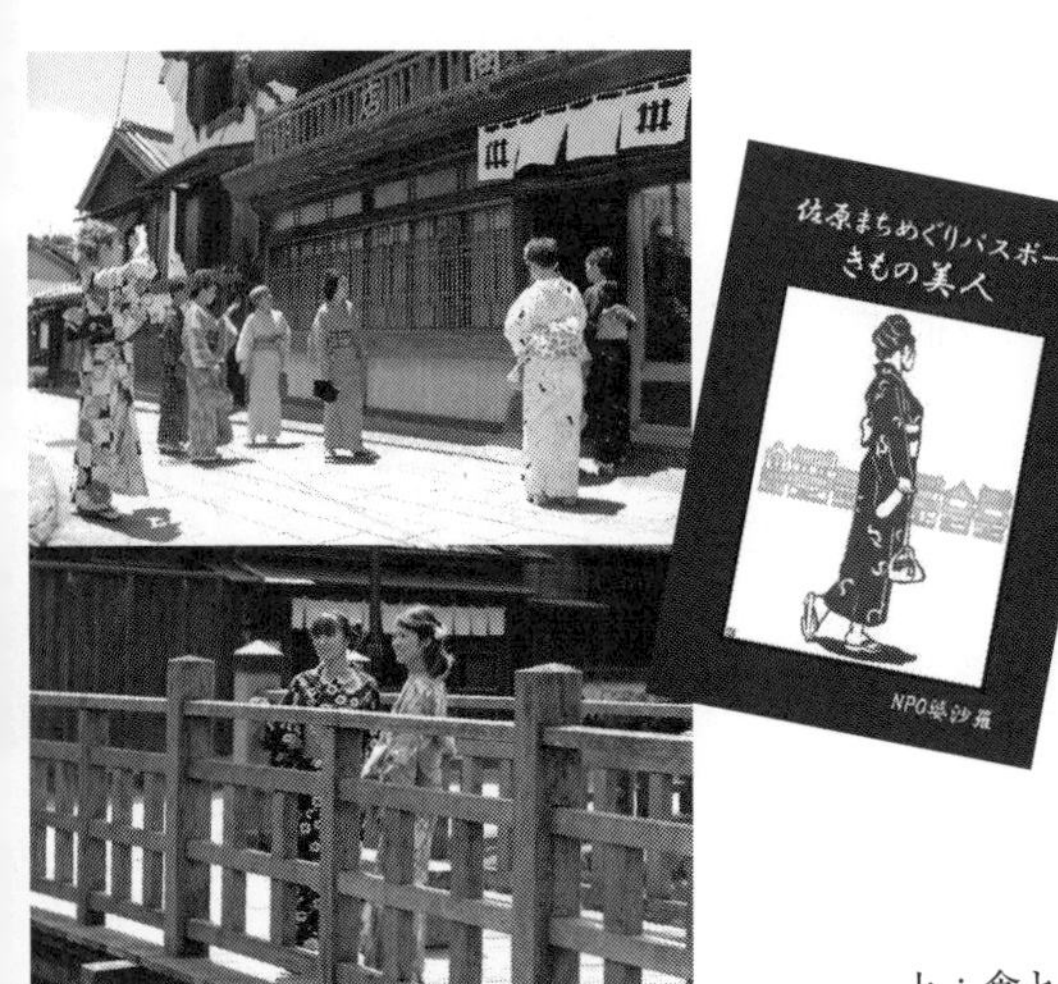

上：まちぐるみ着物の日
右：佐原まちめぐりパスポート
　　きもの美人

上：食と朗読会
中：食と音楽演奏会
下：朗読会とアフタヌーンティー

江戸優り佐原　文化芸術祭
（与倉屋大土蔵にて）

高校書道部

小野川「出し」に、花を活け、出迎える

疫病退散を願って、演奏

中学校の合唱部とプロの音楽家との共演

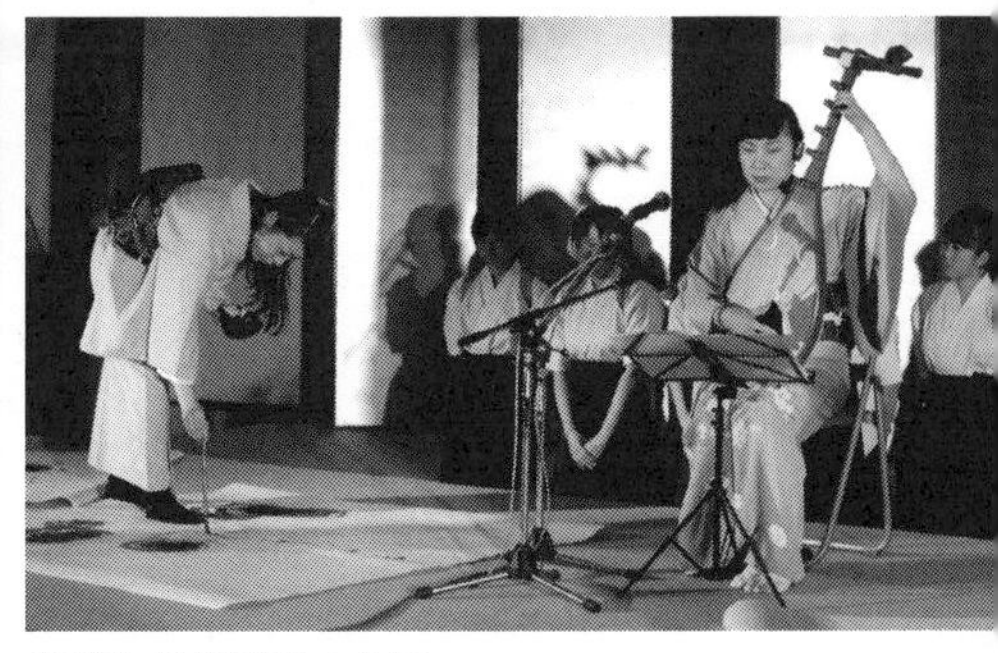

書道と筑前琵琶の共演

誘客の戦略が必要と、佐原商工会議所が中心となり、夏の風物詩である「かき氷」を食文化としてとらえ、飲食店やカフェなどとともに「かき氷のまち」の定着に取り組んだ。平成三〇（二〇一八）年六月に日本かき氷協会と連携し、与倉屋大土蔵を会場にして、「かき氷コレクションin佐原２０１８」を開催した。

かき氷

本当にかき氷で集客につながるのか？　その日はカイロが欲しいほど寒い日。埼玉、東京、名古屋から行列のできるかき氷店が出店した。寒くても「かきごおりすと」は、くじけない。二日間にわたり開催して多くの参加者を得た。まちなかのかき氷を提供する個店は一四軒。狭いエリアにこれだけの店が密集しているところは少ないらしい。翌令和元（二〇一九）年も六月に開催し、昨年の倍以上の集客があり、佐原とかき氷の結びつきは定着しつつあった。二〇二〇年はコロナ感染症対策のため、かき氷コレクションは中止したが、まちなかの個店を訪れる観光客の動向をみると、「夏は佐原でかき氷」というイメージが定着しているように感じた。また、地元の果物を活用するなど付加価値を高めたかき氷のメニューも増えてきた。二〇二一年はコロナ禍の密を避けて個店を訪れてもらうよう、日本かき氷協会と連携して「かき氷コレクションin佐原２０２１スタンプラリー」を開催、多くの「かきごおりすと」が楽しんで各個店を訪れてくれた。参加した年齢層も若者や女性たちが増えている。二〇二二年も七月一日からはじまっている。

佐原まちぐるみキャンパス

震災復興を経て、少子高齢社会が進むなかで、新たな集客・交流の形が問われてきた。特定非営利活動法人佐原アカデミア[11]は、佐原が町衆のまちであることに着目して、その歴史・伝統・文化を「地域の自治」の視点から再評価し、佐原の「まちなか」をキャンパスとして研究・教育・体験・交流などを通じ、さまざまな課題に取り組む組織やグループに「場」を提供することを試みている。

特にグローバリゼーションが進む今、持続可能な地域をめざしていく人材の育成は重要な課題である。近年は佐原の多様な文化的資源が注目されており、地域資源を多角的に活用して集客や交流を発展させていく観光戦略の構築、伝統文化の伝承を担う若手人材の活動機会の提供、さらに、大学との連携による学生のキャリアチャレンジやインターンシップが展開されている。また、自治体関係者との政策交流、大学などの研究機関との学術的な共同研究や企業との技術開発なども動き出している。

縦糸と横糸

佐原では多様な市民活動団体がそれぞれの課題に取り組み、時にはともに活動しながら縦糸と横糸のようにまち全体を織り上げている。町並み保存等に取り組む小野川と佐原の町並みを考える会や、佐原の大祭をまちづくりに活用するまちおこし佐原の大祭振興協会などは、まさに横糸として市民同士をつないでいる。水郷佐原観光協会やまちぐるみ博物館を運営する佐原おかみさん会、大学連携を進めている佐原アカデミアもそうである。もちろん佐原商工会議所や行政がそうであることは自明の理だが、あくまで黒子としてである。さらにまちおこし会社の㈱ぶれきめら[12]、佐原・商たすきがけ事業協同組合[13]、㈱ゼットやっぺい社[14]、㈱NIPPONIA SAWARA、佐原みらい運河㈱[15]、などのまちおこし会社も横糸の役割を担っている。

また、具体的なテーマを掲げ縦糸のように活動する団体は、たとえば着物で佐原を楽しむことからまちの魅力を高めようとしている婆沙羅、川越市・栃木市と広域連携する小江戸さわら会[16]の他、観光案内ボランティアや通訳ガイドボランティア、お祭りガイドボランティア、食をテーマにする結いの会、伊能忠敬の偉業を啓蒙する伊能忠敬翁顕彰会[17]、がそうである。お互い緩やかなネットワークでつながり、状況により連携補完し合いながら、まちづくりを推進する。

おもてなしの心をもって干渉することなく、違いを認め合い、お互いの活動を尊重し、協力し合いながら佐原のまちを縦糸と横糸で、多彩に織り上げていく。

大震災から

東日本大震災から一〇年余、地域の誇りを想い起こしつつ、復興に取り組んできた。被災時、誰しも茫然として、佐原のまちづくりは止まってしまうと、打ちひしがれたかにみえた。しかし実はそうではなく、数十年、地域が向かうべき道をひたすら歩いてきたことを、皆が確認したのだとあらためて思う。これまでまちづくりを進めてきた蓄積があったからこそ、迷うことなく地域は本物志向の生き方に立ち返ることができた。被災の中から真実を見つめ、何が大切なのかを、それぞれが問い直した。守り育んでいくべきものは佐原の人々の心であり、暮らしぶりであった。人々は、今自分たちができることとは何かを考え、ただ復旧するのではなく、より精度を高めていくことをめざしてきた。

佐原は、香取の海を領する香取神宮の神郡であった古代、市（いち）が活発となった中世、さらに近世には、江戸のまちの繁栄とともに「江戸優りの気風」を培ってきた。

かつて利根川を介して花開いた河港商業都市として佐原は、佐原河岸を基軸に独特の地域経営の思想を確立させた。また、佐原商人が育んだ生活文化は、地域の人々を慮（おもんぱか）るリーダーシップと郷土愛に満ちた自治のまちを創りだしてきた。

佐原の豊かな文化資源は、自治のまち佐原が培ってきた多様な営みの結晶である。3・11後の復興期に戴いたユネスコ無形民俗文化遺産や日本遺産等への登録という冠は、被災した地域が復興へ取り組む活動をひときわ大きく後押しした。

「きらり輝き観光振興大賞」と「優秀観光地づくり賞金賞」など

市が市民とともに策定した「観光・集客・交流アクションプラン」のメインテーマは「一人二役一貢献」である。一役はこの地に誇りを持って暮らしていること、そして、もう一役はおもてなしの心を持ち、自分のできることに力むことなく取り組むこと。

佐原では、まちづくりに取り組む市民の姿そのものを観光資源として「まちづくり型観光（心の観光）」の推進に取り組み、その活動は日本商工会議所が主催する「全国商工会議所きらり輝き観光振興大賞[18]（平成二三年度）」のグランプリを受賞した。東日本大震災で被災し、もがいているときに今までの取り組みが日本一に評価されたことは、地域に大きな勇気と自信を与えた。佐原商工会議所が受賞したことで、地域全体を評価していただいたように感じる。

かつて佐原市は「優秀観光地づくり賞」（平成一七年度）で金賞を受賞した。官民一体となったまちづくりが評価された。観光の大賞を市と商工会議所の両方が受賞したわけだが、いずれもまちづくりに取り組む市民が日本一になったことを意味する。

佐原は、市民が主役のまちづくりを推進してきた。町並みの保存も、活用も、また佐原の大祭を世界の文化財にまで磨き上げたのも市民の力であった。

市民の力こそ地域力である。その力があるから、伝統文化を育み、地域資源が地域の宝に昇華していく。震災前の昭和六二（一九八七）年に佐原市は「手づくり郷土賞」を受賞した。地域の魅力や個性を創出している良質な社会資本と一体的な地域活動つまりまちづくりが評価された。平成一一（一九九九）年には一般財団法人地域伝統芸能センターの地域伝統芸能大賞を、市民主導の佐原の大祭実行委員会が受賞した。多年にわたり地域固有の歴史、文化を色濃く反映し、民衆に受け継がれた芸能および風俗習慣の活用を通じて、観光振興・地域振興に顕著な貢献のあったものと評価された。また、平成一七（二〇〇五）年には、二度目の「手づくり郷土賞」を受賞した。昭和六二年に評価された小野川沿いの様々な活動が、持続的に一層魅力ある地域の実現に貢献しているとの評価であった。さらに、平成二〇（二〇〇八）年にはサントリー文化財団のサントリー地域文化賞を佐原囃子保存会が受賞した。同保存会は、終戦後三年目の昭和二三（一九四八）年から今日まで七〇年間、活動を続けている。なお、佐原囃子は昭和三〇（一九五五）年に千葉県の無形民俗文化財に指定されているが、本受賞は活動の継続性、独創性、発展性、地域への影響力の観点から評価された。

これまで多くの冠を得て、佐原はいっそう地域の誇りを醸成した。地域が大切にしてきたものが、さまざまな場面で評価を得たことで、本物にこだわり続けた佐原のまちづくりが間違ってなかったことを確かめ、自信と未来に向かっての新たな種（シーズ）となっていく。

おわりに

復興に取り組むなかで、㈱NIPPONIA SAWARAや佐原みらい運河㈱など、新しいまちづくりの担い手も加わってきた。また、地元の食材や文化にこだわったレストランやカフェなどの個店も増えつつある。さらに前述のように文化的資源が外部評価を得て、いちだんと前を向いて歩いていく環境が整ってきた。

しかし、おごることなく今後も愚直に本物にこだわり、日本の原風景や文化を守り育んでいこうとする生き方を通し、佐原を訪れる人々の心を癒し、心の糧となるようなまちづくりでありたいと願っている。

◉註

1 NPO法人小野川と佐原の町並みを考える会

平成三（一九九一）年発足。同年三菱銀行佐原支店旧本館（現佐原三菱館）で観光案内を開始。会員による建物調査・保存の勉強会を経て、翌年「佐原市小野川・香取街道歴史的町並み保存基本計画書」を市長へ提出。これが平成三年「佐原市佐原地区町並み形成基本計画」に反映される。以後、佐原の町並み保存の中心的役割を果たす。

平成八（一九九六）年「観光案内ボランティアガイド」が発足、平成一六（二〇〇四）年NPO法人を取得、平成一八（二〇〇六）年「佐原町並み交流館」の指定管理者となる。

平成二三（二〇一一）年ワールド・モニュメント財団に支援を依頼し、平成二四（二〇一二）年アメリカン・エキスプレスより震災復興の支援金獲得に尽力。ほかにまちづくり事業を実施。国土交通大臣賞等受賞多数。

2 プラットフォーム佐原

平成二三（二〇一一）年発足。同年四月から活動開始。東日本大震災からの復興支援として、佐原のまちの情報発信を中心に活動。隔月発行の北総地域への情報発信誌「STaD」に「江戸優り佐原」として情報発信を行なっている。また地域の歳時記などの記録作成も支援している。

3　NPO法人まちおこし佐原の大祭振興協会

平成一三（二〇〇一）年に設立、三〇〇年の歴史をもつ佐原の山車祭りをまちおこしの有効な手段として活用するため、各種の催し物（シャトル舟の運航、郷土芸能の発表、地元特産品の販売等）を同時に開催することで見物客の増加と、全国的な知名度の向上をめざす。平成一六（二〇〇四）年二月に「佐原の山車行事」が国の重要無形民俗文化財に指定されたが、夏祭り、秋祭りを一体とした「佐原の大祭」の国指定に貢献。また、まちおこしの視点から「佐原の大祭」を活用することにより、地域の活性化に寄与した活動が評価され、平成二一（二〇〇九）年に「国土交通大臣賞」を受賞。

4　NPO婆沙羅

歴史情緒あふれる佐原を訪れた観光客等に、着物での散策を提唱し、旅先での非日常体験を演出するために生まれた団体。予約制での着物レンタルや「佐原茶会」といった着物でお茶を楽しむイベント、他団体と連携して着物での朗読会やコンサートなどを開催。

5　佐原おかみさん会

平成一七（二〇〇五）年、佐原のまちなかの商店の「おかみ」が地元活性化のために立ち上げた。商店などが代々受け継いでいる、その店の逸品などを展示する「まちぐるみ博物館」を主宰。おかみは「楽芸員」となって、展示品はもちろん、まちの紹介、自慢、あるいは観光客の希望や不満を聞き取り、次の活動に活かす活動を行なっている。さらにまち全体で、正月飾り、雛巡り、五月人形巡り、夏の竹灯りなど、季節ごとの集客イベントも主催する。

6　結いの会

平成二一（二〇〇九）年発足。安心安全な食の研究等を中心にした主婦たちの会で、食と文化、芸術をコラボすることで、事業自体の付加価値を高める活動を行なっている。特に、源氏物語などの古典の朗読会を中心に「食と朗読の夕べ」、あるいは二胡、バイオリン、琵琶、声楽などの音楽活動とのコラボによる事業を、地域の飲食店等を会場に展開し、地域振興に貢献している。

7　ワールド・モニュメント財団

同財団WMF（World Monuments Fund）は昭和四〇（一九六五）年に米国ニューヨークで設立された非営利民間組織。国や文化の枠を超え，歴史的建造物などの文化遺産を保護・保存することを目的とし、世界各地で政府などの公的組織及び民間のパートナーと協力して、経済的・技術的支援活動や教育・啓発活動を行なう。

WMFが平成八（一九九六）年より隔年で行なう、「ワールド・モニュメント・ウォッチ（緊急に保存・修復などの措置が求められている文化遺産）」というプログラムで、「東日本大震災被災文化財」として香取市佐原の県指定文化財の復旧支援が行なわれた。

8 ㈱NIPPONIA SAWARA

㈱NIPPONIA SAWARAは、政府が提唱する地方創生に呼応して、平成二八（二〇一六）年に、香取市内において金融機関等の主導で設立された観光まちづくり会社。歴史的建造物を活用した観光による地域活性化をめざす。同時期に設立された㈱NIPPONIA SAWARA不動産とともに古民家や蔵を改修し、ホテル（佐原商家町ホテルNIPPONIA、バリューマネジメント株式会社運営）等に供するほか、ゲストハウスの運営、市内の観光情報の発信、六次産業化の支援等に取り組む。他に、さわら町屋館（上川岸（うわがし）小公園）の指定管理者。

9 香取市国際交流協会

平成一六（二〇〇四）年に佐原市国際交流協会として設立。平成一八（二〇〇六）年合併による香取市誕生に伴い名称変更。世界に開かれたまちづくりのための国際交流事業を推進し、諸外国との相互理解、友好親善に寄与することを目的に活動。日本人会員、外国人会員、法人会員により組織される。

同協会には、通訳ガイドボランティア部会等四部会があり、外国人向けの日本語教室や日本人向けの英語・中国語教室の開催の他、日本文化の体験イベント、歴史的町並みを外国人観光客へ紹介する通訳ガイドなど、年間を通じてさまざまな活動を行なう。

10 「ふるさと祭り東京〜日本のまつり・故郷の味」

平成二一（二〇〇九）年一月より開催。毎年、東京ドームに全国各地の産品を販売する物販ブースが多く設けられ、ステージでは全国の有名なお祭りが披露されている（青森ねぶた、秋田竿燈まつり、新居浜太鼓祭り、沖縄全島エイサーまつり、牛深ハイヤ祭り等）。

11 特定非営利活動法人佐原アカデミア（まちぐるみキャンパス）

佐原アカデミアは、佐原の歴史・伝統・文化を「地域の自治」の観点から再評価していくことを基軸とし、持続可能な地域づくりの媒介役を担うことを目的とするＮＰＯ団体。平成二三（二〇一一）年、任意団体としてスタート、平成二八年ＮＰＯ認証。具体的には、佐原をフィールドにした観光戦略の構築、文化を担う若手人材への活動・学習機会の提供、学生のキャリア・チャレンジやインターンシップ、自治体関係者との政策交流、大学などの研究機関や企業との学際的な共同研究や技術開発などを行なう。

12　㈱ぶれきめら

平成一二（二〇〇〇）年度に策定された佐原市（現香取市）中心市街地活性化基本計画における三つの核の一、歴史的町並みエリアでの中心的役割を担うため、平成一四（二〇〇二）年に設立された第三セクターの佐原のまちおこし会社。「ぶれ」はギリシャ語の「青」で、水郷佐原の水の青・空の青を表す。「きめら」はギリシャ神話上の生き物で、頭は獅子・胴は山羊・尾は蛇からなる、それぞれの異なる能力・才能を集めて、より優れた「まちおこし」の仕事を成し遂げようという願いから命名。佐原観光のシンボル的な小野川遊覧船の運行、観光客用パーキングの運営、ジェラートの販売、無料休憩所の運営等を行なう。

13　佐原・商たすきがけ事業協同組合

平成二三（二〇一一）年、東日本大震災で歴史的な町並みが大きな被害を受けた香取市佐原地区で、地元商店の有志などが、被災した建物を借り上げ、復興のための賑わい拠点にしようとする試みから設立された。

建物は、経済産業省の被災地復興支援の補助金を活用し、往時の面影を残しながら、甘味喫茶や物産販売などの店舗に生まれ変わらせた。また、改修にあたっては、建物の耐震性を高めたほか、食糧備蓄庫も備えるなどして地域住民の避難場所としての機能も併せもつ。今後も賑わい再生の一環をめざす。

14　㈱ゼットやっぺい社

平成一二（二〇〇〇）年度に策定された佐原市（現香取市）中心市街地活性化基本計画における三つの核の一、佐原駅周辺エリアの活性化のために、平成一七（二〇〇五）年に第三セクターにより設立された（ゼットＺはゼロからの出発。やっぺいは「やろう」の意味）。

初代の代表が主宰した、まちづくり塾の卒業生が設立メンバー。テナントリーシング等によるコミュニティビジネスや高齢者等の買い物難民対策を企図する。

15　佐原みらい運河㈱
平成三〇（二〇一八）年、香取市に設立されたまちづくり会社。主に、地方創生型のプラットフォームの構築を核とした、新規事業開発を目的としている。地域の活性化及び観光客等来街者の再訪を促すまちづくりの企画・開発・運営・事業の拡充や情報通信技術の活用でサポートする。

16　小江戸さわら会
山車祭り・歴史的町並み・川という共通な資源を有している、川越、栃木、佐原（当時）の三市がそれぞれ「小江戸会」を立ち上げ、「小江戸サミット」を結成して、三市での広域的な交流による地域振興を推進している。毎年、持ち回りでサミットを開催するほか、それぞれの祭礼時には出店し、各市のPR活動を行なっている。

17　伊能忠敬翁顕彰会
平成二六（二〇一四）年設立。伊能忠敬が一九世紀初頭に測量隊を率いて全国測量を行ない、精度の高い実測による日本地図を作成したことは、教科書等にも取り上げられ、全国に広く知られている。一方で、伊能忠敬が下総国佐原村で、名主として果たした多くの功績はあまり知られていない。

佐原時代の忠敬の活躍を世に広め、市民はもとより、広く国内外にその遺徳と功績を顕彰し、もって地域の誇りを醸成するために活動する。小学生向け副読本、テキストの発刊、その他イベントで様々な啓蒙活動を実施。

18　「平成二三年度 きらり輝き観光振興大賞」
「全国商工会議所きらり輝き観光振興大賞」は地域の個が光り、他の商工会議所の模範となるような観光振興活動に取り組む商工会議所を顕彰する制度として、平成二〇（二〇〇八）年に創設されたもので、佐原商工会議所の受賞理由は「まちづくり型観光の推進」。

＊なお、本稿は拙稿「復興観光という市民活動―互いの違いを認め合い感謝しあうこと」（『地域開発』二〇一四年三月二九日発行）を大幅に加筆修正したものである。

〈資料1〉「佐原重要伝統的建造物群保存地区」の概要

1　佐原の町並み保存の経過

（1）　町並み保存への動き

昭和四九（一九七四）年、文化庁補助事業による、大河直躬千葉大助教授（当時）などによる調査があり、次に昭和五七（一九八二）年、観光資源保護財団による調査が福川千葉大教授らにより行なわれましたが、本格的な保存運動には至りませんでした。

昭和六三（一九八八）年ふるさと創生事業のアイデア募集の結果、伊能忠敬、古い町並み、小野川に関する回答が多数を占めるなど、地域資源を生かしたまちづくりへの機運が高まり、平成三（一九九一）年、小野川と佐原の町並みを考える会が誕生し、平成元（一九八九）年に寄贈された三菱館（旧三菱銀行佐原支店）を拠点に、観光案内ボランティアの活動が始められました。

平成四（一九九二）年地域住民による建物調査、台帳作成などを通して、行政と市民が協働して町内説明会を開催し、町並み保存はまちづくりであることが浸透しました。

同年三月、佐原市佐原地区町並み形成基本計画が市民・行政・専門家の協働により完成し、平成六（一九九四）年、佐原市歴史的景観条例が制定され、修理・修景事業が開始されました。平成七（一九九五）年、町並み形成ガイドプラン作成。平成八（一九九六）年、条例に基づく「伝統的建造物群保存地区」「景観形成地区」指定、保存計画の告示、文化庁「重要伝統的建造物群保存地区」選定（一二月一〇日関東地方初）と、町並み保存活動は順調に進んで参りました。

2　町並み保存の対象地区

伝建地区　　七・一ヘクタール　　特定建築物九八棟、工作物三、環境物件一

国指定史跡一、県指定建造物八件一三棟
景観形成地区　一八・六ヘクタール　景観形成指定建築物四九棟

3　佐原の町並みの特徴

（1）　商家町（Merchant Town）

佐原は利根川下流域の物資集散地として、近世から近代にかけて栄えた河港商業都市です。小野川沿いに「だし」と呼ばれる荷揚げ用階段が多数設けられ、寄棟造り・妻入りの町家等が建ち並び、伊能忠敬旧宅（国指定史跡）もあります。香取街道沿いには、切妻造り・平入りの二階建ての町家や蔵造りの町家等が連なり、大正時代以降のレンガ造りやRC造りの洋風建物等も残っています。

佐原の町並みは、江戸末期から昭和前期の町家を主体としています。建物には時代や家業・規模の違いからくる特徴の他に、建物の立地による地域的特徴がみられます。

（2）　地域的特徴

①　香取街道　　小野川に交差するこの通りは佐原の中心街で、小規模な切妻平入り二階建てが多く、下屋庇の軒先をそろえ連続する棟が調和のとれた町並みを形成しています。間口は狭く奥行ある敷地に日用品を商う小売・卸商を営んでいました。

②　小野川沿い　　佐原河岸として米問屋、醸造業をはじめ多くの商家が軒を連ね、比較的大規模で寄棟妻入りの平屋・二階建てのものが多く、切妻平入り二階建ても若干見られますが、いずれも川と道路側に瓦屋根を葺きおろして、店前には「だし」が各商家にあり、佐原の原風景を窺うことができます。

③　下新町通り　　香取街道から多古方面に抜ける通りで、建物は比較的規模が大きく形態も様々で、屋敷も広く塀に囲まれた建物もあります。香取街道・小野川沿いとは明らかに趣を異にしています。

（3） 建物の形態

① 木造町家建築　平屋建ては小規模店舗や比較的大きな建築物にみられ、寄棟妻入りが多いのですが、二階建て町家は間口の狭い店舗に多く、寄棟妻入りもありますが大半は切妻平入りの形態をとります。一階正面に下屋庇を設け二階を半間後退させ、店舗部分の上階のみで、奥は平屋の住居部分が続き、その奥に中庭をとって蔵がある敷地形態となります。

② 蔵造り店舗建築　明治中期の大火以後に建てられたものが多く、香取街道沿いに数棟、切妻平入り二階建て一階正面に下屋庇を設けています。その他多くの蔵は倉庫として敷地裏にありますが、僅かながら袖蔵も見られます。また、三階建ての蔵もあります。

③ 洋風建築　大正時代に入ると、大正三（一九一四）年旧三菱銀行や、昭和四（一九二九）年旧第百生命などの本格的なレンガ造りや鉄筋コンクリート造りの建築物のほか、木骨モルタル塗り洗い出し仕上げのファサードを持つ洋風建築が現れてきました。

④ 看板建築　昭和に入り洋風建築の影響から木造町家を改修し、正面下屋庇の上にパラペットを設ける看板建築へ改造するものが多くなりました。

出典：『伊能忠敬翁に学ぶ　佐原地域経営学指南書　町並み編』（佐原商工会議所・伊能忠敬翁顕彰会より）

〈資料2〉香取市の被災状況について（2013年7月31日現在）

1 建物被害（被害認定状況）

全　壊	大規模半壊	半　壊	一部損壊	その他	合　計
224	1,111	1,413	3,118	374	6,240

2 液状化の状況

・液状化面積：約3,500ha（東京ドーム 約750個分）

・住宅地液状化面積：約140ha

3 道路・河川等被害

・道路被災件数：607個所（最大：通行止81個所　片側通行31個所）

・河川被災件数：21個所

4 水道被害

・断水世帯数：19,768世帯

	佐　原	小見川	山　田	栗　源	合計
断水世帯数	9,458	8,150	2,150	10	19,768
加入世帯数	9,458	8,150	2,150	1,123	20,881
断水率	100%	100%	100%	0.89%	94.67%

5 下水道被害

・影響戸数　公共下水道：1,525戸　　農業集落排水：255戸

	佐　原	小見川	山　田	栗　源	合計
公共下水道	715	810	-	-	1,525
農業集落排水	205	38	12	-	255
合計	920	848	12	-	1,780

6 農業関係被害

・液状化等被害：農地、農業用施設が被災

（水稲被害）当初　作付不能2,500ha　収量減14,000t　損害額 約28億円

7 放射能関係被害

・農産物被害：出荷制限 ホウレン草（制限期間：４月４日～４月２２日）

風評被害による価格下落や販売量の低下

・脱水汚泥：上下水道の脱水汚泥の引き取り拒否や引き取り価格の上昇

出典：「香取市災害復興計画 香取市の被災状況・対応状況について」

二章　佐原山車祭りの歴史をたどる

一九八〇年代半ばころ、新宿・東関戸では数年後に引き受ける山車正年番のため、佐原の山車祭りの歴史を調べる研究会が立ち上がっていた。小森孝一さんはその研究会で、諏訪神社に明治一〇年以降における新宿惣町の年番の引き継ぎを記録した文書「幣台規則並割合帳」が納められていることを知り、さっそく仲間であった小松裕幸さん、小出晧一さんとその記録文書を読みはじめる。

小森さんはその解読を通して、佐原のまちにとって山車祭りがいかなる意味をもっていたのか、原点を探り当てる。その実像はまちの繁栄と分かちがたく結びつき、町衆の自治の気風が存分に発揮された祭りの形であった。山車祭りの運営に関し、諏訪神社の祭礼とは別に、独自の意思決定の手続きをもち、そこに町衆の意見が強く反映されていること。また、山車の曳き廻しに関し、新宿惣町全体で明文化した「規約」が作成されていること。さらに、祭りの目的にはっきりと商業振興の趣旨が謳われていること等々である。

本章は、江戸時代から戦前昭和期まで、佐原の町衆が山車祭りに託してきた想いについて、『定本　佐原の山車まつり』（清宮良造著・小出晧一補および「注釈付き年表」）と年番引き継ぎの記録を重ねながらたどっている。また市民の反発を買いつつ、過去の記録から見えてきた山車祭りの全体像をいかに理解してもらうか、小森さんの苦労話も紹介する。

町衆の自治、商業振興と一体となった祭り

諏訪神社「幣台規則並割合帳」／伊能家古文書を読み込むなかで

「幣台規則並割合帳」とは

一九八〇年代半ば、私はお祭りを佐原のまちおこしの起爆剤にしようとひそかに決意します。しかし、思い立ったのはいいのですが、肝心のお祭りの歴史だとか、そもそも佐原のまちにとって、お祭りがどういう意味をもった存在なのか、自信をもって語れるほどの知識はもっていませんでした。また、当時の佐原市民も、山車の曳き方を知っている人は大勢いましたが、佐原にとってお祭りがいかに重要なものなのか、その意義は忘れ去られていたのが現実でした。しかし、諏訪神社に保管されている新宿惣町の年番引き継ぎの記録である「幣台規則並割合帳」の存在を知ったことで、私自身をふくめ戦後、佐原の人たちが抱いていたイメージとは違うお祭りの形が浮かび上がってきました。その解読を通して、佐原のお祭りがどのような歴史を踏まえ現在の姿になっているのか、しだいに明らかになってきたのです。では、「幣台規則並割合帳」とは何なのか、そのあたりから話をはじめることにします。

諏訪神社に保管されている新宿惣町の「幣台規則並割合帳」は和紙八〇枚（全一五九頁）からなる文書です。新宿惣町の年番制度は明治一〇（一八七七）年から、それまで一五六年間、一貫して関戸がつとめていたのを各町内が交代してつとめるかたちに大きく変わるんですが、それを機に、山車年番を担当した町内（正年番）が、その年の記録を筆で記していった文書なんですね。この文書は次期年番へと引き継がれますが、年番を引き継ぐまでの数年間は正年番を受けもった町内が大切に保管し、山車行事の参考にしてきました。年番の引き継ぎが文字通り車輪の如く八二年間かけて新宿惣町を一巡した昭和三六（一九六一）年、この「幣台規則並割合帳」は諏訪神社に奉納され、保管されていました。

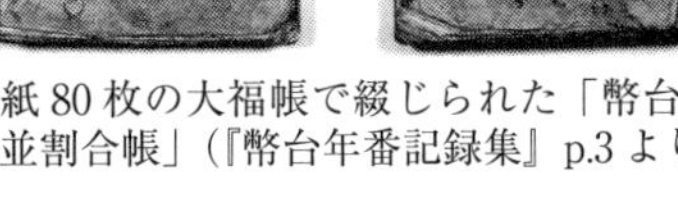
和紙80枚の大福帳で綴じられた「幣台規則並割合帳」（『幣台年番記録集』p.3より）

その内容に関しては後ほど詳しく紹介することにして、まずは小出皓一さん補完編集の注釈付き「佐原の山車まつり年表」（平成二〇／二〇〇八年）を手がかりに、佐原における山車祭りの原形並びにその発展の歴史を追ってみることにします。なおこの年表は、佐原市史の他、伊能権之丞家文書写、伊能三郎右衛門家文書写などを礎に作成されたものです。

利根川東遷の完成で酒造りがはじまる

伊能三郎右衛門前の出しに並ぶ醸造の樽（『佐原の町並み資料集成』p.68より）

小出さんの年表には、江戸時代初期の元和元（一六一五）年や慶安二（一六四九）年あたりから、江戸で練り物が出ている記述がありますが、佐原の山車祭りの原形ができるのは、少し後なんですね。この「年表」には、飾り物などを載せた屋台のことだけではなくて、当時の佐原のまちの様子についてもいろいろ書き込まれています。

具体的に中身を見ていきましょうか。正確な年はわかりませんが、寛文年間（一六六一～一六七三）に「伊能三郎右衛門、牛堀より酒造高七〇石の酒株を買い、酒造りがはじまる」とあります。この時代から、佐原の酒造りが開始されたんじゃないか、そう思っています。

伊能三郎右衛門とは、伊能家の本家に当たりますが、佐原で酒造りがはじまったのは利根川の東遷以降です。利根川の赤堀川通水が完成して、佐原と江戸が舟でつながるのが承応三（一六五四）年ですから、その七、八年後に伊能家は対岸の牛堀村から酒造りの免許を買ってくるんです。それで佐原で酒造りがはじまるんです。酒造りは、当時から幕府の免許制なんですね。その時、七〇石の酒造りの免許を伊能家は買うんですよ。ということは、佐原と江戸がつながって、これからは酒が有力な商品になるということがわかっていたんでしょうね。伊能家の時代の先を読む力を象徴するような話です。

つづいて延宝元（一六七三）年に、「その後に佐原用水を開削」、「佐原の町並みが急速に発展する」とありますが、この用水が伊能堀でしょうね。今の小野川にかかった樋の橋、つまりジャージャー橋があるところです。本宿側の上流から水を引いて、小野川を渡って新宿の側に用水堀で水を通すことで、佐原の町並みが急速に発展してきたということですね。こうしたまちの発展の中で、しだいに山車祭りの原形もできあがってきます。

山車祭りの原形を伊能権之丞家がつくる

そのはじまりが享保六（一七二一）年ですね。この年に新宿惣町の今のお祭りの原形を見ることができます。「四代目、伊能権之丞智胤、新宿祭礼の日を八月二七日と相定め、番組順を決める」というのがそれです。巡行の順番を「一存で決めた」と書いてあるから、町衆の人たちと相談してないんですね。屋台の並ぶ順序は、一番・関戸、二番・上宿、三番・上中宿、四番・上新町、五番・横宿、六番・中宿、七番・下新町、最後の巻軸が下宿と、こういうふうに並べるんだと、四代目伊能権之丞が全部決めている。一番・関戸とありますが、これは永代触頭といって、文字通り先頭に立って祭礼の仕切りを永代にわたって執り行なう役目のことです。一方、最後尾の下宿を巻軸といいます。屋台行列のしんがりをつとめる役目です。これだけが新宿の屋台持ちの町内だったんですが、触頭、巻軸という言葉からもうかがえるように、お祭り全体のイメージが絵巻物でできているんですね。

ここで面白いのが屋台の順番についての記述なんですが、「然る所、関戸、上宿、たびたび争論出来候につきて、上新町屋台、諏訪神社のお祓い、云々」とある。どうやら、関戸と上宿は当時よく喧嘩していたらしい。そこで、順番でいうと上宿の後方にいた上新町を前にした。上新町の屋台は、榊(さかき)を立てて、諏訪明神の御札を飾っている。それを関戸と上宿の間に入れるわけです。つまり、諏訪神社の諏訪大明神が真ん中に入ったのに、それを越えて喧嘩をしてみろと。神様の頭を踏んづけて、喧嘩をしたら承知しないぞと。こういう意味なんでしょうね。喧嘩をやめろと言ってもやめないけど、神様を敵にまわすわけにはいかないから、神様を間に入れて丸くおさめている。昔の人は智恵がありますよね。

その記述の後にまた酒造りの話が出てくる。享保九(一七二四)年に「伊能三郎右衛門、酒株三〇石分を永澤次郎右衛門に分ける」とある。永澤家は伊能家と並ぶ本宿の有力な名主です。しかし永澤家は六代目でいったん没落、七代目は伊能本家の分家が引き継いだため、享保九年に酒造りの株を永澤家に分けています(永澤家は、没落前は長澤家と称していたが、伊能家と縁戚をむすぶことで、永澤家と改名。以下、永澤家で統一)。それから享保一一(一七二六)年には酒造りが伊能権之丞、丸屋、鹿島屋、香取、宮田、七軒になると書いてある。こうした記述から、酒造りを中心にして佐原のまちが豊かになっていく過程が見えてきます。

諏訪神社建立のいきさつについて

諏訪神社の記載も外すわけにはいきません。「享保一八(一七三三)年に、新宿惣町の協力で諏訪神社を造

諏訪神社本殿

営する」との記載があります。これが今の諏訪神社ですね。元々、諏訪神社は現在の位置にはなくて、階段の途中にある今の社務所のあたりに小さい祠（ほこら）があるんですが、そこだったようです。それを伊能権之丞家の氏神様として本格的な神社に造り替えたということですね。

小出さんの年表には「寛文年中、三代目伊能権之丞景胤（かげたね）、諏訪明神社の上にある畑は不浄にて松を植え、年貢上納を伊能権之丞家にて行う」とあります。おそらく今の諏訪神社の本殿のある場所は、当時畑だったんでしょうね。そこを権之丞家三代目の景胤が諏訪神社を建立するために買い取ったんですね。

つづけて、「本殿及び石段の第一段は、伊能権之丞智胤（四代目）が奉納し、拝殿及びその他の石段は氏子で奉納した」と書いてある。神社というのは後ろが神殿で前が神楽殿です。なので、後ろの神殿は伊能権之丞家がつくって、前の神楽殿は新宿惣町がつくったということですね。ところで、階段の一段目は伊能権之丞家がつくったとなっていて、その他の階段は惣町でつくれということなんだが、その一段目はどちらから数えて上か下かというのは、いつも話題になるんですが、わかりません（笑）。

さっき、昔の人は智恵があると言ったけど、古文書を読むと、こんな落語や頓智のような話がたくさん出てくるんですね。ただ、このエピソードから、伊能家の氏神様にはじまる諏訪神社が新宿惣町全体を氏子とする神様（鎮守）となったことがわかりますね。

飾り物が定着するのは関戸の猿田彦から

さて、お祭りの記述に戻りましょうか。享保六（一七二一）年から享保一八（一七三三）年まで、「一～三年、飾り物は不定」とある。「飾り物は不定」ということは、屋台を曳くたびに飾り物は勝手にいろんなものを

上：大人形の山車飾り物の先駆けとなった、関戸・猿田彦命の山車（『諏訪神社祭礼 東関戸の幣台年番記録』口絵）

右：猿田彦命の頭部（山車会館に陳列）

載っけていたということですね。米俵を載せてみたり、酒樽を載せてみたり、いろいろな飾りを竹でつくったりして、巡行していた。けれども享保一八年に、「関戸町は、権之丞家より夏夜着持ち参り、猿田彦命飾り候ところ、大当たりをとり、それより屋台飾りとして固定した」という記述がありますが、ここではじめて、関戸は猿田彦命を飾るわけだ。この猿田彦命を元文四（一七三九）年に新しくつくりなおしたものが現在、山車会館に陳列してあります。つまり、飾り物は最初から決まっていなかったけれど、この年に飾り物として猿田彦命を飾ったら大当たりをしたので、それ以後、それを飾り続けているということなんですね。ですから、飾り物が定着したのは、このあたりからでしょうね。

この時代に人口調査をやっていて、元文五（一七四〇）年、家数九五八軒、人口三、八一九人。これが当時の佐原の人口ですね。ここで関戸の話がまた出てくる。「利根川の洪水により南和田堤復旧工事に関戸よりの人足の働きが認められ、関戸郷と名付けても苦しからず」と。関戸郷の幟ですね。幟一流を代官所から授与されて以来これを起源として、幟、山車額に「関戸郷」を掲げたということだね（三章一三三頁）。それまで、関戸は佐原村新宿の枝村の一つにすぎなかったんですが、伊能権之丞家が関戸農民の年貢請を一手に掌握したころから、新宿惣町全体で重要な役割を担うようになります。

本宿の屋台順はくじ引き

さて、これまでは新宿の話が中心でしたけど、明和七（一七七〇）年になりますと本宿の記載も出てきます。本宿は八坂神社のお神輿が中心で、それまでも屋台曳きもやっていたのですが、それぞれが勝手にばらばらにやっていたようで、きちっとした順番を決めて屋台を曳くということはやっていなかったようですね。でも、明和七年にはじめて屋台の順番を決めている。実は、前年の明和六年にも、決めようとしていたみたいなんだけど、決まらなかったみたいですね。それが明和七年にはじめて屋台の順番を「くじ」で決めた。新宿惣町は伊能権之丞の一存で決めたんだけど、本宿はみんなが一斉に「俺が一番だ、俺が一番だ」と言いだして、くじ引きで決めることになったようです。

そのくじ引きについての記載がある。それによると、「屋台順の相談あるが決まらず」、「伊能、永澤両家で引き留めを約束したが、永澤方の川岸、浜宿(はまじゅく)が約束を破り、両家、義絶す」とある。約束を守らないから、伊能家が永澤家と親戚の縁を切ったという話だね。このあたりから、屋台の争いが結構あったようなんですね。ちなみに、新宿では一番が年番(触頭)だったわけだけど、当時の本宿の場合は一番が年番というわけではなかったみたいですね。おそらくここには、お神輿が関係しているのではないかと思っています。もともと、お神輿を担ぐ年番が屋台の年番だった。これは新宿も同じです。神輿巡幸とか神社の祭礼というのは、例えば水害などでお祭りができないような状況のときでも必ず実施します。しかし、屋台は附祭りですから、屋台をまちなかに出さないときもある。そうなると、お神輿の年番と屋台の年番がずれてくる。だから、自然に別々になっちゃったという感じなんではないですかね。

伊能忠敬翁が登場

次にいきましょうか。明和六(一七六九)年に人口調査がまた実施されています。それによると、佐原村、戸数一、三二八軒だから、かなり大きくなっている。人口、男二、七二五人、女二、三〇四人、合計五、〇二九人。お寺が二〇。馬が一七頭。馬は貴重品だったんでしょうね。そして、天明元（一七八一）年には「伊能忠敬が佐原本宿組の名主になる」とある。ここで名主として、忠敬先生が表に出てくるわけです。

天明七（一七八七）年のデータがあります。酒造りが三五名、酒造古株三三一石、冥加金二七両二分です。一七八八年には、酒造り人三五名、酒造高一万三、六〇五石です。リットルに直すと約二〇〇万リットルですから大変な量です。これを江戸に運んで売るわけなんだけど、江戸の酒の大方は佐原だといわれたぐらいに、佐原は酒造りが盛んだったことがわかりますね。米とか薪とかも江戸に運んでいたんだけど、それよりも酒ですね。酒造りを中心に、急速に佐原のまちが発展していく様子がはっきりとわかります。

洪水で祭りが中止に、まちも分割

だけど、佐原には大きな課題があったんです。洪水です。寛政一二（一八〇〇）年には、「利根川、天明に次ぐ大洪水」。文化九（一八一二）年には、「利根川、大満水になる、七月代官、水見聞のため来佐。公儀より、水損のため二割の減」とある。洪水ばかりですね。ちなみに、洪水のため二割の減というのは、年貢が二割減になるということですね。洪水で大変なので、年貢が割り引かれたというわけです。こうなると、お祭りにも影響が出てくる。「祭礼の儀、飾り物は五ケ年目に、一度」。お祭りは五年に一回しかやってはいけないということですね。続けて「中三年は神輿のみとする旨言い渡される」と、こう書いてある。

五年に一回ぐらいしか屋台を曳けなかったというわけですね。もっとひどいのは、七年に一回ぐらいしか屋

明治43年8月の佐原大洪水。屋根に人が上がっている主屋は、加瀬家（正上）店舗。現在も小野川右岸に建つ（『佐原の町並み資料集成』p.63）

台が曳けない時もあるんですね、当時は。洪水があると作物も不作になる。そうなると年貢は免除されるけど、もう屋台は曳けなくなる。税金を免除しているから、遊ぶなということですかね。当時は、今みたいに毎年屋台を出してお祭りをやるなんていうことはなかったんですね。毎年やるようになったのは、戦後になって利根川の堤防が完成してからですからね。それまでは洪水で三年に一回、五年に一回といった感じだったことがわかります。

つぎに文化一四（一八一七）年の記載があります。現在、新宿の下宿というのは、一二軒か一三軒で、一番小さい町内ですが、当時は違いますね。「格別の大町に付き橋本町を分ける」とある。下宿の中の橋本を下宿から独立させる。その後天保一四（一八四三）年には、今度は下宿から下分（しもわけ）も独立するということになる。それから関戸は居作（いづくり）、中郷（なかごう）に分けられ、横宿も南北に、下新町は下・中に分かれます（天保一三／一八四二年）。

なぜ、まちを分割したのか、理由はよくわかりませんが、一つは水害ではないですかね。水害は佐原の宿命みたいなものなんですね。水害からまちを守るにはコミュニティの結束が大事になってきますが、まちが大きくなると、どうしても結束が弱くなるので、それを防ぐために、まちを分割したのかもしれないですね。しかし、本当のところはよくわかりません。

喧嘩が原因で、役人といざこざ

そのころのお祭りですけど、記録を見ると、関戸の喧嘩と祭りについての記載があります。天保元（一八三〇）年には、「関戸町、上川岸の者と、祭礼に喧嘩す」と書いてある。その次の年、天保二年に、「この年、地頭より新宿祭礼は中止、神輿行列も中止、一一月、役人出張、新宿祭礼の喧嘩の罪、軽からず」と。「よって、本宿、新宿の祭り道具一切お取り上げの旨申し渡される」と。喧嘩が原因で、祭りが禁止になるばかりか、お祭りの道具も取られそうになってしまったんです。

当然、みんなで相談することになるわけなんですが、ここで有名な事件が起きるんですね。「関戸町年番ゆえ屋台を解体し車数台に積み役人に焼却を迫った」と書いてあるところです。関戸が、「じゃあ、しょうがない。年番だから代表して屋台を解体して持っていく」と。屋台を大八車なんかに積んで、解体したやつを役人のいるところに持っていくわけだ。そして、その行くまでの途中で竹やぶで竹なんかを伐って、竹槍をつくっていく。そして代官所で、「さあ、おめえら、燃してみろ。燃したら、おめえら承知しないぞ」と。「やったら、みんな殺してやるから」というようなすごみで、一〇〇人とか二〇〇人が取り囲んだものだから、役人が逃げちゃうんですね。「この件は沙汰止み」になったと書いてある（笑）。それで、みんな祭りの道具が助かるんです、全部がね（笑）。この事件がきっかけで、関戸は年番（触頭）を遠慮するといって、酒を持って、他の町内に頼みに行くんだけど、「おまえらはもっとやれ」と言われて、結局年番を続けています。

役人とのいざこざの記録は他にもあるんです。例えば、「天保七（一八三六）年、本宿祭礼に屋台曳き出し、関八州取締方より、本宿惣町、若者、世話人、二名ずつ、小見川までの御召状差紙を受け、小見川町まで引被出候ニ付」というところです。本宿が小見川へ呼び出しを受けた。そうすると、「新宿惣町、一六ケ町の者、小見川まで見舞いに行き、貰い下げを願い出」とある。小見川の代官所まで行って村預けになっている本宿の連中をもらい下げに行くわけです。「私のほうで扱いますから、どうでしょうか」と。恐らくこの時に大八車に酒を積んでいって、貰い下げてくるんだと思います。日ごろは新宿と本宿はけっして仲がよかったとは思いませんが、本宿がピンチになったときに新宿の側が駆けつけて、貰い下げてくる。このあたりはなかなかおもしろいところですね。

罰金を払っても祭りは止めない

先に行きましょうか。記録を見ると、嘉永のころ、今のような山車になっているんですね。「嘉永二（一八四九）年に、新宿附祭り就行」と。「上中宿山車新調、岡野兵部重好棟梁の作。上中宿町山車彫刻、立川録三郎作」と書いてある。屋台の彫り物ですね。江戸末期、各町内は江戸の名工といわれる職人たちに頼んで、競うように屋台に彫刻を施しています。

次は、安政二（一八五五）年の江戸大地震の記録です。焼けた家屋が一万四千余戸、町人の死者が四千人とある。そのときに、「諏訪神社の遷宮祭礼を兼ね、山車一四台、笠鉾一〇台の豪華な祭礼となる」とあります。「嘉永四（一八五一）年の申し入れもあり、下分も山車参加」とありますが、安政二年の諏訪神社の祭礼に新宿の下分が、本宿の荒久（あらく）町の山車を借りて参加しているんですね。下分は下宿から分かれてできた町内ですから、この時まだ屋台がなかったんですね。

ここで、事件が起きるんです。「関戸、若者屋台曳き込みに死亡事故」。「新宿祭礼に付き白州へ呼び出し有り過料一三〇貫」。罰金を取られている。今の金額でいうと、約四〇〇万円くらいでしょうか。さらに、次の安政三（一八五六）年には、やっていけないといわれていたのに、祭りをやってしまう。「新宿祭礼、華麗に付、白州へ呼び出し、過料一五〇貫文」。ここでもまた罰金を取られています。何度も何度も罰金を払ってお祭りをやっている。逆に言うと、そのぐらい屋台曳きが好きだったということですね。その記述の前に、もう一つ書いてある。「嘉永四（一八五一）年に、地頭所より佐原村へ嘉永元年、禁を破り祭礼執行に付き、過料一〇〇貫文」と書いてある。いくら取られたら済むんだという感じですね。これらの記録から、いかに佐原の人たちが屋台曳きに熱狂したかということがわかりますね。

明治一〇年から年番制度が変わる

さて、時代は慶応から明治に入ります。小出さんの年表には、明治六（一八七三）年に「佐原小学校、創立さる」とありますね。明治政府によって公教育が制定されるのが明治五年ですから、佐原小学校の創設がいかに早いかがわかります。明治初期のお祭りですが、当時の屋台について、明治八年に下分町、下宿町、北横宿町が屋台を造るとあります。このころ江戸職人の手による大人形がそろってきます。

明治一〇（一八七七）年になって、今まで関戸郷がずっと一五六年間、永代触頭として年番をやっていたのですが、町並みがそろってきたので、ここで年番を各町内で交代してやることに決めています。

現在の新宿惣町の年番制度はここからはじまるわけですが、「幣台規則並割合帳」の冒頭には「新宿町長（まちおさ）

の儀は、去る享保六年より当明治九丙子に至り、星霜百五十六年之間、臨時要用其の外、鎮守祭典、供獅子、榊は勿論、並びに附祭り、練り物等に至る迄、左の者、組法を以って、町組関戸始め、旧拾四町」。続けて、「右の通り今年迄、不易に、関戸町にて諸事世話方致し来り候処、今般改正のご治世に基き、惣町協議の上、町々車輪の如く隔年に年番役相い勤め申す可く様、更に、取り極め候事」と書いてあります。

こうして、明治一〇年一月二五日に、山車の順番を決めます。北横宿、若松町、下新町、上河岸、中宿、南横宿、上宿、橋本、下分、中河岸、下河岸、上中宿、下宿、関戸の全一四町となっています。関戸は何で後ろに来ているかというと、永代触頭を下りたからです。それで一番後ろにまわっていますね。

山車祭りを決行するかどうか投票で決める

小出さんの年表を追っていきますと、「明治二九（一八九六）年、利根川洪水、佐原町付近の堤防決壊す。洪水の為、下川岸町、山車流される」とあります。ここで、「白七票、黒八票で休み」と書いてあります。この年は附祭りをやるかやらないか、投票で決めているんです。全部で一五票なんです。白票が八票なら、やる。黒票が八票なら、やめる。やる、やらないということを自主的に決めているんです。神社とかが決めるのではなくて、自分たちがやるかやらないかを決める。だから、明治三二（一八九九）年は、「附祭り就行、白一三、黒二」と書いてあります。こういうふうに自分たちの投票で決めている。新宿の山車祭りは、諏訪神社の祭礼から一定程度自立した祭りだということが、ここからも見えてきますね。

それから幣台年番の引継書を読むと、下新町の年番のときに、「明治一九年例祭之儀は、コレラ病流行につき、県庁より停止之達有之。よって、惣町協議の上、旧九月一五日まで延期致し候処、その節に至り、いまだ病勢盛りにて執行おぼつかず」とあり、「同二七日まで日延べ」。そうしたところが、「然る処同二六日に解除の趣達に相なり」。つまり、お祭りをやってもいいと、こうなるわけです。ここからわかることは、附祭りの日にちは昔から決まっていると思い込んでいるけど、それは違うということです。開催日の決定には柔軟性がある。

おもしろいのは、このころも山車を曳けない年があるんですよ。例えば「時に午前二時過ぎになり、本年は一一年目の大祭」とある。他にも、「山車は年豊穣に関せず、明治三六年より向う五ケ年目毎に正式の巡行を為す事。若し凶年に当たる時は協議の上翌年に延期する事」と書いてある。

虫干しは苦しからず

じゃあ、祭りをやれない時は黙っていたのかというと、それがそうでもないんですよね。「山車並びに付属品の虫干しを為すは苦しからずと雖も、この場合には他区に出さざる事」と書いてある。「他区に出さざる事」というのは、山車を自分の町内だけなら曳いてもいいよ、とこういうことなんだね。虫干しは苦しからずだから、虫干しをするといって、山車を飾って、それでお囃子を入れて町内中を曳き廻すわけです。そうすると、「おめえら、虫干しと称して、何、山車を曳いているんだ」と役人が来ますね、すると「ぐるっと全部廻らないと、山車に陽が当たらないから、曳き廻して陽を当てているんだ」と。そして、役人にお酒を持たせて帰しちゃう。とにかく、お祭りがやりたいんですね（笑）。

近郷より群衆は四、五万を算し

水害などでなかなかお祭りができないと話したけど、いざやるとなったら凄かった。例えば、「前々より各地方の大評判にて、曇天あるいは雨天なるにもかかわらず、汽車・汽船は発着毎にあふれるばかりの乗客にて、小野川は舟にて埋まり、その他、近郷よりの群衆は四、五万を算し」と書いてある。このころ四万も五万もの人が佐原のまちに押しかけて来たら大変な話ですよ（笑）。佐原近郷の人たち、みんなお祭りに来たということですよ。

その具体的な様子もちゃんと書いてある。「四、五万を算し、町内中、一時は、人を以って埋め、往来もできざる有様。雑踏の状、実に、佐原の町、空前の人出ならん。年番当事者の不行き届きにもかかわらず、少しの事故もなく、めでたく結了を得たるは、前後町の協力と各町の援護の賜物」。それほど、やっぱりお祭りには人が出た。近郷の人も、結局、佐原のお祭りを待ちに待っていたというところなんですね。

大正期のお祭り——山車曳き廻しの「規約」をつくる

それから時代は大正期へ。意識的に集客をやっていることがはっきり出てきます。「お祭りをやることに、曳き廻すことに相なり候」となり、「汽船は二割引、汽車は二割引交渉す」と書いてあります。船は、運賃を二割引いて増発してくれる。汽車もそうしてもらいたいという交渉をしている。重要なのは、その交渉をその年の新宿惣町の年番である仲川岸(なかがし)がやっているんだよね。佐原で観光協会が設立されるのが昭和七(一九三二)年ですから、こうした仕事も行政や観光協会などが組織だってやってるんじゃなくて、山車年番を中心に、町内でやってたんですね。

ここで、また一つ転機が訪れています。というのは大正一三(一九二四)年に、新宿が山車の曳き廻しの「規約」を作ります。それまで規約というのは、その年、その年で決めていたんですよ。それを今後、こういうふうにやりましょうという規約をつくるんです。「幣台引廻しに就いての心得」です。これが新宿と本宿のお祭りに対する考え方の決定的な違いにつながってきます。引継書には「右は、大正一三年一〇月二〇日、午後六時、萱谷不動堂に各町屋台当役及び古役集合、協議の上作製せられ、大正一四年九月佐原町新宿各町祭事世話役において確認せられたる規約を、昭和三〇年乙未秋九月大祭執行に当たり、惣町当役会議において協議の上一部改訂せるものなり」とある。これが規約の史料です(一一八頁〈資料〉)。

ここで注目すべきことは、一二条の後の備考として、「山車は年々曳き出し、盛大に行なうこと。ただし、質素を旨として、各地の人を当地に吸集するよう各町において努力せられたし」と書いてあることです。「規約」というのは、こうやってはいけない、ああやってはいけないと約束事を書くのが一般的だと思うんですが、「山車は年々、盛大に行なうこと」云々とちゃんと付記として書かれているということは、お祭りの根っ子に商業振興があるという証拠ですよ。山車の曳き廻しの規約の中にこれが入っているなんていうのは、恐らく日本でも佐原だけじゃないかなと思います。新宿は山車曳き廻しについての心得と、それから、道路規約申し合わせと、二つ作っていますね。

ところが、本宿には山車曳き廻しの規約は記録としてはないんですね。本宿の八坂神社祇園祭では、氏子代表の「惣町参会」で神輿年番を決めていて、それと別に山車曳き廻しの規約を明文化したかたちでつくっているわけではない。ですから忠敬橋を中心にして、小野川をはさんで新宿と本宿の山車を相互乗入れするとき、私が神輿年番の人に、本宿の規約をくれと言ったら、本宿には規約はなかったんです。本宿は「そんなもの、ねえよ」と。「新宿はこうあるよ」と言ったら、「こんなのうるさくて、こんなのをやったら面倒くさくて、山車、曳けめえや」という話で別れたことがあるんですよね。新宿の規約には「当地に吸集するように努力すべし」と書いてあるように、新宿の祭りと本宿の祭りの違いがこの規約の中にはっきりと見えてきますね。

この規約を見ると、新宿の祭りというのはきちんとしている。道路上で山車同士が出くわして、交渉するときには山車の曳き廻しを仕切る当役同士で必ず話し合いをしなさいとか、決まりがあるわけですよ。なぜこんなにていねいに書いているかというと、当時は、今と違って、ほとんどが小学校を出ただけの人というくらい、教育を受けていなかった。そういう人がきちっとした口のきき方を学ぶんです。お祭りが教育の場でもあったんですね。たいしたもんだと思います。

昭和九年に関戸郷の山車を分割

そのうちに、今度は昭和九（一九三四）年になると、関戸郷の中で東と西が喧嘩をはじめます。それで、もう別々に山車を曳きましょうと、こういって、二つに分かれるわけです。そうすると、山車が一台しかないから、その山車をどうやって分けるかということで話し合いをしている。その結果、山車を等分に分けましょうということになった。でも山車なんだから、等分に分けられるわけがない。どういうふうに分けるの

感情の行違ひから
惜しや名山車眞二つ
佐原の「關戸郷」靈あらば泣かん

關東一の稱ある佐原町の山車――その第一番山車「關戸郷」が東關戸區と西關戸區の感情爭ひから意地と張りとで眞ッ

二つ に分割され名物山車は遂に失はれてしまつた――

東、西兩關戸區では毎年共有の山車「關戸郷」を祭禮に曳き出してゐたが今秋の諏訪祭に西側若衆だけで「親交會」を組織しその提燈を山車につけたことが動機となり數年來の感情問題もからんで紛擾となりあはや流血の慘を見るに到らんとしたので兩區では今後行動を共にすることは出來ないと「夫婦別れ」をすることになつた

さて 問題の山車をどう處分するか、兩區世話人の間に折衝を重ねたが半分を貸すことも出來ない、讓り渡すことも出來ない、といふわけで勢ひの赴くところ遂に二つに分割することになつたものだ、十日正午から諏訪公園伊藤忠敬氏邸前に曳き出された山車は秋の日をうけて豪華を誇る山車の彫物、片袖十六反も着たといふ巨大な天狗猿田彦の飾物から提燈、〆なはまで一切

最後 の裝ひをこらして兩區いさかひの犠牲として供へられた、山車分割といふ前代未聞の異變に町民は驚きの眼を見張り意地を張つた兩區の顔役、若衆連も傳統と歴史を誇るこの名物山車の最後の姿に直面しては流石に一同襟を正させたが神官の懇ろな祓ひの後石田、小林兩區長の指揮で左側、右側と彫物をはじめ一切合財が分けられ飾物と額だけは諏訪神社に

奉納 された、哀れ骨からみになつた屋台は更に分解され大車輪は離たれ最後の車台はのこぎりで眞ッ中から挽き割られて東と西へ遂に山車は分裂跡方もなく失はれてしまつた

昭和９年の「関戸郷山車分割」の新聞記事（『幣台年番記録集』p.113）

かなと思って記録を読み進めますと、やっぱり昔の人の知恵というのはすごいなと思った。山車があったら、斜めに分ける。前から見て、前と左横、右横と後ろ。こうやると、山車そのものは壊しているけれども、彫刻とかそういうものは壊さなくて済む。飾り物などは大したことないけど、彫刻は江戸時代の名工の作品ですから価値がある。また、こういう残し方をすると、新しい屋台を作る時に再利用できる。そういうところまで考えている可能性がある。実際に、西関戸の彫刻は、東関戸が渡したものなんですよ。

ちなみに、分けられない飾り物は諏訪神社に奉納していります。今、それらは山車会館に展示してありますが、天狗の飾り物と額、御簾（みす）だね。なんでこんなことができたのかというと、以前に横宿が南と北に分かれたときに、全部切っちゃったらしいんだよね、彫刻も何もかも。だから、どっちも全く違う屋台を造らざるをえなかった。その影響で、昔の彫刻が生きていないという前例があったんです。だから、この反省からそうしたんでしょうね。

負けをつくらない知恵

こうして、関戸は東と西に分かれたんだけど、そうなると一番問題になったのが山車巡行の順番です。関戸は一五六年間、触頭として屋台曳き廻しの先頭にいたわけですが、東西に分かれた場合は、東が一番上に来たら、西が一番お尻へ行くのか、それとも西が二番になるのかと。いや、二番では我慢できないから西が一番だと。そしたら、東も黙っていない。こんな感じで、二年ぐらい決まらないんですよ。そのときにやったのは、やっぱりくじ引き。これには伏線があって、先ほどの山車を二つに分けるときも、くじ引きだったんです。諏訪公園でくじを引いた。屋台を分割したことが前例になって今回もくじ引きになったんですね。

記録を読み進めると、東関戸が一を引いて一番になるわけなんですが、この過程が面白い。「じゃあ東さん、引いてください」と、引かせるわけです。そうすると、「はい。東が引きました」と、こう開いて、「あっ、東が一を引きました。東が一です」と、そうすると残りのくじを引かないんだよ。引かないから、負けているわけではないんです。ただ、決まったというわけです。そのとき、どこどこの誰々が引いて、二を引いたといったら、西関戸はずっと末代まで、そのことを言われちゃう。そういうのは避ける。一番最初に引いた人が事実上、一番を引けるということ。一番最初に引いた人は、一を引くという形になっている。

これは私の当てずっぽうの推測なんだけど、くじが二本あっても、どっちも一だったんじゃないかと思っています。そういうやり方、考え方で、負けをつくらない。知恵を働かせているんだということがよくわかる。だから、西関戸は誰が引いたと書いていないんだよね。東は小長谷市太郎が引いて、一を引き当てた。それで東が一と決まったとしか書いてない。

続きを見ていきましょうか。昭和一一（一九三六）年の年番、上中宿のときに、「山車順位、西関戸区の次位に編入及び山車投票権承認」、「以上、山車年番より上新町区へ通知す」と書いてある。上新町が昭和一一年に今の山車を造って、年番の中へ入れろと来るんですよ。並ぶ順番は、昔から上新町は榊を飾って、関戸郷の後ろにいたから、西関戸の後ろにしてくださいというわけです。山車順位はそうしてもらいたい。それから山車を曳く、曳かないの投票権もくださいと。そのかわり年番も回ってきたらやりますと、こういうふうに申し込む。それへの回答は、順位はいいでしょうと。それから、投票権もいいと。しかし、年番に関しては、やる、やらないは保留にするとなる。「おめえらは、きょう入ってきて、俺も年番やるからと、ふざけたこと言うでねえ」ということだね。そのとおり、上新町区へ通知する。

「記録」を残しておくことの大切さ

ここでまた商業振興の証拠になる記述が出てくる。「右終わりて上中宿区年番提案、大祭につき汽車賃及び各乗り物会社へ、祭日中、賃金割引、汽車・自動車増発の件、町役場、観光協会、商工会等へ宣伝応援の件」と。町役場へ行って、一緒に手伝ってくれと言っている。だから、完全に商業振興なんですよ。神社の祭礼だけではなくて附祭りだから、それでいいんだというのが、ここでよくわかる。ということは、実際に規約にも書いてある通り、諏訪神社の附祭りですから、やる、やらないを自分たちで決めることができる。お上や神社から言われて決めるわけではない。それから、集客も自分たちが一生懸命やるということで、完全に商業振興ですよねということが、こうした記録を見てわかったんです。

こういうことがわかったのは、繰り返しますが、諏訪神社に納められていた山車年番の引継書を知ってからなんです。それまでは神社の祭りだからこれはダメとか、これはいいとか言っていた。どうして戦前までの伝統が途切れたかというと、終戦のときに公職追放で、まちの有力者がすっかりいなくなってしまった。その結果、「お祭りは俺がよく知っている」ということで、自分の経験だけで、佐原の祭りというのはこういうもんだ、と判断したんじゃないかと思うんです。正しく歴史を伝えてくれる人がいなくなると、そういうふうに変わっちゃうんですね。

やっぱり文書として残しておくということは大事ですね。あと、この年番引き継ぎの記録を読んで驚くことは、その時のまちの世情、例えば洪水だとか、コレラがはやったとか、それから戦争が起こって、こうだったのでやれなかったとか、そういう世情のことがずっと書いてある。祭りのことよりも、そっちのほうがよく書いてあるくらいなんです。それで「何だ、こういうことでお祭りができなかったのか」ということがよくわかる。普通は、こういうのは口伝で終わってしまいますからね。なんで、新宿惣町が文書で記録を残したのかというと、商人町だったというのが大きかったんだと思います。記録のない本宿は、当時は職人と農民が多いですからね。そういう違いがあったのかとも思います。

「佐原の3Kは悪党」と言われていたころ

最初はそっけなく断られる

明治一〇（一八七七）年以降に年番制度が各町内交代となり、各町内持ちまわりが一巡した昭和三六（一九六一）年までの年番引き継ぎを記録した「幣台年番並割合帳」の文書が諏訪神社に残っているのを知ったのは、私が東関戸の祭事区長を引き受けるころでした。当時は東関戸が三五年ぶりに新宿惣町の正年番がまわってくることがわかっていた時期で、東関戸が山車年番になってお祭りを仕切るとなったら、どういう祭りにすべきなのか、そのための研究会が町内で立ち上がっていました。そこに小松裕幸さんと小出晧一さんがいました。

小松さんは呉服屋のご主人で、佐原囃子の鼓の名手です。小出さんは左官職人ですが、小出さんの家は戦前から多くの職人をかかえ、佐原一帯ではよく知られていた左官屋さんでした。二人とも祭りが大好きで、しかも調べ魔で、佐原の祭りの歴史を実によく知っていました。

実は私は、東関戸の祭事区長になる話がもち上がるまでは、佐原のまちおこしには興味があっても、山車祭りや町内のことにはあまり熱心ではなかったんです。たまたまその研究会の席で、佐原にとって祭りとは何なのだろうかといった趣旨のことを言い出したら、諏訪神社に出入りしていた根本政吉さんという人がいて、「諏訪神社に年番引き継ぎの文書があるはずだから、それを見ればわかるのではないか」という話になりました。次期年番区長として、祭りのことをよく理解しておかないとまずいということもあり、それを借りようということになった。

小松さんと小出さんが「小森さん、宮司さんに見せてもらえるよう頼んでくれ」ということで、仕方なく宮司さんのところへ行ったんです。実は諏訪神社の宮司は私の小学校時代の同級生なんですが、「そんなのは無い」と断られちゃった。でも過去の年番の引き継ぎを記録した文書が神社に納められているはずだと食い下がったら、宮司はそんなの記憶にないとそっけないんです。あとで考えれば、諏訪神社にとって祭礼の附祭りである山車年番にはあまり関心がなくて、探すのが面倒臭かったのかもしれないですね。そこで、しかたなくその場は引き下がったんですが、諏訪神社の宮司は酒が好きだから、酒を持っていけば何とか教えてくれるかなと思って、次の日に、お酒を二升持っていって、「どうですか、ありましたか」と宮司の前に酒を置いた。そしたら「うん、奥に分厚い大福帳があったんだが、あれがそうかな」ということになった。早速ほこりを払って手にしたら、「これだ」っていうことになった。

引継書から山車祭りの実像が見えてきた

そこで、宮司さんにこれを貸してくれと言ったら、「いや、これね、神社の記録だから」と貸してくれない。そこで「三日間だけ貸してくれ」といって、その大福帳の綴りをバラして、全部コピーして元通りにして返しました。私の会社に小松さんと小出さんに来てもらって、深夜まで三人でコピーして五、六部製本しました。ところが、ちゃんと字を習った人の文字は読めるんですが、商店で字を覚えた人の文字はお店独特の記号があるだけなんです。これはだめだということになり、古文書を読める先生に頼もうというので、大福帳の綴りを郷土史を研究している地元の研究者や高校の歴史の先生にお願いして読んでもらいました。読み終わって現代文風に翻訳してもらうのに二年かかったんですが、その原稿をワープロに打ち込んで読みくだいていったんです。ワープロの役は小出さんが申し出てくれて、これに一年かかりましたね。ですから、諏訪神社から年番引き継ぎの大福帳を借り出すところから記録の内容がわかるまで、四年ほどかかっています。

一応読めるようになって、よく読んでみますと、お祭りのことは少ししか書いてなくて、その時々の世情などが書いてある。どういう理由でお祭りができなかったとか、どういう理由でできたとか、また祭りをやるのにどんな事件があったとか、年を追っていろいろ書かれています。その記録を読んでいきますと、今まで古老といわれる人たちから聞かされていた祭りの形とは全然違っていたんです。例えば幣台（山車）曳きというのは、附祭りなので、諏訪神社は関知していない。氏子の町内の人たちが祭りをやるのかやらないのか、自分たちで勝手に決めると書いてある。また中身を読んでいったら、祭りに商業振興の意図がはっきり読みとれる。それが戦後、急に諏訪神社の神様のお祭りになってしまっていたんですね。しかし、戦前は附祭りをやる日も延ばしてみたり後ろへズラしてみたり、自由にやっているんです。それで爺さまたち、嘘ついていやがったと思ったんです。実は戦後、佐原の有力者だった人たちが公職追放などもあって第一線から退いてしまった。それに代わって山車の曳き廻しだけはよく知っているといった人たちだけが残っていて、佐原の祭りの本当の趣旨を知っている人たちがいなくなっていたんですね。

前にも紹介しましたが、大正一三（一九二四）年に新宿惣町全体の世話会で決められた「幣台引廻しに就いての心得」という、祭りの手続きですとか、山車曳き廻しに関する申し合わせの「規約」があるんですが、そうした記録を読みますと、自分の経験だけの思い込みだとか、口伝えで理解していたことがいかに根拠のないものか、だんだんわかってきました。そこで、佐原の祭りが本来どういうものだったのか、また、どうすればそのことを佐原の人たちに伝え、理解してもらえるかが次の課題になってきたんです。

三人で役割分担を決める

最初、小出さんと小松さんは心配してたんです。佐原の祭りの本当の姿を知らせると、町内の爺さんらに恥をかかせることになる、と。しかし私は、佐原の祭りをちゃんと立て直すには、きちんとみんなに本当の姿を話すところからはじめないと先に進めないから、徹底的にやりたいと言ったんです。「それには、やはり裏付けになる史料が必要だから、史料の整備はちゃんと二人でやってください」とお願いした。小松さんと小出さんは古い史料などを調べるのが大得意ですから、喜んで引き受けてくれました。一方、私はもともと勉強がきらいで、古文書を読むなんて大の苦手なんで、ただ人の話を聞くのは大好きでしたから、もっぱら二人の聞き役でした。

祭りのこととか、佐原の歴史のことでわからないことがあると、二人に聞く。すると昔はこういう風に祭りをやってますと、古文書や町内の記録などをもとに教えてくれる。人間というのはどうしてもうぬぼれ屋ですから、いいアイディアを思いつくと、俺が言い出しっぺだと自慢したくなりますよね。でも歴史をたどると、私が考えつくようなことは、すでに昔の人たちはちゃんとやってたんだということがわかってくる。歴史を知らないと、とんでもないことになると、そのとき気がつきましたね。そういう意味で二人は私にとって、まちの人たちを説得するための理論武装に欠かせない人でした。

「記録」を踏まえ説得に奔走する

東関戸が正年番になったのが平成二（一九九〇）年で、私が年番区長、小出さんが当役長でした。まあ、三人でチームを組んで、まず内部固めということで、過去の記録をもとに町内（東関戸）で説明して、それから今度は各町内の祭事区長とかお祭りの関係者を集めて、見せる祭りにやり方を変えていこうと説得をはじめるわけです。

そうすると、いろんな反応がいっぱい出てくる。おまえが勝手に思いつきで言っているのかというから、思いつきではありません、ちゃんとした今までのお祭りの記録を見ると、一番根っこには商業振興の考え方がきっちり流れていますと。何でわかるんだというから、大正一三年の「心得」には、山車は年々曳き出し、盛大に行なう、各地の人を当地に集めるよう各町において努力せられたしと書かれていますよと。

記録を見ると、そのころ交通手段は、利根川の向こうからくる人は全部船ですよね。それから明治三一（一八九八）年に汽車が佐原まで開通する。お祭りをやるから、汽車や乗合自動車の増発と集客のために値引きをお願いする運動を、惣町全体でやっていますよと。すると「えっ、俺はそんなの知らねえな、おまえ、それは嘘をついているんだろう」と言われる。いや、嘘をついていません。ちゃんと引き継ぎの記録に残っていましたからとなる。「じゃ、それを出せ」となると、小出さんと小松さんで四〇枚ぐらい全部コピーして持っていて、ああ、これはそうなっているんだと。その一つに大正二（一九一三）年、仲川岸区の年番記録があるんですが、その他にも昭和一一（一九三六）年、上中宿の年番記録にも「山車は年々曳き盛大質素を旨とし各地方人を当町に吸集に心掛ける事」と書いてありますと。ここに区長さんの名前が書いてありますよね。こういう人、いましたかというと、「いた、いた」となる。ということは、にせ物でなく本物ですね、となるんです。「その人、たしかにいた。しかし、おれはそんな話、聞いてなかった」と、こうなるんですよ。

記録がないと説得しても思いつきになってしまいます。「こういう人たちが前年番、正年番、後年番（三章一四二頁）で三町内合意でやってますから、どこかの町内が思いつきでやってませんよね」となって、紙一枚の史料でその場が静かになる。だから、記録が大切だなということがつくづくわかったんです。

市役所にも慎重な根まわし

これで勢いがついて、今後は山車の特曳きだということになって、祭りでは山車が縦に順番に並んでるのは見馴れているが、横に一斉に並んでいるのは見たことないよなと、そういう発言をしたんです。そうしたら「それはない、それをやろう」となって、「小森さん、市役所に行って話してこいよ」と、こういうことになったわけです。市役所へ行って話をするのに、ただ行っただけではだめだから、祭り好きの職員で協力してくれそうな人から話をしていく。そうすると、小森が来てこんなことを言ってたぞ、という話が市役所の中で伝わっていく。そういうことで地ならしをしておいて、それから観光課に行く。それで、観光課でいろいろ話をするわけです。

観光課の課長、部長の理解を得るのはむずかしい。議会で説明したり何かするのは大変ですからね。しかし、職員には協力してくれる人もいる。「よし、じゃあ、そうしよう」と言って、協力してくれる人にまず下地をつくっておいて、七割ぐらい根回しができたら課長の所へ行って、大丈夫ですとなる。そういう時代でした。そこからいろいろな改革がスタートして回りはじめたということです。山車の特曳き会場を佐原駅前のコミュニティセンター駐車場につくり、招待の桟敷席を設けたりしました。そんなことをふくめ、東関戸が新宿惣町の山車正年番をつとめた三年間、「佐原の三Kは悪党だ」とよく言われました。しかし、いろんな情報を全部三人で共有し、みんなを説得しながら佐原の祭りを変えようと努力してきました。

大きい、清宮良造さん・小出皓一さんの仕事

なお、小出さんは清宮良造さんの手伝いをしながら、『佐原の大祭 山車まつり』という本を出版しています（平成四／一九九二年発刊）。また、その後発見された新史料を基に、『定本　佐原の大祭 山車まつり』を平成一五（二〇〇三）年に刊行しています。小出さんはその後も、注釈付きの「佐原の山車まつり年表」を更新していて、私もそれを活用させてもらっています。それから清宮良造さんは、下宿の区長として私の前に年番区長をされた方ですが、学者肌で、祭り関係の史料をずいぶん集めていらして、生き字引きのような人でした。いずれにしても、佐原の山車祭りの歴史がわかるようになるのに、清宮良造さん、小出皓一さんがなさった仕事は大きかったと思います。

佐原の祭りの歴史を知るには伊能家の史料は欠かせませんが、実は伊能家の基本史料は、特に伊能分家の伊能茂左衛門家の古文書は佐倉の国立歴史民俗博物館に入ってしまっていて、残念ですが公開されていません。清宮良造さんもその史料を見たいと思ってたずねて行ったら、学芸員の資格がないから見せられないと断られたそうです。でもその後も、佐原の祭りや歴史のことでいろいろ問題が出てくると、「おれのところに、こういう史料があるんだが」と、小出さんのところにポンと持ってきたりする人もいるんです。伊能三郎右衛門家古文書写とか、伊能権之丞家古文書写などがそうですね。私も小出さんには、今もいろんな形でお世話になっています。

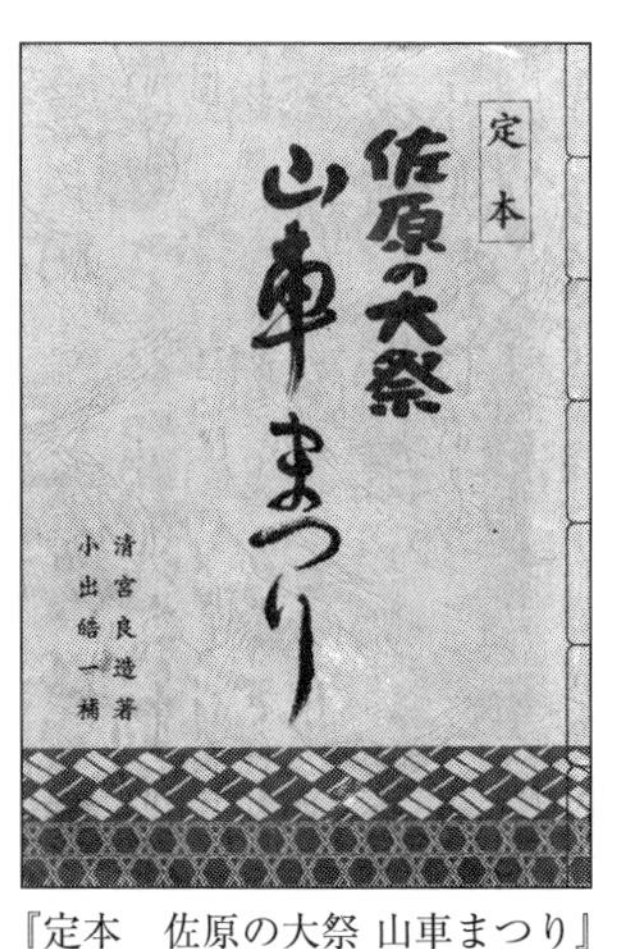

『定本　佐原の大祭 山車まつり』表紙

東関戸の山車を前にして
左が年番区長・小森孝一さん、右が当役長・小出皓一さん
(『諏訪神社祭礼　幣台年番記録』東関戸区口絵より)

〈資料〉「幣台引廻しに就いての心得」

第　一　幣台（以下山車と称する）を曳くには各人とも静粛、愉快、且盛大になし、見物、其の他の公衆に不安の念を抱かしめざる様注意すべし

第　二　山車進行中、後方より他町山車進行し来る時、其の綱先と前方山車尻との間隔は五間以上とし、其れ以内に綱先を曳き入れざる様当役及び古役にて注意すべし

第　三　当役の交渉中は山車の進行を止め、交渉の結果進行を始めること

第　四　当役交渉の結果、甲の山車停止し、乙の山車進行する時は甲乙各山車の上高欄縁の間隔は一尺以上とす但し地形により其以内に接近する事ありとも衝突せざる様各自注意すべし、万一衝突のまぬかれざる場合ありとも決して暴力に訴えるが如き事は全然慎み、両町当役交渉の結果他町に迷惑を及ぼさゞる様解決すること

第　五　山車進行中曳き違いは全然為さゞること

第　六　山車進行中は道路規則に従い左側を進行すること　但し地形により規則に違反することありとも右当役は成可く注意の上左側を進行すること

第　七　山車交換の際、停止せんとする山車は成可く左側に停止すること

第　八　当役は他町当役との交渉には大町当役は小町当役に一歩を譲り、小町山車の進行に便なる様各自注意すべし　但し地形により交換不能の場合にありては両町当役交渉の上進行すること

第　九　十字路及三叉路の如き曲折の道路に於て山車進行中当役は其の前方に注意し、左右より山車進行中のものなきやを見定めたる上各自山車を進行せしむる事　若し進行中の山車ありたる時は交渉の上其の進行を定むること

第　十　九月一日惣町参會後、各町当役は年番町当役の定むる日時場所に集合の上、各自意見の交換をなすこと

第十一　山車停止中と雖も藝座を入れし山車に対しては交渉の上進行し、藝座なく停止中の山車には無交渉にて

進行するも異議なきこと

第十二　昼間当役は赤、古役は青色の徽章を附すること

夜間、当役提灯は従前通りとし、古役は赤一本、黒一本の二筋を記入のこと

右規約を無視し、故意に違反したる町内に対しては惣町擧て其の町内に交渉し解決の付く迄惣町山車を曳き出さゞる事。当事者は互いに惣町に通知する

備考　山車は年々曳き出し盛大に行う事　但し質素を旨とし各地方人を当市に吸集する様各町に於て努力せられたし

右は、大正十三年十月二十日午后六時、菅谷不動堂に各町山車当役及古役集合、協議の上作製せられ、大正十四年九月佐原町新宿各町祭事世話役に於いて確認せられたる規約を昭和三十年乙未秋九月大祭執行に當り惣町当役会議に於て協議の上一部改訂せるものなり

山車引廻申合事項

一、如何なる間違い有りと雖も双方譲り合い円満解決を図ること

二、万一間違いを生じたる節は、年番前后三町の取扱いを最も公平なるものとして承認すること

三、山車交換の時停止せる山車は梃子を揚げ置くこと

四、算盤引、其の他小判廻、の、字廻等は他町内の妨害にならざる限り行うも妨げなしと云えども附近の状況等危険防止に萬全を期すこと

道路規約申合

一、下新町、上新町へは下宿より入り、上仲宿に出ること

二、諏訪下へは上宿及び上仲宿（本多病院前）より入り西関戸に出ること

三、停車場方面へは西関戸より入り東関戸へ出ること

四、諏訪公園通りは安住医院角より入り第二高校通り角へ出ること

五、東関戸下通り（下堀）は警察署前より東に入ること

六、田中通りへは信用金庫より東へ入り新上川岸を経て大橋へ上ること　但し已不得逆行の場合は後続の山車に対し交渉の上逆行すること

七、東関戸茶花通りへは北横宿（鈴木眼科角）より入り木内楼角或は東電横へ出ること

八、川岸通りの内仲川岸、入船橋より上流、小野川沿岸は総て上ること、それより下流は下る方を優先とし、已不得ざる場合は相互に交渉の上進行のこと

九、東関戸（石田旅館）及北横宿（桶松）角より川岸方面に北行する場合は下る山車が優先すること

附　記

一、御神輿御巡幸に出会たる時は山車は停止し鳴物を止めて敬意を表すること

昭和三十年乙未秋本祭

新宿年番前後

三章　在方町・佐原と伊能家

佐原の大祭は、本宿惣町の八坂神社祇園祭と新宿惣町の諏訪神社大祭の二つで成り立っている。その歴史をたどれば伊能三家の存在にぶつかる。それだけでなく在方町としての成り立ち、さらに、まちの空間形成も伊能三家抜きには語れない。本章は、佐原にとって、いかに伊能三家及び伊能忠敬の存在が大きいものであったかを明らかにすることを主題にしている。水との闘いに抗しつつ、まちの骨格を築いた伊能堀。山車祭りの原形となった伊能権之丞家の権勢。さらに地域経営の先覚者である伊能忠敬の思想と業績等である。

伊能忠敬は、伊能本家の十代目の当主として、また佐原村の名主や村方後見をつとめ、幕藩体制に解体のきざしがみえはじめた近世社会における地域指導者として生きている。忠敬は六代目当主・景利がまとめた文書をはじめ、伊能家の事績を記録した文書にすべて目を通し、その記録をもとに、窮民救済を基本に地域経営を行なっている。伊能忠敬の経世済民（世を治め、民を救う）を核とした地域経営の業績と思想は、佐原のまちが困難に陥ったとき、つねに立ち返って考えなければならない原点を照らしている。事実、小森孝一さんにとって、伊能忠敬はそのような存在であった。なお、佐原の地域史研究者である酒井右二氏の寄稿も掲載した。氏の論稿から、江戸時代の佐原が政治、経済、文化の各領域で、いかに多様性を内に蔵した独特の「まち」であったかが浮かび上がってくる。

あらためて知る伊能三家及び伊能忠敬の存在の大きさ

その中心的思想としての「経世済民」「地域経営」

——佐原には、小野川を挟んで二つの祭りがあります。本宿の夏祭り（八坂神社祇園祭）と、新宿の秋祭り（諏訪神社大祭）ですが、今は二つあわせて「佐原の大祭」と呼んでいます。佐原のお祭りは伊能家と切り離せない関係にあるということですが、では、この二つの祭りと伊能家はどういう関係にあったのか、そのあたりからお願いします。

旗本の分割支配と伊能家

小森　その質問に答えるには、佐原のまちの成り立ちからはじめる必要がありますね。佐原は城下町ではなく「在方町」として発展してきた歴史をもっています。在方町というのは、学問的には、商工業が盛んで都市的な要素をもった町場のことを意味するようですが、佐原は政治的な支配の形としては、四人の旗本による分郷（分割）支配が長くつづいた「村」でした。

旗本の知行地になったのは慶長一三（一六〇八）年、二代将軍徳川秀忠の時代ですね。その後、元文四（一七三九）年に天領になっています。佐原は長く旗本の分割支配が続いていますので、それに対応して村組が五組に分かれていました。そこで、各組名主の代表として年番名主（惣名主）をおき、村を運営していたようです。こうした名主の年番制度が神輿や屋台曳き廻しの年番制のもとになっているのではないでしょうかね。佐原は旗本の分郷支配を逆手にとるかたちで、「惣町」つまり町衆の自治のまちとして発展してきたという歴史をもっていて、ここが他の村とは違っていたんではないかと思います。

——佐原村は大きく本宿と新宿という二つの惣町からできているということですね。

小森　そうです。小野川を挟んで右岸東側が本宿惣町で、本宿、浜宿（はまじゅく）、仁井宿（にいじゅく）の三つの村組から成っていました。一方、小野川の左岸西側の新宿惣町は下宿（しもじゅく）組、上宿（かみじゅく）組の二組で編成されています。現在の区分でいいますと、五組のうち三組が八坂神社を鎮守とする本宿惣町、二組が諏訪神社を鎮守とする新宿惣町となります。本宿の歴史はおそらく中世までさかのぼれると思いますが、古くから集落が形成されており、南北朝期には牛頭天王（ごずてんのう）（疫病をふせぐ神仏習合の祭神）が祀られ、それを中心にして六斎市が開かれるなど、新宿より古い歴史をもっています。

本宿惣町には二つの豪家、伊能家と永澤家が居を構えており、本宿組には代々、伊能の本家にあたる伊能三郎右衛門家が名主をつとめていました。伊能忠敬先生が佐原で活躍するのは江戸後期ですが、忠敬先生は伊能本家である伊能三郎右衛門家の一〇代目の当主です。一方、浜宿組は永澤次郎右衛門（なお八代目より永澤治郎右衛門と改名）が名主をつとめていました。両家とも、もともとは国分氏の家臣で土豪、地侍の出です。

小野川の左岸西側の新宿の開発は、伊能三郎右衛門家の古文書によれば、天正八（一五八〇）年に、上宿・

伊能三郎右衛門家略系図

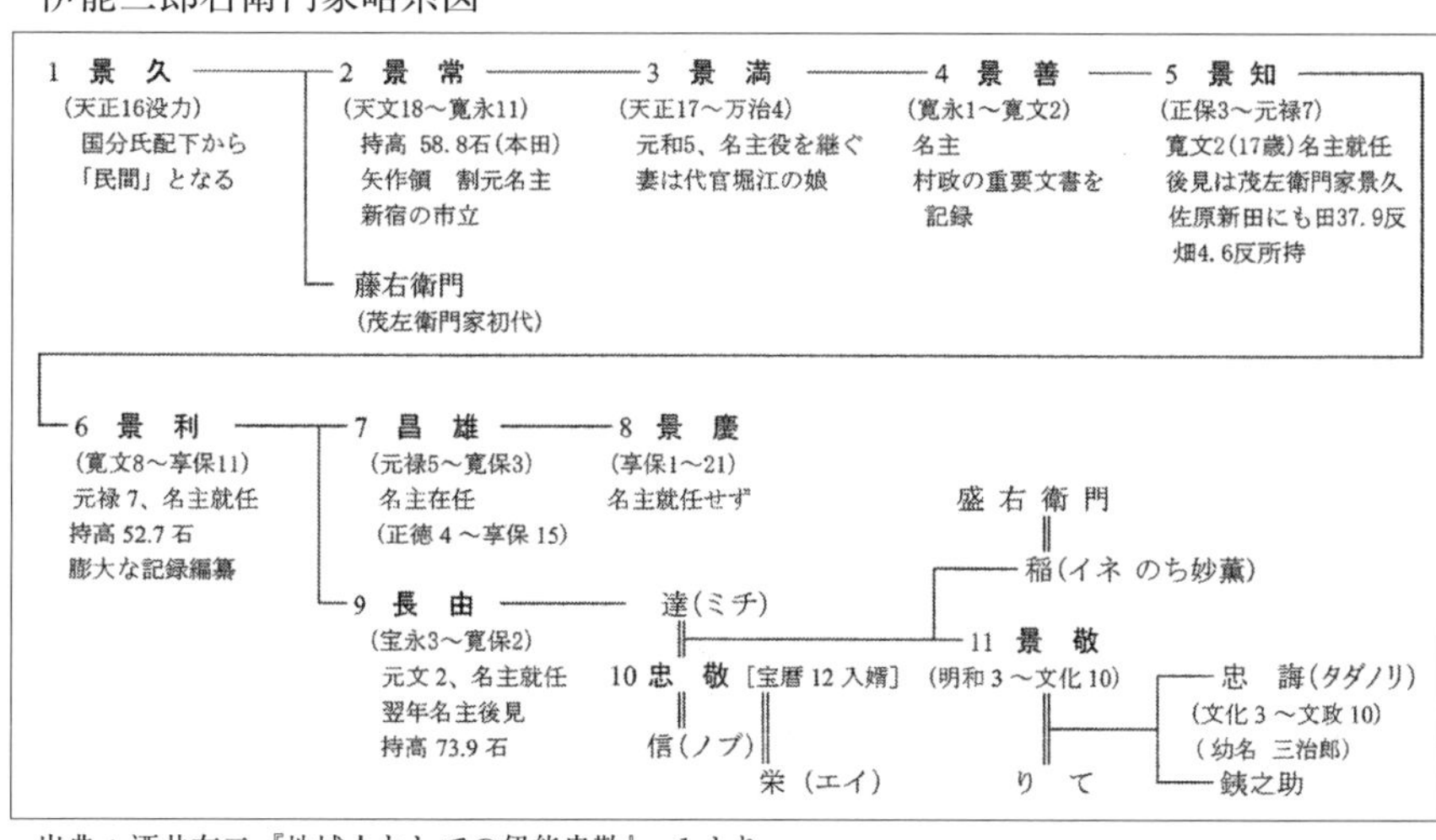

出典：酒井右二『地域人としての伊能忠敬』p.1 より

下宿を中心に六斎市が開かれ、急速に町並みが形成されるようになります。古文書には伊能家の本家である伊能三郎右衛門家の初代が新宿を開いたとありますが、おそらくこの時代あたりから本宿、新宿を束ねた佐原村の形ができてきたのではないでしょうか。

――伊能本家である三郎右衛門家は名主として代々佐原を治めてきたんでしょうか。

小森　新宿では時代を経て、伊能三郎右衛門家の分家である伊能茂左衛門家、その後、茂左衛門家の分家筋になる伊能権之丞家が名主として力をもつようになります。なお、新宿のわきに枝村だった関戸村がありますが、新宿が「まち」としてひらけ、家並みが形成されるにつれ、関戸も新宿下宿組に入るようになります。しかし、関戸が新宿惣町と一体化するのは、江戸中期ごろ、伊能権之丞家が関戸の名主になった時代からですね。

ともあれ佐原のまちは、小野川を挟んで本宿・新宿という二つの惣町が対面して、お互い繁栄を競い合うことで、「まち」としての形が整ってきます。その中心にいたのが伊能家で、二つの祭りとも伊能家が深く関わっていることは間違いありません。

性格の異なる二つの祭り

小森　本宿の夏祭りは八坂神社の祇園祭で、神輿の巡幸を主体としたお祭りです。一方、新宿の秋祭りは、諏訪神社の祭礼として、もちろん神輿の巡幸はありますが、どちらかというと屋台の曳き廻しを主体としたお祭りで、微妙に違うんです。今は双方とも神輿の巡幸と山車（屋台）の曳き廻しの組み合わせでやってい ますが、記録をたどりますと、このような形になるのは新宿のほうが早く、年代でいえば享保六（一七二一）年にだいたい現在の原形ができています（二章九〇頁）。それまでは町内ごとにバラバラに曳いていたようですが、祭礼日を旧暦八月二七日に定め、また年番順を固定するなど、組織だって祭りをやりだすのは享保六年からですね。ここに伊能権之丞家が深く関わっています。

――「記録」というのは諏訪神社に残っていたという年番の引継書とは違うんですね。

小森　諏訪神社に納められていた「幣台規則並割合帳」には、享保六年から明治九年までの間の記録は残ってないんです。それまでは関戸が「永代触頭」（新宿惣町全体の祭礼を永代にわたって統率する役割）を担っていたわけで、このことがわかったのは伊能権之丞家の古文書を読み込むようになってからですね。

一方、本宿のお祭りは当時、まだ屋台（山車）を曳いていないんです。本宿で屋台を曳きはじめるのは新宿から遅れて五〇年後ですね。佐原の山車祭りは本宿のほうが古いかなと思っていたら、実はそうではなくて、本宿の方が後なんですね。ですからいまだにその名残りがあって、本宿側の人たちにとっては、八坂神社の祇園祭は神輿の巡幸が第一で、山車の曳き廻しはその次なんです。一方、新宿の場合は、山車の曳き廻しが第一で、諏訪神社の神輿はその後についていって、氏子の各町内をまわるということで、ずいぶん違うんです。

——なるほど。新宿と本宿では、祭りの性格が微妙に異なるんですね。

小森　ですから町内同士のもめ事も、本宿側は神輿の巡幸をめぐる争いなんです。俺の町内へ来たら、こっちを通れ、あっちを通れといった具合で、神輿の巡幸に関するもめ事が多いんです。他方、新宿側は山車同士のトラブルばっかりです。俺たちの山車にぶつけたとかぶつけなかったとか、山車曳き廻しの「規約」（二章〈資料〉）に反して山車を曳いたとか曳かなかったとか、そういうトラブルばかりです。明らかに二つの祭りには違いがあるんです。

——歴史的にまちとしての成り立ちが異なっていて、その違いが祭りのあり方にも反映しているということでしょうか。

小森　そういうことでしょうね。歴史的にみても、新宿のほうが本宿より町並みとして整っています。上宿、下宿、橋本までずっと家並みが続いていますが、本宿のほうは、八日市場、浜宿、仁井宿と集落（むら）が点々とあって、それをまとめて本宿といってきたわけです。ですから本宿の祭りは、集落同士で主導権争いをやっていたというのがはじまりですね。

一方、新宿の側は、先ほど言いましたように、享保六年に祭礼巡行の順番をきちんと決めてやろうという形ではじまっていますが、それを差配したのが伊能家の分家筋にあたる伊能権之丞家の四代目智胤（ともたね）の時代ということになります。ここが佐原の山車祭りの原形になっていて、現在までつながってきます。

おそらく、新宿の諏訪神社の秋祭りがこうした形で定着していく背景には、経済的要因が大きいと思いますね。利根川東遷を契機に、利根川流域の各地で河岸が立ち、河岸同士の競争がはじまってきますが、佐原河岸は河岸間の競争に勝ち、しだいに物資の一大集散地としての位置をしめるようになります。ここで伊能家の力が大きく寄与しています。それから利根川の氾濫でできた砂洲での新田開発なども活発に行なわれていて、まちとしての繁栄が新宿を中心にはじまってきたんですね。

――本宿、新宿二つの祭りの違いから、佐原のまちの成り立ちの特徴が浮かび上がってきますが、二つの「まち」を束ねるのに伊能家の存在があったということですね。

小森　そうなんです。

中世以来の自治の気風

――現在の山車祭りの姿になる原形は、諏訪神社の祭礼からだということですが、新宿惣町の中でも山車祭りの形は関戸からはじまっていますね。関戸というのは、新宿とどういう関係にあったんでしょうか。

小森　関戸は佐原村の枝村でしたが、伊能家の分家筋に当たる伊能権之丞家が関戸の名主になったころから、だんだん発展してきて、新宿惣町と一体となっていくわけです。時代でいえば延宝元（一六七三）年となっていますが、この時点からお祭りも新宿と一緒にやろうと、こういうふうにはじまるわけです。「関戸の津」といいますから河岸場があったんでしょうね。

――関戸ですから、村の境を意味していたんでしょうか。

小森　そうでしょうね。古くは佐原村との境、また明治期に入り、当時の佐原町に吸収される岩ヶ崎村などとの境ですね。それから「津」というわけですから、中世のころは霞ヶ浦や北浦、香取の海一帯につながる漁民の泊が関戸にあったのかもしれません。その後、利根川の東遷で関戸の河岸も発展して、集落として繁栄していったんでしょうかね。佐原は他国から移住してきた商人たちが多く住みつくようになって繁栄してきたまちですから、関戸にもそれなりに力をもった商人たちがいたんだろうと思います。ちなみに私は関戸の生まれですが、私の祖先は美濃の国の針商人だったようです。

――佐原は、たしかに他国から商人など進取の気風に富んだ人たちが移住して繁栄してきた「まち」ですね。しかしそれだけではなくて、霞ヶ浦四八津、北浦四四津といわれるように、かつての香取の海に広がる海夫（かいふ）の自治組織である「惣津」（網野善彦「常総・下総の海民」『日本中世の非農業民と天皇』岩波書店、一九八四年）などを考えますと、中世以来の自治の気風を色濃くもった土地柄でもあるんでしょうね。

小森　そうですね。湖や河川の漁撈をお上の支配にまかせるのではなく、自分たちで仕切るのが「惣津」だとしますと、町場である佐原にもその気風というか、心意気は共通していたんではないですかね。神社の祭礼に先立ち、神社の宮司や町内氏子の代表などが集まる会合のことを今でも惣町会議とか惣町参会といいますが、ここでも中世以来の自治組織である「惣」の文字が使われています。先ほど、佐原は旗本の知行地支配を逆手にとって、自治のまちとして発展してきたと言いましたが、その根っこには「惣」に代表されるように、町衆の心意気がしっかり根づいており、その中心に祭りがあったということですね。そうした佐原の町衆の力、心意気を引き出したのが伊能家だったということになるんだと思います。

伊能権之丞家の古文書などから、佐原の山車祭りの原形をつくったのが伊能家の分家筋である伊能権之丞家だということを、古文書に詳しい小出さんに教わったりするうちに、そのことがわかってきたんです。

水との闘いの象徴としての伊能堀

小森　ところで伊能家は、祭りの他にもう一つ、佐原を束ねるための道具立てをつくっているんです。

——何でしょうか。

小森　伊能堀と呼ばれる用水堀の開削です。小出さんの年表に延宝元年（一六七三）年に「佐原用水を開削する」旨が記されていますが、この佐原用水は、佐原の人たちが伊能堀と呼んでいる用水路とみていいのではないかと思っています。

伊能堀そのものは今は残っていませんが、古地図を見ますと、その痕跡をたどることができるんです。伊能堀は本宿側の上流部から取水して、伊能家の本家である伊能三郎右衛門家の内庭を通り、現在ジャージャー橋として親しまれている樋橋（とよはし）［小野川東岸から対岸に水を送るための大樋。おそらく「といはし」がなまって「とよはし」になったのであろう。昔からジャージャー橋の通称で親しまれているが、現在、観光用に三〇分ごとに流水させている。］を渡って、新宿側の伊能茂左衛門家（分家）、今の「忠敬記念館」の内庭を通り、そこから右折して香取街道へとのび、今の東関戸、西関戸を通って隣村であった岩ヶ崎村を経て湿地帯の湖沼まで続いていています。たぶん全長は二キロメートル強はあったんではないですかね。

佐原は利根川流域に発展したまちですから、水の恩恵を受けてきたことは確かですが、同時に利根川の氾濫などで水に苦しめられてきた地域でもあるんです。しかも水との闘いは利根川の氾濫だけで終わるのではなくて、実は、佐原のまちなかでもあったんです。日ごろは水不足で悩まされていたんですが、ひとたび雨が降れば、まちなかを流れる小野川の増水に苦しめられてきました。ですから、伊能堀はまちなかの水をコ

伊能堀・旧水路想定図

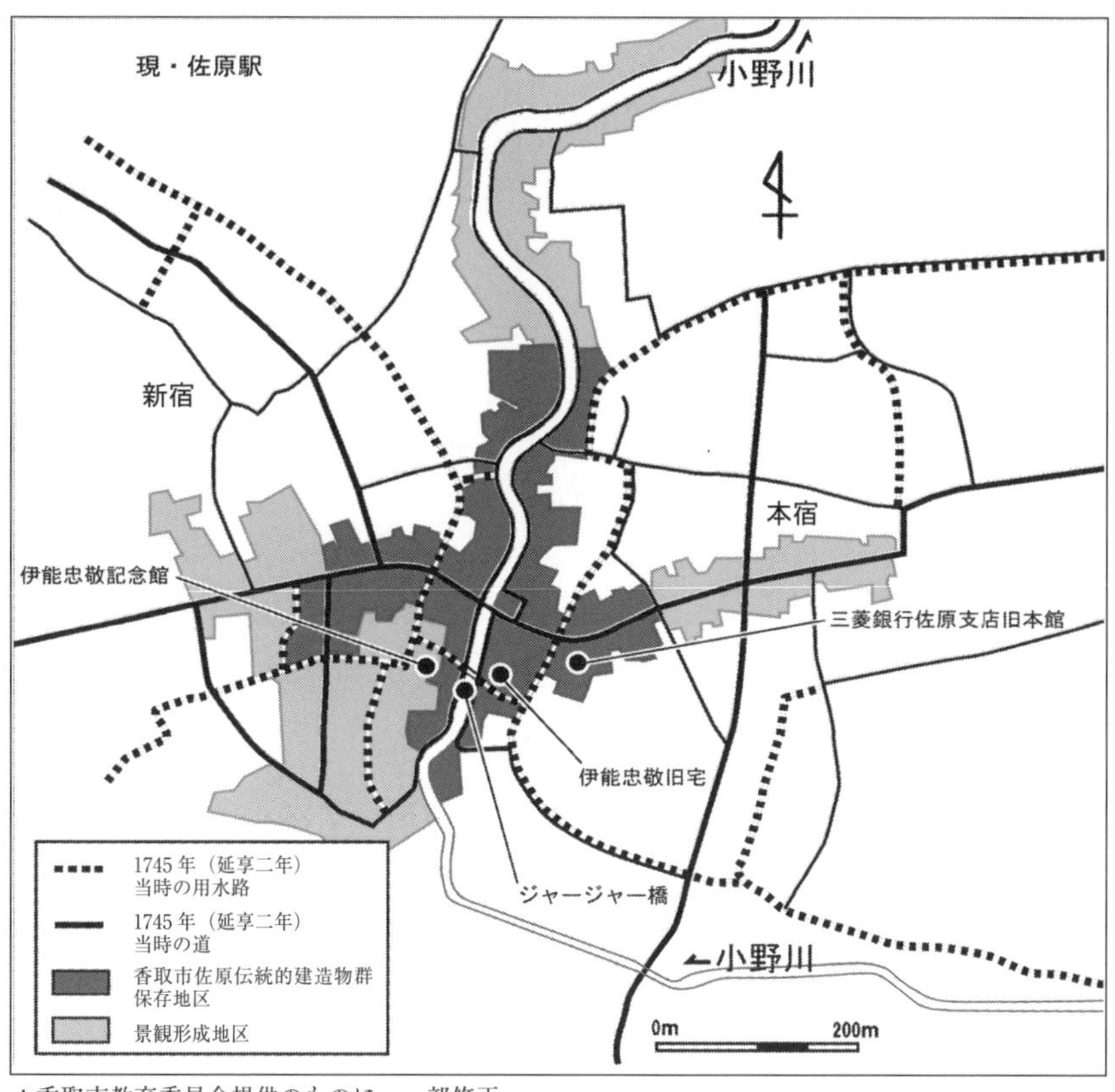

＊香取市教育委員会提供のものに、一部修正

伊能忠敬旧宅の裏庭に
残っている伊能堀跡

伊能家旧宅前の樋橋。ジャージャー橋として親しまれている（30分毎に、水が流れる）

ントロールするための、今でいえば公共事業だったんですね。伊能堀を佐原村、関戸、岩ヶ崎と三つの村を通すことで、人が集まって住めるようになり、また田畑が開墾されるようになる。そういう意味で伊能堀は、佐原のまちの発展にとって欠かせない基盤をつくったことになりますね。

古地図を見ますと、伊能堀の他にも、今の上新町の台地からも用水が走っていて、馬場堀（今の馬場本店酒造に向かう用水路）というんですが、伊能堀と合流しているのがわかります。その用水堀もそうですし、佐原のまちなかは水不足と小野川の増水に苦しめられていた。ですから用水堀は水を制し、同時に水を活用するという意味で、佐原のまちにとって欠かせない、今でいうインフラ（基盤）だったということですね。

――なるほど、佐原は内と外両面で水との闘いを強いられてきた土地だということですね。外側では利根川の氾濫、まちなかでは水不足と小野川の増水に苦しめられてきたわけですが、そうした水との闘いを制するために伊能堀が開削されたんですね。

小森　そうです。先ほど関戸の話が出ましたが、関戸は正式には「関戸郷」といいますが、郷と名乗る由来についても、小出さんの年表にもありますが、寛保二（一七四二）年に、利根川が洪水になり、堤防が切れた対岸の南和田堤の普請を佐原村に命じられた際、関戸の人たちの尽力が評価されたためなんです。曰く「関戸よりの人足の働きが認められ、関戸を郷と名付けて苦しからず」というわけで、幕府から幟（のぼり）が授与されています。伊能権之丞家の四代目智胤の時代ですが、いま山車会館に展示されている山車額にも「関戸郷」と記されています。こうした歴史からも佐原のまちにとって、水との闘いというのは宿命みたいなものだったことがわかりますね。

伊能三家の存在の大きさ

――繰り返しになりますが、その中心に伊能家の存在があった。

小森　そういうことですね。伊能一族は伊能七家といって七軒あるんですが、その中で活躍しているのは本家の伊能三郎右衛門家と分家の伊能茂左衛門家、それと茂左衛門家の分家にあたる権之丞家です。この三家が中心になって、佐原のまちの骨格がつくられてきたということですね。

――今の話は、まだ伊能忠敬が活躍する前の時代ですね。

小森　伊能忠敬先生は、本家の伊能三郎右衛門家の婿養子に入ったのが宝暦一二（一七六二）年ですから、伊能堀の開削から九〇年近く後になりますね。

伊能本家である三郎右衛門家は、小野川を挟んで右岸の本宿惣町の本宿組の名主。分家の茂左衛門家は小野川左岸の新宿惣町の下宿組の名主（忠敬記念館近くの喫茶店付近）。そして権之丞家が関戸郷の名主ですね。なお、小野川に架かった樋橋は寛文一一（一六七一）年ごろに完成と三郎右衛門家の文書にあります。それが今のジャージャー橋につながりますが、いずれにしろ伊能堀は、本家である伊能三郎右衛門家と茂左衛門家、権之丞家など、伊能家一族の話し合いによって築かれてきたことは間違いないと思います。

――本宿の側にも用水堀はあったんでしょうか。

小森　古地図をみますと、本宿側にも用水堀が引かれている様子がうかがえます。一本は、伊能本家の内庭には入らず、田宿から今の佐原町並み交流館横で香取街道を渡り、本橋元と上仲町の間を通ってさらに浜宿のほうに伸びています。用水堀はもう一本、仁井宿にもあったようですが、本宿の用水堀は伊能本家と永澤次郎右衛門家が重要な役割を担っているようですね。

――永澤家というのは浜宿組の名主でしたね。

小森　そうですね。ですが永澤家は六代目の次郎右衛門俊賢が天和二（一六八二）年に年貢米を納めることができずに名主を罷免されて家財を没収されます。そこで当時、伊能茂左衛門家に代わり新宿の下宿組の名主になっていた二代目伊能権之丞久胤が永澤家に代わり浜宿組の面倒をみることになります。その後、三代目権之丞景胤が宝永五（一七〇八）年に新宿・下宿組名主と、本宿・浜宿組の名主を兼ねるようになります。その後、四代目智胤の時に新宿祭礼の日を旧暦八月二七日と定め、関戸を触頭、下宿を巻軸とする番組順を一存で決めるところまできます（二章九〇頁）。新宿惣町にとって、いかに権之丞家が特別な地位にあったかがわかりますね。

――お話をうかがってきて、佐原というまちが形成される過程で、伊能三家の存在が大きかったことがわかってきましたが、その中でも特に伊能権之丞家の存在が際立っていますね。その理由は何なんでしょうか。

伊能権之丞家の権勢はどこに由来するのか

小森　伊能権之丞家の文書写には二代目、三代目、四代目を通して、諏訪山にあった牛頭天王を八坂神社に移しかえて本宿惣町の鎮守にしたという記述があるんです。ですから、今も本宿のみなさんは、八坂神社の祭礼の前になると諏訪山の奥の宮にきて掃除をしているんです。いずれにしても権之丞家は、こういうかたちで八坂神社と諏訪神社をおさえながら、佐原全体の鎮守体制を築いていったんだと思います。

——お話を聞いてますと、新宿と本宿が実に微妙な関係にあることがわかってきますね。本宿の皆さんにとっては、新宿に対して、そうとう複雑な思いをもってらっしゃるということでしょうかね。

小森　そうでしょうね。山車を曳くのについては、新宿側の方は町内同士、隣の町内に負けまいという競争意識がけっこう根強い。しかし本宿は神輿中心の祭礼が中心ですから、やはり祭りに対する想いに違いがありますね。

——しかし、なぜ権之丞家はそこまで力をもっていたんでしょうか。

小森　権之丞家の背後には水戸侯・徳川光圀の威光があったようですね。権之丞家三代目の景胤の妻は、徳川光圀が奥女中に産ませた子だったようです。したがって四代目の権之丞智胤は徳川光圀の孫にあたるわけで、ここに権之丞家の威光の背景があったのかもしれませんね。実は小出皓一さんに教わったんですが、徳川光圀は三度権之丞家を訪ねたことが史料で確認できるそうです。

——伊能権之丞家の権勢はいつごろまで続くんでしょうか。

小森　権之丞家は現在一五代として続いています。これも小出さんに教わったんですが、権之丞家文書としては、慶應元（一八六五）年に関戸の若者と上宿の若者のもめ事の仲介の記録がありますが、佐原村の役目としては、嘉永元（一八四八）年に「村長、権之丞」とあるのが最後のようですね。当時、新宿惣町の山車持ちは一四町ですが、おそらく江戸後期に入り、権之丞家の権勢を超えて、町衆の力が強くなってきたことと関係しているんでしょうね。お上からお祭り中止のお達しがでても、罰金を払っても屋台曳きを止めなかった話（二章九九頁）などはそのことを象徴しているように思います。

地域経営の先覚者としての伊能忠敬

――このあたりで伊能忠敬の話に移りたいのですが、祭りとの関わりでは、伊能忠敬は史料的には、どんなかたちで登場してくるんでしょうか。

小森　先ほど、本宿の祭礼で屋台が登場するのが新宿の五〇年後と言いましたが、そのきっかけになったのが屋台の先陣争いなんです（二章九五頁）。その騒動に忠敬先生は関わっています。忠敬先生は宝暦一二（一七六二）年、一七歳のときに伊能本家の三郎右衛門家の入り婿になっていますが、この争いが起きた当時は二五歳前後で、本宿の名主としてまちのもめ事を仕切った最初のようですね。

事の発端は明和六（一七六九）年に、神輿巡幸の先頭をめぐって、それまで八日市場がつとめていたのに、川通りの川岸（浜宿組）が先頭に立ちたいと要求して、争いがはじまった。それを本宿組の名主の忠敬先生と浜宿組名主の永澤治郎右衛門が仲裁に入って、お互い自粛するように決めたんですが、八日市場は忠敬先生の説得でそれを守ったのに、永澤家が説得に入った浜宿組はそれに従わなかったんです。それで怒った忠敬先生が、親類であった永澤家と義絶することになるわけです。翌年の祭礼では「くじ引き」にして決着したようですが、このエピソードからも、忠敬先生のまちを束ねる調整能力をうかがうことができるのではないでしょうか。

――なるほど。

小森　忠敬先生はその後、本宿の名主から、佐原村の「村方後見」となり、佐原村全体を仕切り、旗本などとの交渉を行なっていますが、忠敬先生は、妻ミチの祖父で伊能本家六代目の伊能景利の影響が大きかったようですね。景利は宝永元年（一七〇四年）の利根川大洪水の時、幕府から大規模な堤防修復の工事を請けるんですが、近郷の農民に米銭を施しながら工事にあたったそうです。また景利は、四代目当主の伊能景善が残した「村政百五十年の記録」を完成させています。それをまとめたものが『部冊帳』という古文書で、全部で一三冊、一、二〇〇頁にも及ぶんですが、忠敬先生はそれを全部読んで村政にあたっていたようですね。ですから当然、祭りの意義はもちろんですが、在方町として佐原を経済的に自立したまちにしていくうえで、伊能家が代々どういう考えのもとで、何をやってきたのか、十分理解していたと思います。このあたりは小出さんから教わったところですが、古文書を見ていきますと、どうも幕府の方も佐原における伊能家の力をよく見ていたように思いますね。

――具体的にはどういうことでしょうか。

小森　伊能家は代々、佐原のまちが豊かにならない限り自分たちも豊かになれないということを家訓にしていて、伊能家でいろんな利権を独占していないんです。むしろ幕府から与えられた権利を佐原全体に分けて、まちなかでお互い競争をうながしながら、そのエネルギーをうまくまち全体の活力につなげているんです。河岸の免許の請け方にそのことがよく表れています。
田沼意次の時代、幕府は舟運のターミナルであった河岸の業務を担う河岸問屋に対して、営業の独占権を認める問屋株を設定して、運上金とか冥加金というかたちで税を課すわけですが、他所の河岸では、中心になる親分に独占権を与えて、そのルートで税を徴収しようとします。佐原でも何人かの商人が申請をしていたようですが、勘定奉行はその申請を全部却下して、伊能家が一括して請けろといったようですね。ところが忠敬先生は勘定奉行に対し、歴代の伊能家の方針を受け継ぎながら、「佐原ではそういうやり方はしません。河岸の営業権は佐原の商人全員に分け与えて、その代わり、幕府に対する運上金や冥加金などは、村方後見である私が取りまとめて納めたい」と願い出て、幕府に佐原方式を認めさせています。特定の人物が免許を独占すると、河岸の管理が勘定奉行の直接統治になってしまう。そこで忠敬先生はそれを避け、佐原河岸の内部では自由に競争をうながしながら、江戸に必要な物資が佐原に集まるようなシステムをつくっている。伊能忠敬先生二七歳の時です。

伊能忠敬銅像（江東区深川、富岡八幡宮）

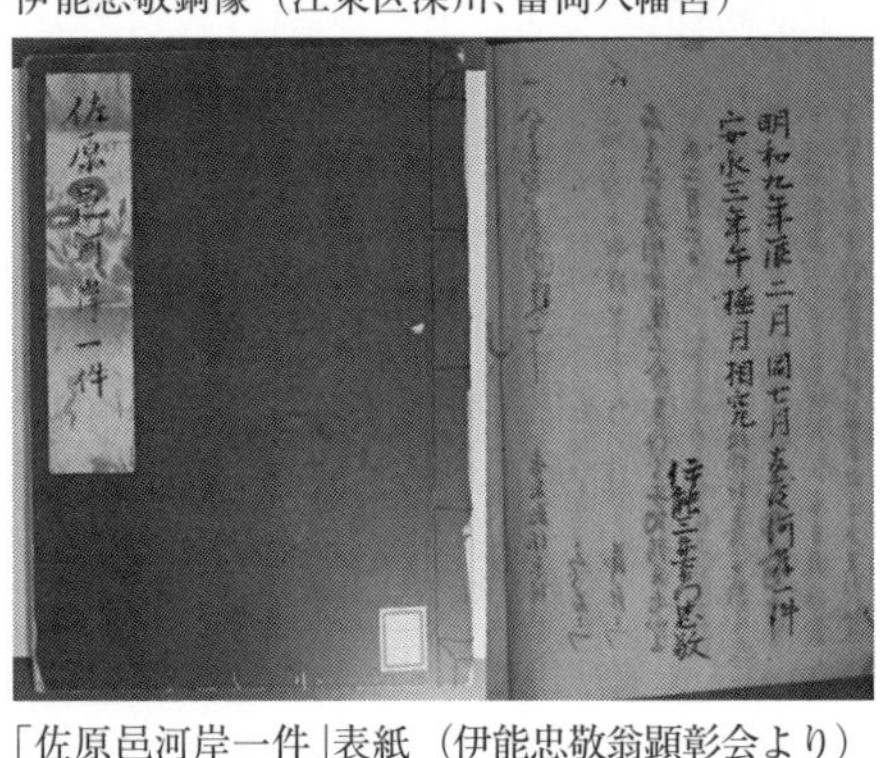
佐原邑河岸一件

「佐原邑河岸一件」表紙（伊能忠敬翁顕彰会より）

――今でいう「地域経営」の面目躍如といったところですね。

小森　そうですね。米、酒がそうですが、その他九十九里浜で獲れた魚を干して肥料にしたものを江戸に持って行くのに、木更津などに持って行ってもいいんですが、九十九里から山を越えて佐原に来るんです。ということは、佐原のまち全体に競争力があって、それで佐原はいい場所だということで物資や人がどんどん集まる。だから、赤松宗旦が「昼夜、人の通り絶えることなし」(『利根川図誌』)と書いているわけです。江戸末期の時代、昼はもちろん夜になっても人が動いて、船の積み出しとか、積み下ろしをやっているというぐらい佐原は賑わっていた。

経世済民と地域自治の思想

小森　河岸の免許のことだけではなくて、忠敬先生の地域経営の感覚はすごいんです。天明の飢饉のときのお金の動かし方をみればそれがよくわかります。

天明三(一七八三)年に浅間山が大噴火して、関東一円火山灰に覆われますが、佐原でも一メートルくらい積もって何もできない事態に陥ります。そのとき忠敬先生は人を大坂に飛ばして、三年分の米を先買いして、一年分ずつ佐原にもってくる。佐原は米蔵がいっぱいありますからね。その米を佐原の三千人くらいの人に分け与えて、なおかつ火山灰を川に流す労賃として、日当を払って飢えをしのいでもらう。さすがの伊能家も、二年目に家が傾いてきたと古文書に残っています。このあたりは、先ほどの六代目景利の影響もあるかと思いますが、二年で田畑に積もった火山灰を取り除いたおかげで、三年目は作物が穫れるようになる。そうしますと一年分の米が余り、その余った米を江戸に持っていって売る。江戸は大飢饉で米の値段が暴騰していますから、残った一年分の米を売ることで五年分の米になって返ってきた、と古文書にあります。

――まず三年分の米を確保しておいて、その間の生活を失対事業で支えながら、復旧を二年で終え、残った一年分の米を売って五年分の利益を得て、それを佐原の経済再建に充てたというわけですね。経世済民と地域経営の思想がみごとに結合していますね。

小森　佐原は水郷地帯ですから、米は豊富に穫れたと思われるかもしれませんが、実はそれだけではなかった。山をこえた現在の旭市に、湖を埋め立ててできた「干潟八万石」という耕地がありますが、そこの米も全部佐原に来てるんです。それから九十九里のイワシの干物、これは農業用の肥料ですね。それから燃料用の薪。それらの物資が山をこえて佐原に集まり、舟運で江戸に運ばれるということで、広範囲な地域から物資が佐原に集まっています。その繁栄の礎はやっぱり伊能家がつくっているんですね。こうした権利は伊能家が独占してもよかったはずですが、忠敬先生は独占しないでみんなに分けて、まち全体で競わせている。

――そんな話を聞くと伊能忠敬という人物は、実業家としての能力だけでなく、政治家としても有能だったことがわかりますね。

小森　有能ですね。それと土木技術にも長けていた。先ほど伊能堀の話が出ましたが、まちなかの用水路がスムースに流れるようにするには、地形の微妙な高低差を理解していなければなりませんが、そのためには測量技術が必要ですよね。それと利根川の氾濫の度に田畑を復旧するためにも測量技術の知識は欠かせないわけで、伊能家には代々、その技術が受け継がれていたんでしょうね。おそらくそうした素地があって、忠敬先生は天文学への関心が深まり、それがやがて日本列島の地図づくりに結びついていくんだろうと思います。

――なるほど。伊能忠敬は佐原の時代に、天と地の両面からものを見る目を養っていた、ということでしょうか。忠敬の経世済民の思想の奥に何があったのか、わかったような気がします。

小森　忠敬先生のこうした思想は、天明の飢饉のときだけでなく、どうも日ごろから取り組まれていたようで、たとえば資材を通常価格より安く仕入れて利益をつくり、工事にあたった農民の工賃に当てたり、凶作に備えて基金をつくったりしていますね。この佐原から、近隣をふくめて餓死者を出さない、暴動を起こさせないという、地域の指導者としてのプライドがそうさせたのかもしれませんが、ここでも伊能家だけが栄えてもだめなんだという家訓がしっかり受け継がれていたんだと思います。

現在の馬場本店酒造

――そうした気風は伊能家だけでなく、佐原のまちにも浸透していたんでしょうか。

小森　忠敬先生の生き方、経世済民の考え方が佐原のまちに生かされてきたことは間違いないと思いますね。たとえば馬場本店酒造の今の酒蔵は、実は災害で困窮している農民を日当で雇い、山から木を伐採して、それを建築材にして建てているんです。佐原の豪商といわれる人たちは、みんなそれを当たり前のこととしてやっていたんです。戦後になって廃れてきたことは事実ですが、今でもまったく失われたわけではない。忠敬先生の思想というか、心意気は今も佐原の中に息づいていると思っています。

――そうした話を聞けばきくほど、佐原における旦那衆を中心とした自治の奥深さ、また祭りのもつ重みみたいなものを感じますね。

小森　新宿の祭りは明治一〇（一八七七）年にやり方を変えてい

ますよね。それまで一五六年間は、関戸郷を触頭にして年番制度を固定していたのが、明治一〇年の改正で年番を「町々車輪の如く」各町内が交代でつとめるように改めます。新宿惣町全体に力がついてきたので、車輪のごとく順繰りに山車年番をつとめるようにしようと、町長の儀、つまり今の惣町参会のような場で決めたんですね。

――その記録が「幣台規則並割合帳」として諏訪神社に納められていたんですね。

小森　そうです。それを見ますと年番は前後三町（前年番、正年番、後年番）が三年単位でつとめると決めていいます。正年番をその後受け継ぐという意味で後年番（受年番ともいう）、正年番を前につとめたという意味で前年番という言い方をします。ただ、実際は年限は守られなかったようですね。といいますのは、風水害や飢饉などでお祭りをやれない年もありますからね。それと祭りを実施するにはお金がかかる。実は、「幣台規則並割合帳」とありますが、幣台規則は年番の順番、つまり山車の番組のことで、割合帳というのは、お祭りにかかる費用をめぐる各町内の分担割合のことを指していいます。財力のある町内は相応の負担をして、財力の弱い町内は負担割合を小さくしている。

――なかなか合理的な考え方ですね。

小森　そうなんです。明治九年まで、山車祭りの準備費用は触頭である関戸郷が負担してたようですが、お祭り当日の費用はこういう形で各町内で分担しています。

――ところで新宿の山車持ち町内は、明治一〇年のころは一四町内で、現在は一五町内ですね。

小森　昭和九（一九三四）年に関戸郷の山車が東と西二つに分かれて一五町内になります（ただし中宿は現在、山車巡行に参加していない）。もともと新宿惣町は上宿組、下宿組の二つでしたが、上宿組は上新町や中宿に分かれている。下宿組も下分、橋本、下新町などに分かれていますし、横宿も南北に分かれている。

——町内を分割するのは誰かの指示なんですかね。

小森　そのことで、よく小出さんと話したりするんですが、旗本などの役人との合意はあったとは思いますが、実際のところはよくわかりません。ただ町内が大きくなると、どうしても細部まで目がとどかなくなって、コミュニティとしての結束が難しくなってきます。佐原は水との闘いは宿命ですから、防災上の問題もそこにからんでいたんでしょうね。ですから、ある程度町内の規模が大きくなると、二つに分割して山車も別々につくっています。そうすることで町内の結束をかためて強力なコミュニティができあがる。こうしたやりかたをしていますね。

おそらく表に出るかたちで、あれやれこれやれとは言わないんだけど、そういうことが自然になるように、相当意識的にやっているふしがありますね。水対策の他に、佐原は関東灘といわれるように酒造りが盛んなまちで、最盛期には酒蔵が三五軒もあったといわれてますから、造り酒屋が各町内に一軒か二軒、必ずあったんですね。それを中心にして、町内を分割していたんではないでしょうかね。町内の人口が少なくても酒蔵が多いところは従業員がいますからね。

——酒蔵が一つの核になっているんですね。

小森　酒蔵を中心に町内の結束ができあがって、そのシンボルとして山車があった。しかもその山車をつくるときの費用は、その酒蔵がだいたい九五%近くを出すんですね。あと残りの五%は町内全員で出す。酒蔵が九五%で、町内みんなが仮に数%でも、山車自体は五分五分で町内みんなのもの、平等だということになる。

——そうしたやりかたについては、明文化されていたんでしょうか。

昭和初期の「清酒まつり」（『佐原の町並み資料集成』p.37 より）

小森　いや、表だって決めてはいませんね。おまえいくら出せとか、上から降りてくるわけではなくて、「おれたちが九五％出すから、あとみんなで相談して出しなよ」といったやりかたでしょうね。

――なるほど。町内全員、負担はだれもゼロではない。

小森　町内の発言権は九五％出した人も一％の人も全部同じです。だからうまい仕組みをつくってたんですよね。当時の知恵としてはすごいと思いますね。山車を巧みにつかって町内の結束を高めながら、外に向かっては町内同士、お互い負けまいと競い合う。

――結束と競い合い、祭りそのものが政（まつりごと）の仕掛けだったんですね。

小森　実はこうした仕掛けは佐原のまちなかだけではなく、周辺の地域まで及んでいるんです。というのは、山車の上にはお囃子の演奏集団が乗りますよね。下座連（げざれん）というんですが、下座連は今はまちなかの人も山車に乗っていますが、戦前はほとんど佐原周辺の集落の人が担っていたんです。

佐原囃子の下座連は山車一台で、一五人くらいでチームを組みますから、交代でやると三〇人くらい必要になります。それを全部、周辺の農村の人に交代で担ってもらっていた。そうすると、自分の集落の人が山車にたんですよ。

乗ってお囃子を演奏するというので、その集落の人が応援にくる。つまりお囃子も集客の道具立てになってい

――今の話は明治一〇年以前からそうだったということでしょうか。

小森　そうですね。ですから関戸でいえば、下座連は一五キロも離れた現在の神崎町の毛成という集落から来てたんです。お囃子の道具をかついで歩いて佐原まで来て、山車に乗るわけです。今は毛成の下座連はなくなりましたが、こうした下座連の伝統はまったく消えたわけでなく、昔ほどではないですが、今も続いています。

もともと佐原周辺の農村集落には神楽があり、笛とか上手な人がいっぱいいいました。しかし佐原囃子の曲は、実は旦那衆が深くかかわっているんです。そうすると「あれっ、佐原でこのごろ変わったお囃子をやってるぞ」ということになり、「ちょっと教えてくれ」となって、地元の集落に持ち帰るわけです。

――佐原のお囃子は洗練されていたんですね。

小森　佐原の旦那衆は、半年以上は江戸で商売をしていますから、江戸の洗練された文化をよく知っているわけです。そこで江戸の一流どころを招いて、お囃子の曲まわしをつくらせているんですね。

――たしかに佐原囃子を聞いていますと、メロディというか、曲が洗練されていてどこか哀愁があり、聴かせますね。

小森　そうなんですよね。佐原囃子だけは聴かせるメロディなんですよね。ということは、佐原の囃子は旦那衆が江戸の一流どころを呼んできて、自分の町内で聴いてもらって、「これはいい」とみんなが真似をする。そういうかたちで出来上がってきたものなんです。

――佐原がどういうまちだったか、だんだん浮かび上がってきますね。

小森　経済と政治が一体となって動いている。しかもそれは佐原のまちなかだけでなく、周辺の地域も巻き込んで形成されている。ここに佐原のまちの成り立ちと祭りの原形があるように思うんです。

佐原は戦前まで、下総全体の物資の集散地でしたから、周辺の集落の人は何かを買うとなれば、必ず佐原に来て買う。佐原の商圏はだいたい三〇キロと言っていたんです。だから、祭りもこの商圏全体を意識したものだったんですね。それを戦後になって佐原の祭りの何たるかが忘れられたんですね。

――それをもう一度、原点に立ち返って考えようとしたのが、小森さんの想いだったんですね。

小森　その一人であることは間違いありません。しかし私自身、そのことがわかったのは、繰り返しますが、諏訪神社に納められている幣台年番の引継書の記録を知ってからです。この記録で感心するのは、お祭りのことは三分の一くらいしか書いてなくて、残りの三分の二は、その時期の世情がくわしく書いてある。だから時代の背景がわかるんです。ただのお祭りの記録だけじゃないんですね。

――なぜ祭りをするんだという意図というか想いが、この記録文書から読みとれるということでしょうか。

小森　経済を振興させる手段としての祭りであると同時に、佐原のまち全体を治める政策ですね。それが一体となった政（まつりごと）の思想のようなものが、この記録文書を通してだんだんわかってきたんです。しかもわかってくればくるほど、その先達である伊能家、また忠敬先生の政の思想の奥深さが見えてきた、ということではないでしょうか。

寄稿

江戸時代の佐原と商人たち

酒井　右二（香取市文化財保護審議会副会長）

佐原は「小江戸」か、それとも「江戸優り」か

佐原を紹介するキャッチフレーズとしては、「小江戸佐原」あるいは「江戸優り佐原」がよく使われている。また伊能忠敬を生んだ町として「地図のまち佐原」というものもある。いずれも、江戸時代の佐原の繁栄が遺産となって紹介され、さらには地域興しのスローガンとなっているのである。また近来は、「北総四都市江戸紀行」として日本遺産にも選定され、城下町：佐倉、港町：銚子、門前町：成田、商人町：佐原と対照させ、異なる特長をもって江戸時代を感じる町として喧伝されている。ここでは、今日の観光事業が歴史的な文化遺産を、通りいっぺんな古さを見せるだけでは不十分で、文化的理解を深めて観光資源とする動向が現れている。そこではじめに、佐原の特徴を示すフレーズは何がふさわしいのかを述べておこう。

佐原は旧佐原市の時代から、「川越」「栃木」と組み、三市で「小江戸サミット」を開催している。三市は、江戸とのつながりであった舟運、蔵の町並み、山車祭り、といった共通点をあげている。しかし、江戸東京博物館長も勤め江戸研究の泰斗であった故竹内誠氏は「大江戸」という言葉は史料中によく出てくるが、「小江戸」はみたことがないと語っていた。これは、おそらく一九七〇年代、国鉄が「ディスカバー・ジャパン」

のキャンペーンを展開していたころ、地方の伝統都市を「小京都」とよんで宣伝したことから起因して「小江戸」が造語されたとみている。全国の総城下町として大名屋敷が立ち並ぶ巨大な城下町である江戸に対して、大名家臣の武家屋敷を中心に形成された城下町の佐倉や川越は、「規模が小ぶりな江戸」という意味で「小江戸」ということは妥当であろう。しかし、これに対して武家が居住せず、城下町ではない佐原を「小江戸」というのは、佐原の特質をじゅうぶん的確に表したフレーズとはならないだろう。

いっぽうで「江戸優り佐原」は、古謡に「お江戸見たけりゃ佐原へござれ、佐原本町江戸優り」とあることが根拠になっている。それは、『佐原町誌』（昭和六／一九三一年刊）に記載されているが、江戸時代の書物や史料には認められていない。裏付けは不十分だが、「東京」とはいわず「江戸」といっていることからは、江戸時代にお国自慢風にいわれていたこととみてよいだろう。これは現在でも佐原の祭礼行事の場面などでよく聞かれるが、すでに山車祭礼がなくなった江戸・東京に対して豪華な山車を多数抱え、江戸囃子に対しても豊かな音楽性を誇る佐原囃子をみれば、過大な表現とはいえないだろう。本稿ではこのこと以外でも、「江戸優り佐原」がたんなるお国自慢ではなく、一九世紀日本の全体史からみても、佐原が「江戸優り」であったことをいろいろな側面から述べていきたい。

下利根流域の流通拠点

江戸時代の佐原の本村は行政的な村組として五組に分かれているが、小野川（当時は「佐原川」と呼称）を挟んで右岸にある本宿組・浜宿組・仁井宿を、すでにこの時代に大別して本宿と称し、また左岸にある下宿組と上宿組を同じく新宿と称している。鎌倉時代・室町時代の下利根川流域は、外洋とつながった内海で「香取の海」といわれていたが、それに面した佐原には「津」が発達し、本宿側にある牛頭天王社（八坂神社）の周辺には、二日・五日・八日の市場が立ち、「蔵本」「有徳人」といわれた富裕者たちも居住して交通・流通の拠点として発達していた。

　これに対して新宿は、戦国時代ごろから新しく発達してきた町場的な区画を指したものと考えてよいだろう。伊能忠敬を出す伊能三郎右衛門家や永澤家は、戦国時代の土豪の系譜を引くが、佐原に帰農し新島に新田を開発していった。伊能家などは、新宿側の上宿から下宿の香取道沿いに六斎市を立てた。戦国時代、新田開発の資材を調達するために市が立ち、それが発展した場所を新宿という例が紹介されているが、佐原の新宿も新島の新田開発の市から発達した場所とみることができる。

　佐原は地勢的にも下総台地の農村と利根川水系の水運とを結びつける交通・流通の拠点であったが、江戸時代初期の佐原は、新島の新田開発が重要な契機となって発展していく。佐原村の本村は一、八〇〇石余の村高だが、これに匹敵する一、七〇〇石規模の新田村が開発され、多数の小家族経営が生み出されていった。このように戦国時代から江戸時代前期の一七世紀は、佐原にとっても、まさに大開発の時代であった。

　つづく一八世紀初頭の元禄期は、幕府の支配システムが整備されていく時期である。旗本は現地から切り離され江戸へ集住させられていく。これに伴って、年貢米を江戸へ回漕する河岸場が整備される。元禄二（一六八九）年、幕府は、関東とその周辺で年貢米を積み出すべき河岸を調査し、このとき佐原河岸も公認された。その政策により、利根川水系の舟運を基盤に、主に領主の年貢米などの商品を江戸と結びつける物流ルートが整備された。じっさい伊能家や永澤家などの豪家は、佐原村ばかりでなく香取郡域に広がる多古藩や旗本たちの年貢米を江戸へ搬送しており、その権利を「荷場」といっていた。

江戸時代の在方町佐原

江戸時代は、「士農工商」と象徴的にいわれるように身分制社会である。豊臣秀吉の検地と刀狩りの政策からはじまって、武士と農民、商人や職人の分離が進められた。農民などは「百姓」身分とされそのまま村に居住させ、武士や商人・職人などは在地から切り離して城下町に集住させて統治した。城下町に居住した商人や職人は、「町人」身分とされ、町奉行の支配下に入った。いっぽう村では「村請制」といわれるシステムがとられ、支配者である武士はおらず、名主・組頭・百姓代の村役人を中心に自治的に地域秩序が維持されていたのである。

江戸時代の佐原村は、周縁部には農耕地が広がり農民も居住していたが、遅くとも一八世紀の中ごろには大きく都市的な発展を遂げている。次頁図1に示したように、小野川と香取道が交差する現在の忠敬橋を中心として、東西と南北に商工業を営む者の屋敷が家並みを連ね、町場を形成していた。しかし佐原は、江戸時代を通じて行政的には一貫して「佐原村」であり、そこで商工業を営む商人や職人はあくまでも「町人」ではなく、土地を所持すれば「百姓」、そうでなければ「水呑(みずのみ)」と称される身分であった。佐原は、村の中で発達してきた都市的な場であり、町場であっても支配する武士が居住せず、村役人を中心に自治的に統治が行なわれ、江戸時代のあるべき支配システムから外れた「鬼っ子」のような存在であった。このような町場を近来「在方町」と称するようになっている。

江戸時代の佐原は「下利根附第一繁昌の地」(『利根川図志』)と記されていた。文政二(一八一九)年の人口は六、一七三人、家数は一、三五八軒である。その前後の房総の町場をみると、高崎藩の陣屋がおかれた銚子は、文化六(一八〇九)年で二、六五四軒、一万二、五一九人と、最大の町場である。城下町佐倉は、幕末

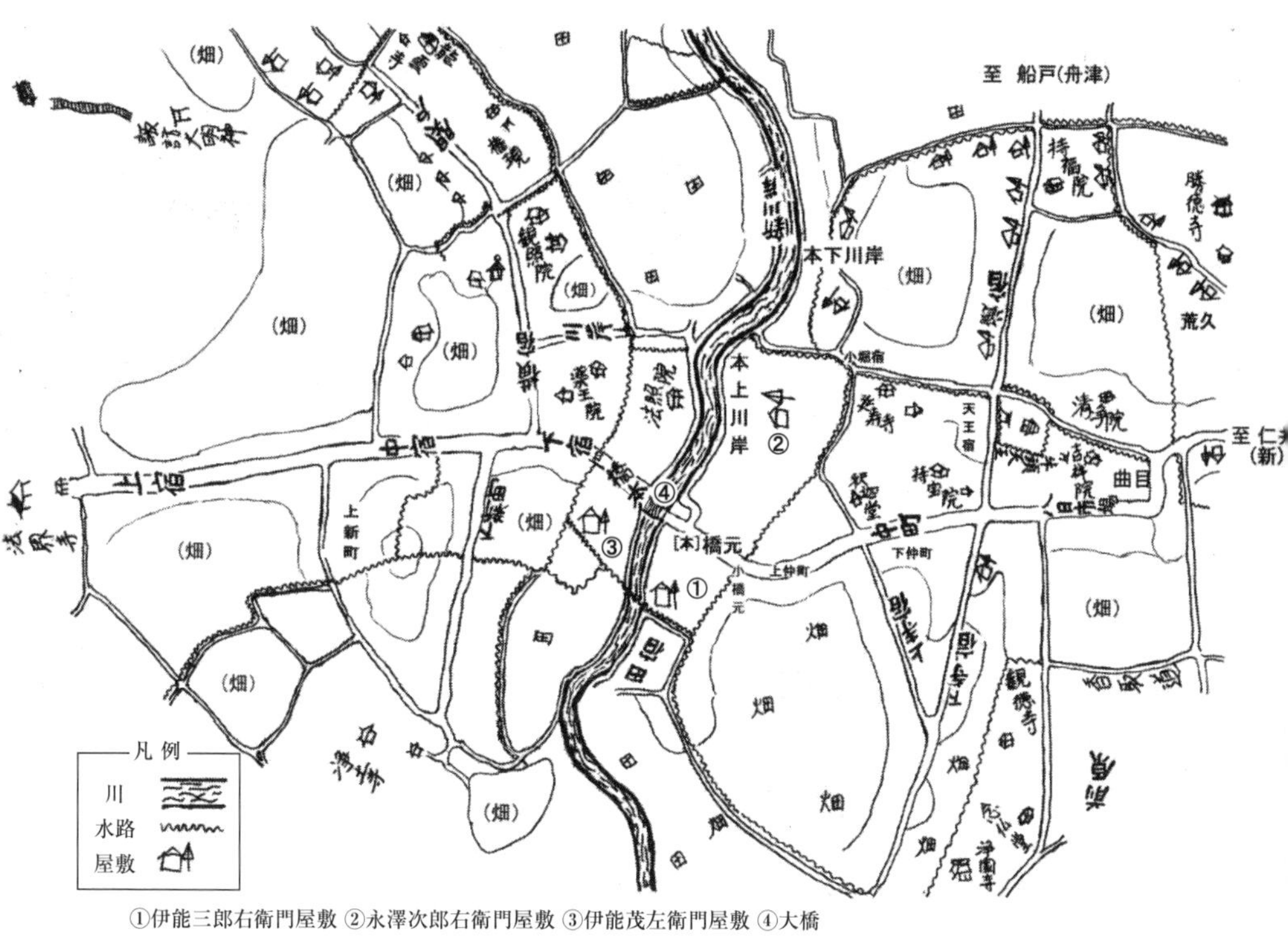

①伊能三郎右衛門屋敷 ②永澤次郎右衛門屋敷 ③伊能茂左衛門屋敷 ④大橋

図1　延享2（1745）年　佐原村絵図部分（伊能三郎右衛門家文書より一部修正し作成）（酒井右二著『地域人としての伊能忠敬』p.34）

期に武家も含めて約一、二〇〇軒、六、四〇〇人ほどであるが、町人の数だけでは佐原が上まわっている。在方町では、船橋が寛政一二（一八〇〇）年で一、〇六八軒、五、〇七四人で、佐原に次いでいる。関東の在方町をみても、五、〇〇〇人規模を越えるものはまれで、佐原は関東でも有数な在方町であった。

近代を先取りする佐原の産業

そのような佐原の都市的な発展は、どのような産業に支えられていたのだろうか。幕末期佐原の文人清宮秀堅（せいみやひでかた）は『下総国旧事考』（弘化二／一八四五年序文）で、当時の佐原について「戸凡千五百、多醸酒米商」と記し、酒造業と米穀取引を代表的な産業としている。佐原の酒造は古くは、名主であった伊能三郎右衛門家が一七世紀末に常陸国牛堀村の平八郎から譲られた七〇石の酒造株の公許を受けて開始したといわれ、享保一一（一七二六）年には九名で同業組合の酒造仲間を結成している。彼らの多くは、村役人で新田にも多くの小作地を持つ地主であり、また米穀商いや、周辺の旗本や小藩の年貢米を江戸へ回漕する船問屋の性格ももっており、手中米を拡大して酒造にも充てていた。

そして、商品経済が在地に広がり始めた一八世紀後半の田沼時代には、佐原の酒造業は飛躍的に発展していく。田沼政権の株仲間拡大の政策に乗って、天明八（一七八八）年、新規の酒造人を含めて株仲間が再結成されるが、その酒造石高は永澤家一、六七五石、伊能家一、四八〇石と一、〇〇〇石を超える規模となっている。ちなみにこのときの伊能家の当主は、隠居して全国測量をする前の忠敬である。酒造株仲間の総計では一万三、〇〇〇石を超える規模となった。その内、第五位で六〇〇石の森屋仁兵衛は、紀州日高郡から当地へ酒造出稼ぎ人として移住してきた人物である。その他にも屋号から「大坂屋」「近江屋」など関西方面、また「神崎屋」「大崎屋」など近在から移動して来た人びとも多くみとめられる。一八世紀末から一九世紀にかけて、伊能家や永澤家のような根生いの豪家と共に、他所から入り込んだ商工業者によって、佐原の酒造業は飛躍的に発展したといえるだろう。こうして一九世紀の佐原は、「関東灘」と称されるような名だたる酒造特産地になっていた。

またこれと照応して、醤油醸造業も盛んになっていた。明和八（一七七一）年には、醤油造仲間が一四人で結成されている。天保一〇（一八三九）年の株改めでは、総計六、九四〇石となっている。造高一万石を超える鶴屋弥十郎は、近江日野の出身で、関東醤油番付をみると、東の大関、西の関脇、前頭の筆頭などに位置づけられ、いずれも上位を占めている。その他、佐原の醸造家として載るのは、嘉永六（一八五三）年では前頭に油屋庄次郎、伊能茂左衛門、清水啓兵衛、浮島屋善兵衛があがっている。前出の油屋庄次郎は銚子の高神村の出身で、絞油業の油屋四郎兵衛（現在の「油茂」の前身）から暖簾分けされ、醬油醸造株を取得して独立した。大正期に向かって三、〇〇〇石を超える規模に拡大し、その後、昭和期まで「正上」の商標で生産を続けた。

佐原の酒造や醬油醸造などの食品加工業は、繊維産業と並んで在村工業から出発し、近代に繫がる一九世紀の先端産業である。佐原は産業の面でも近代を牽引する先端的な場であった。

入り込み商人と「町（町内）」の成立

江戸時代のはじめから約一〇〇年の間に、佐原の人口は一・五倍に増加した。根生いの商人ばかりでなく、他所から移住した入り込み商人たちが、佐原の経済をさらに発展させていったのである。醸造業者や米穀商は、舟運に便利な小野川沿いに間口を広くして屋敷を連ねていた。これに対して小野川と交差する香取道沿いには、江戸や各地の問屋商人から仕入れた消費物品を周辺地域に卸売りしたり小売りしたりする店借の商人たちが店を並べていた。流通路は、江戸ばかりでなく関東周辺地域、さらに東北地方の仙台に広がり、関西でも大坂や京都ばかりでなく、その周辺地域の近江や紀州など、遠隔地域との直接的な取引が展開していた。在方町佐原は、米穀など農産物を集荷したり、それらを原料として酒・醬油などに加工した商品を他地域に売り出したりした拠点であったばかりでなく、消費的な商品を江戸以外の遠隔地域とも直結して取引していた。城下町のように、年貢米など領主の経済に依存していたり、江戸市場に従属していたりしていたとはみられない。一八世紀以降の佐原は、自前の取引ルートを保持して繁栄しており、その意味でも「小江戸」ではなく、「江戸優り」と評価してよいだろう。

図2は、一九世紀中ごろの現本橋元町を示したものである。香取道沿いの南側は、伊能家の七〇メートル

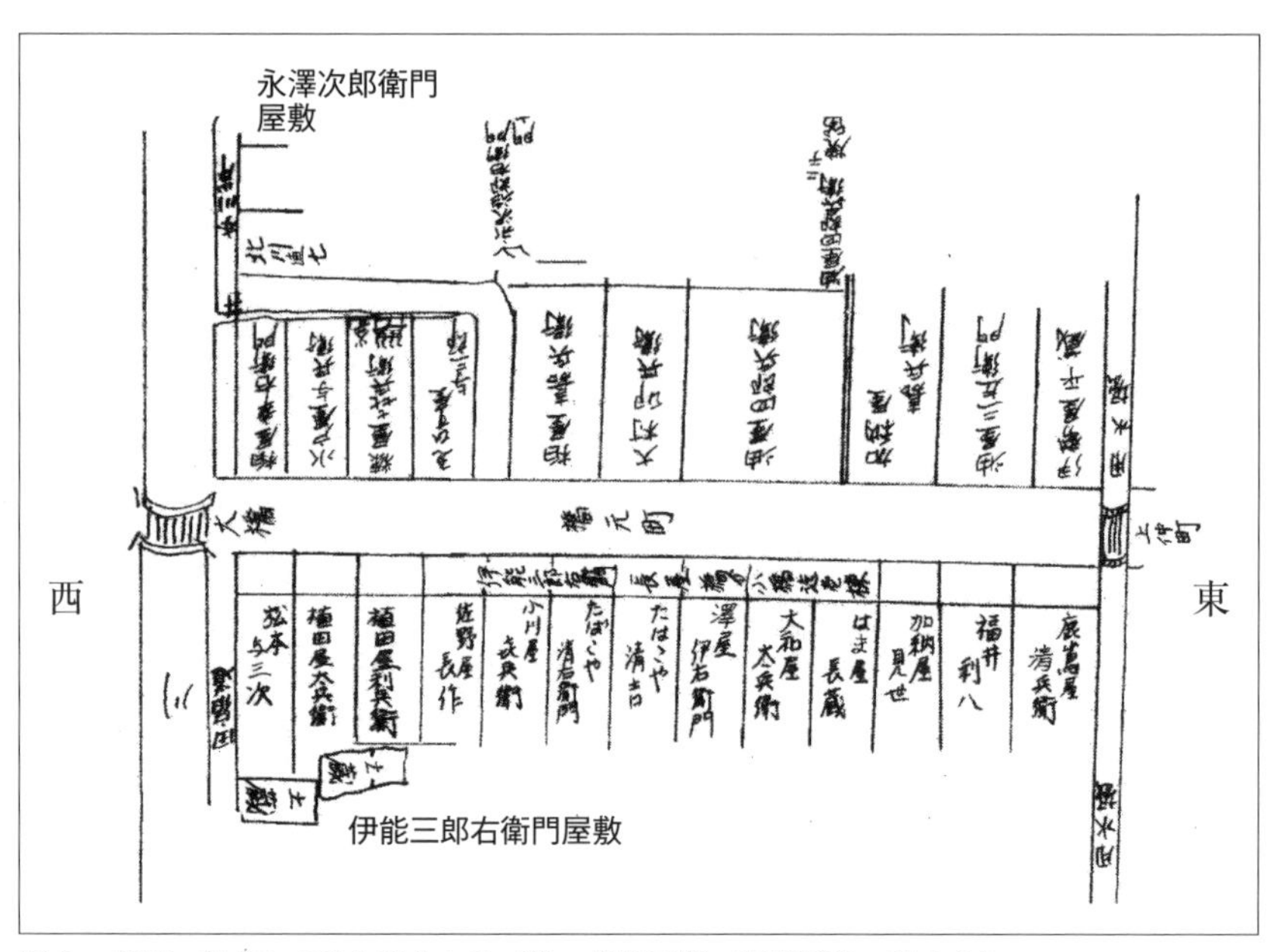

図２　佐原へ移住してきた商人たち（現・本橋元町、酒井同著 p.24 より）

に及ぶ長屋が一棟で間仕切りされ、一三軒の商人たちが店借りして諸商売を展開していた。その西側の二軒を店借りしていた植田屋は、今日でも荒物商売を継続している近江商人である。その隣の佐野屋は野州（栃木県）佐野に本店がある商人で、現在は小野川沿いに移住している。香取道沿いの北側は、永澤家の長屋が三棟建って間仕切りされ、一〇軒の店借商人が商売をしていた。その西側から二軒目の水戸屋は今日も同じ場所で茶商売を続けている。また東側から四軒目の油屋四郎兵衛は、名跡が継承され今日も「油茂」と称して絞油業が継続されている。このように香取道沿いの伊能家や永澤家の長屋に店借りした商人たちによって両側町が形成され、図中にあるように「橋元町」を構成しているのである。

このような他所から移住した店借商人は、土地を持つ百姓身分ではなかったので、村型の行政組織では彼らが村政に参加することはできない。しかし、遅くとも一八世紀の中ごろには移住してきた土地を

表1　天保7(1836)年ごろまでの村組と管轄「町（町内）」の対応

	村組	管轄町
本宿	本宿組	本橋元(本)町　上仲(中)町　下仲(中)町　八日市場町　寺宿町　田宿町
	濱宿組	濱宿町　荒久町　船戸(舩津)町　本川岸
	仁(新)井宿組	仁(新)井宿町
新宿	上宿組	上宿町　上中宿町　上新町
	下宿組	新橋本町 下宿町 中宿町 若松町 下新町 横宿町 上川岸町　中川岸町　下川岸町　横川岸町　田中町　関戸町

（酒井同著 p.37 より）

持たない住民も「町（町内）」といわれる組織を自生的に成立させ、「町行事」「町惣代」などの役職者も設けて、自治的な運営を行なっていた。また、各「町（町内）」を横断して「惣町」という組織もつくって、連結を広げていた。さらに表1に示したように、それまでの村組のなかに「町（町内）」が組み込まれ、独自の在方町運営のシステムが整備されてきたのである。

いっぽう江戸の城下町の店借商人たちは、「家守」といわれる借家の管理人の下にあり、町の正式な構成員とはなれなかった。江戸・東京の町内会では、全戸加入の住民組織となるのは大正期になってからで、佐原の町内はその面でも先取りしているのである。

「村」の祭りから「町（町内）」の祭りへ

このような「町（町内）」を単位に佐原の祭礼も発達し、今日の隆盛に繋がっていった。「佐原の山車行事」は、二〇一六年ユネスコ無形文化遺産「山・鉾・屋台行事」に登録され、ますます注目されている。次頁図3の祭礼のビラは、大正一〇（一九二一）年のものだが、「山車（江戸時代では屋台）」が多く出され、豪勢な祭礼の様子が描かれている。屋台は「町（町内）」が所有し、運行を担っている。現在神

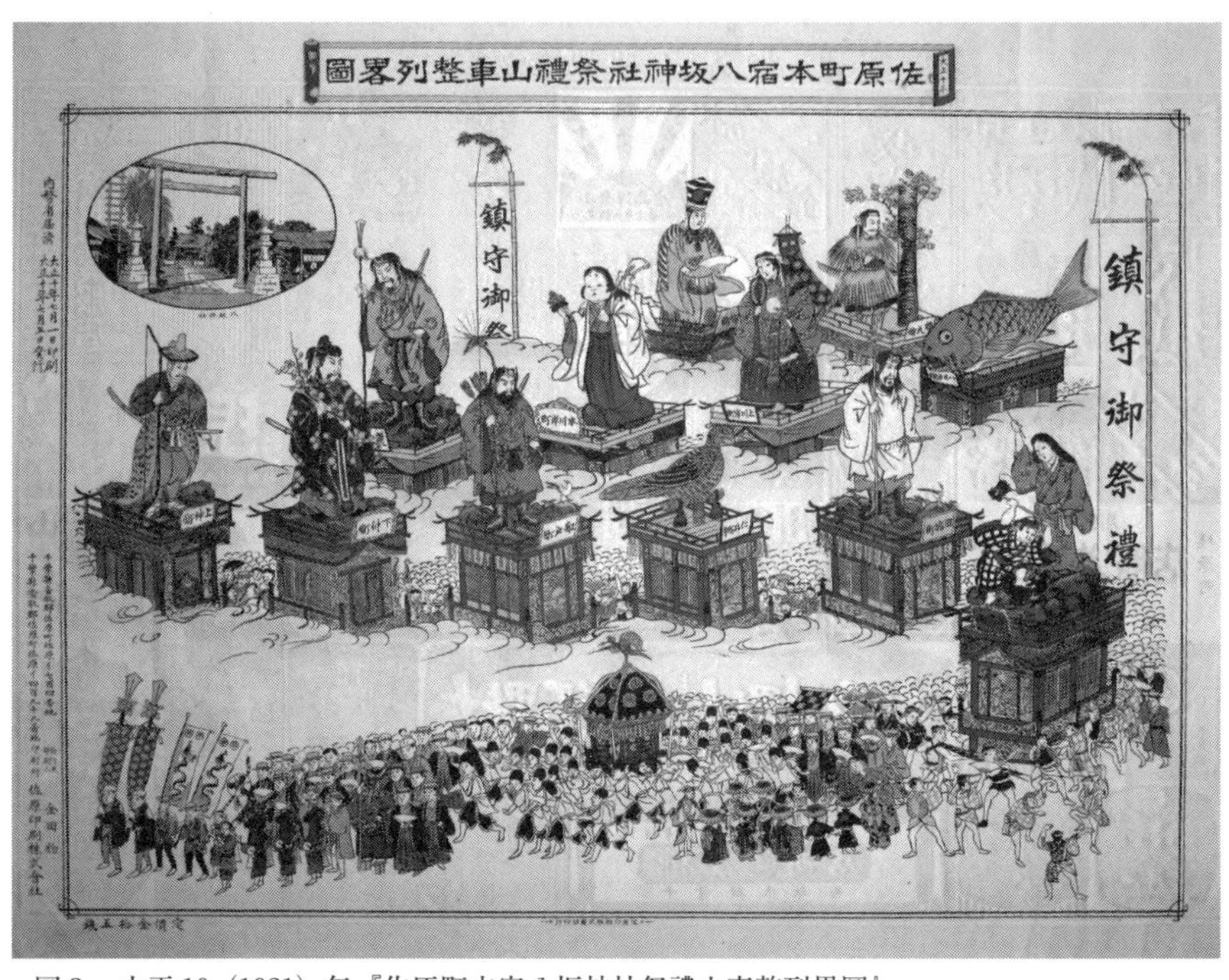

図3　大正10（1921）年『佐原町本宿八坂神社祭禮山車整列畧圖』
（杉浦周氏提供・菅井康太郎氏撮影）

輿と山車は別々に運行されているが、山車は、元々神輿の巡幸に付属して成立してきたものであることが、この行列図からも分かる。

江戸時代前期の祇園祭礼は、村組の単位で執行される神輿を中心としたものであった。本宿の鎮守神であった牛頭天王（現在の八坂神社）の祭礼は、神仏習合していた時代にあって、神社を運営する別当寺の清浄院が神事を所管し、本宿組・仁井宿組の村組を管轄する村役人で豪家の伊能三郎右衛門家と、濱宿組を管轄する村役人で豪家の永澤治郎右衛門家が、祭事を執行する担い手であった。

その後、一八世紀の後半ごろから、神輿の巡幸に附祭として、それをはやす練物の「だし」や、「屋台」が各「町（町内）」から出され、しだいに肥大化していく。

移住民をかかえて成長してきた各「町（町内）」は、豪華な練物や飾り物をつくって競い合い、時には大きな紛争も引き起こすようになった。その過程では「町（町内）」相互の競争や紛争が頻発している。在方町佐原の社会的な発展の基盤が、しだいに村組から「町（町内）」に移行していく様相を表しているともみられよう。これに対して、入婿してきた伊能忠敬などの地域指導者たちが調停を続け、支配権力に依存しないで祭礼の定式化が図られ、騒動が自治的に解決されていったのである。

そして飾り物を載せる屋台は、一九世紀に入ると醸造家や有力商人の資金を基盤にしだいに豪華な造りとなった。それには、囃子方も一〇名以上乗れる規模の大きいものとなっている。囃子方は「下座」といわれ、周辺農村で行われていた芸能を基に、江戸の歌舞伎や浄瑠璃の影響を受けた囃子が演奏された。これは「佐原囃子」といわれるようになるが、囃子方は佐原周辺村々の百姓から成り、町場が周辺村々へ一種の娯楽を提供しているようにみえる。在方町と周辺村々との連結がこのような面でも現れていた。

その屋台の型は、図4に示したように江戸で引き回された山車とは異なっていた。佐原の形態は、江戸よりもむしろ関西系の近江日野の祭礼で引き回される山車と近似しており、独特の形式になっている。祭の形態においても江戸の模倣ではない、独自の文化が創造されているのである。

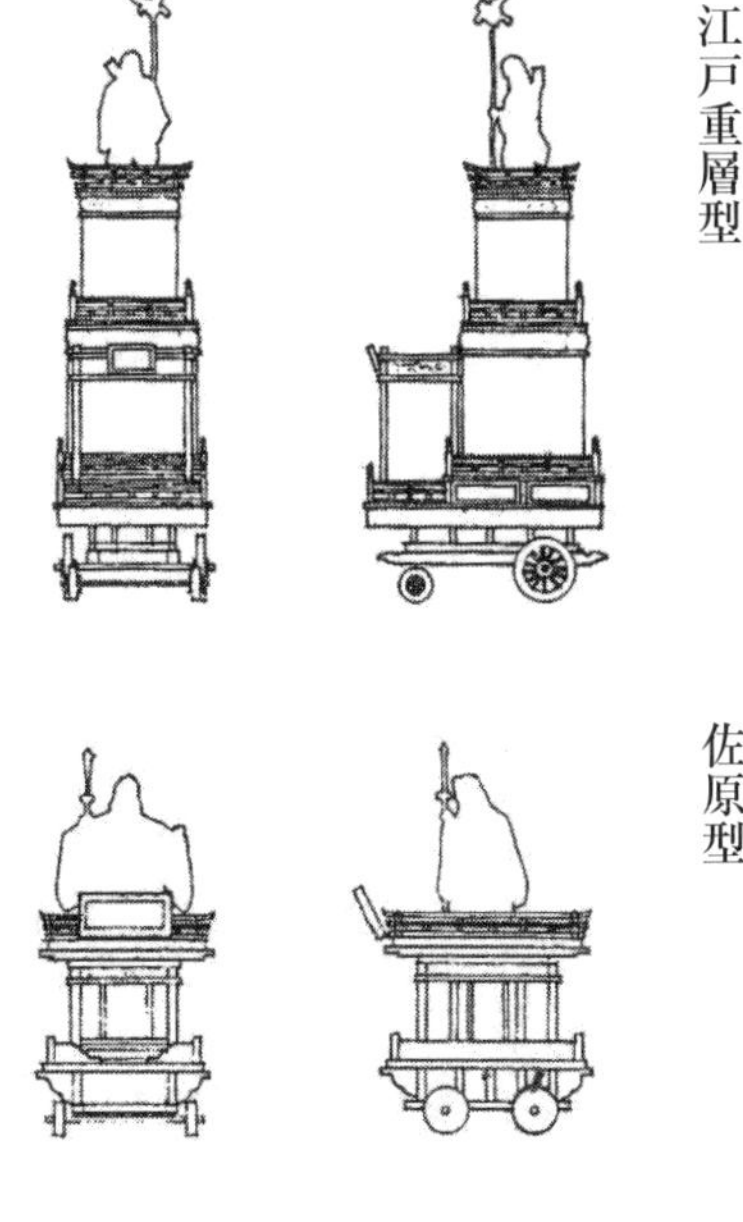

図4　山車の類型（千代田区文化財調査報告書十一『続・江戸型山車のゆくえ』より）

伊能忠敬の現状認識と佐原の地域振興策

一八世紀の中ごろに佐原の伊能家に入婿してきて、佐原村の村役人を務めていた伊能忠敬は、そのころの佐原の経済状況をどのように認識していたのか見ていこう。まず天明四（一七八四）年、忠敬が同役の永澤氏と連名で、領主の旗本津田氏へ宛てた意見書では、次のように述べている。

・佐原の商人は大金持ちのように表を飾り、格別に有徳な者があるように見えるが、実は小金持ちが多い。銚子・小見川・土浦辺りで払い下げになる米の入札に、元手金なくても参加し、落札後に内金を借用して調達する。そしてまた傍らで小間物・太物の仕入れに行くなど、小金持ちで年中相応の商売がかなり出来ている。実は米商人でも土蔵をもっている者は少ない。

・醤油醸造・酒造の販路も地売りが中心。酒造人も奉公人を多く抱え、大金が必要にみえるが、秋の彼岸より三〇日で造酒して売払い、直ちに二番酒に取り掛かり四〇日で売払い、同様に寒酒造りに入るなど、元手金を三度も四度も繰り返して回している。

以上のように佐原の商人は資本金が少ない者が多いと分析し、今後も佐原では小商人でも商売が出来る場としたい、と述べている。

忠敬は、入り込んできた商人たちをどのように評価し、彼らへどのような姿勢で臨んでいたのだろうか。この意見書の前半では次のように述べている。

・佐原村は年貢や村入用（領主に納める年貢に対して、村の運営にかかる諸経費を百姓たちで割り当てて徴収するもの）が不足がちで、百姓経営ばかりでは成り立たない。佐原は利根川付の村で、江戸との通交も進展し、他国からも商人たちが入り込んで商売をし、旧来の土地持ちの百姓は家屋敷を貸して地代や店賃をと

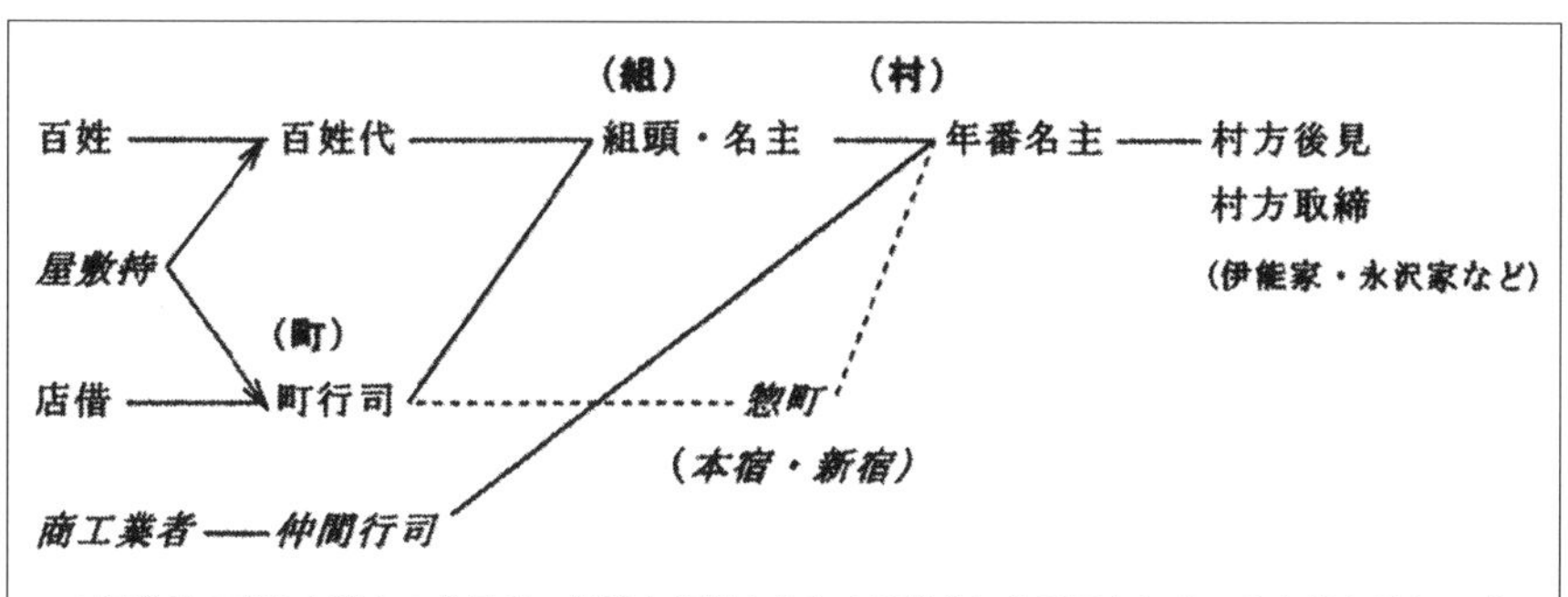

図５ 18世紀後半から形成された佐原の運営系統概念図（酒井同著 p.44 より）

り、小百姓は野菜を作って売りさばき、年貢・村入用も滞りなく納められてきている。

このように、旧来の百姓と入り込み商人が共存する経済の循環を、肯定的に捉えていたのである（図５）。

また「旌門金鏡類録」という家伝書には、寛政六（一七九四）年二月、荒地再開発の調査に出張して来た幕府勘定御奉行柳生主膳正とのやりとりが記録されている。柳生は、佐原は村方であるので、町場が繁盛するほどに諸経費がかかり、百姓たちは貧しくなる。さすれば、商人たちに「町入用」を負担させているのか、と問う。これに対して忠敬は、普段の年は、家別割で少額を負担させており、非常時には軒別割で臨時の徴収金を掛けている、と回答した。柳生は、土地を持たなくても金持ちの商人たちがいるのだから「町役」を負担させるのが筋であろうと述べている。しかし、幕末に至るまで在方町佐原には、城下町や三都（江戸・大坂・京都）のような「町役」や「町入用」は存在しなかった。忠敬をはじめとして、在方町佐原の地域指導者たちは、参入障壁を低くして小商人たちでもどんどん入り込んで来やすくし、町場の繁盛を図ろうとしていたとみてよいだろう。

近代を牽引する文化の形成

在方町佐原が育んだ文人としては、伊能忠敬がもっとも有名である。忠敬は、明治になっても使われる正確な日本全図を作成した。その全国測量は一七年に及び、測量距離は四万キロメートル、その昼夜の測量・観測回数は六万回に達している。隠居後の忠敬の根気と持続する志には驚嘆するばかりである。けれども、その業績は洋学の理論的な面を進展させたわけではない。当時の先端的な西欧天文学理論を理解して、それを地図作成の方法に応用し、正確な日本全図を作成した実用の面が肝であった。このような実学的な視点は、在方町の商人として過ごした経験から生み出されたものと考えられる。

これより先、同様に伊能家一族で一世代上の楫取（伊能）魚彦（図6）は、賀茂真淵の門人となり、忠敬と同様に隠居後江戸に出て和学者となり、最初の古語用例辞典にあたる『古言梯』を刊行した。それは明治期になっても続刊されている。学問的には晩学で本居宣長や村田春海などには及ばないが、真淵亡き後の県居門を受け継ぎ、明治期まで通用する実用的な辞典を作成した業績は高く評価されている。

また、幕末から明治にかけて村方取締役として佐原を主導した清宮秀堅（図7）は、生涯佐原に住んで、家業の傍ら天保期には文化活動を本格化させ、地域課題に応える独自の視点で、下総の一国地誌である『下総国旧事考』を著している。さらに、ペリー来航後に外圧が深まるなかで、日本と中国ばかりでなく西洋の事項も並列して記載した初の年表を『新撰年表』と題して刊行した。この本は、その後も増補され続けて昭和戦前期までロングセラーとなっていった。

このように在方町佐原の文化的な特質は、先端的な学問を実用の地平まで下ろして活用し、広く国民的

図６　楫取魚彦像と『古言梯』
（岩澤和夫『楫取魚彦資料集』たけしま出版より）

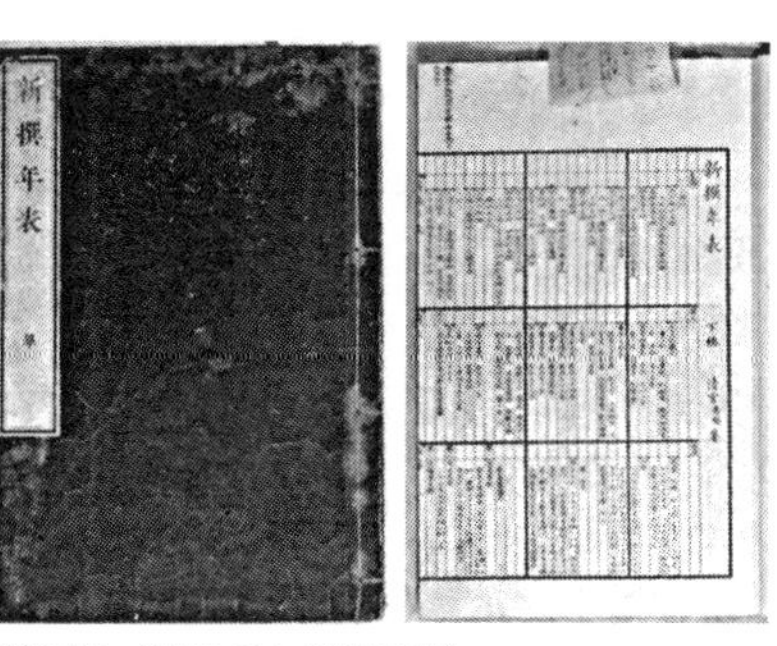

図７　清宮秀堅像と『新撰年表』（清宮利右衛門家蔵）

な文化として普及させていく点にあったといえる。日本の近代文化は、文明開化に代表されるように上から西洋文化を導入する面が主流になっていく。しかし、一八世紀後半期から一九世紀の在方町佐原の商人文化は、在来的に近代国民文化を先取りして創造し、牽引するものであったといえるだろう。

おわりに

以上みてきたように、江戸時代の佐原は支配が定めた「町」でもなければ、典型的な「村」でもなかった。一九世紀には民間の商品経済の拡大によって、村でありながら各地から移住してきた商人や奉公人を抱え込み、大きく都市的な発展をとげ、江戸幕府の支配体制の周縁的な場であった。根生いの百姓、出身の異なる移住してきた住民たちが混在しており、この間には、さまざまな立場や意識をもつ者の間では紛争や騒動も起きていた。そのような状況のなかでも、支配する武士に依存しないで、土地や家屋敷を持たない人々も含めて「町（町内）」という独自の民主的な住民組織をつくり、自治的に地域の秩序維持を図っていたのである。

経済の面では、流通の拠点であったばかりでなく、酒造人や醤油醸造業者を幅広く受け入れて展開しており、一九世紀を通じた先端産業である食品加工業の拠点にもなっていた。文化の面では、江戸ばかりでなく関西や周辺農村の芸能と融合させて独自の祭礼文化を形成した。また、先端の学術を実用化して、多くの人々に享受できるようにした商人学者を輩出し、一九世紀の在来的な近代国民文化形成を担っていた。

このように在方町の佐原は、各所から集まってくる住民の多様性を力に変えて、近代を牽引する先進的な社会・経済・文化を形成していたのである。その意味では、崩れていく幕藩体制の首都江戸を乗りこえて、次の時代を切り開いていく在方町の佐原は、「江戸優り」と呼ぶにふさわしい所だといってよいと思われる。

四章　重要無形民俗文化財指定までの道のり

佐原の祭りは山車を曳く若連や子どもたち、佐原囃子、手踊りの女性たち、山車の曳廻しを統率する当役、古役、祭り全体を差配する祭事区長、それを見守るお年寄りまで、地域コミュニティの全員がそれぞれ役割を分かち合いながら、渾然一体となって繰り広げられる世界である。佐原の市民は毎年、定期的に訪れる時間・空間に身を浸すことで、日々の多忙な生活を忘れ、生きるうえで欠かせない大事なものを想い起こす場をもつ。

佐原の山車祭りは、平成一六（二〇〇四）年に国の重要無形民俗文化財の指定を受ける。また平成二八（二〇一六）年にはユネスコ無形文化遺産に登録されるが、この二つの指定・登録で山車祭りの評価は定着する。しかし、そこまでの道のりにはいくつか難問があった。その一つに、新宿の秋祭りと本宿の夏祭りの間をさえぎる目に見えない壁がある。小森孝一さんはその解決策として、小野川両岸を新宿・本宿の山車が相互乗り入れする協定締結に尽力する。それを機に二つの祭りを分断していた忠敬橋の歩道橋も撤去され、小野川周辺の景観のみならず、本宿・新宿二つの祭りを一体とした「佐原の大祭」に対する市民のまなざしも変わってくる。なお、重要無形民俗文化財の国指定を受けるには山車特曳きイベントを止める必要があった。山車祭りの伝統と商業振興のバランスをどうとるべきか。小森さんと苦労をともにしてきた永野美知子さんとの語らいも紹介する。

今に引き継ぐ祭りの規約と地域コミュニティの結束

明治・大正・昭和から二一世紀の現在まで

お祭りの町内組織

——佐原の山車祭りは、各町内が交代して祭り行事全体の世話方をする年番制度を軸にして運営されています。小森さんは平成二（一九九〇）年から三年間、新宿惣町の秋祭り（諏訪神社大祭）で、東関戸を代表して年番区長をつとめられていますが、まず年番制度についてお願いします。

小森　新宿の年番は正式には幣台（へいだい）年番という言い方をしますが（本宿は山車年番、以下年番と記す）、年番は前後三町といわれるように、現在は三年単位で交代するルールになっています。正年番を間にはさんで、前年番、後年番（受年番ともいう）です。各町内が年番を交代でつとめるようになったのは、明治一〇年までさかのぼりますが（二章一〇〇頁）、戦前までは水害や飢饉などもあって、実際は交代のルールは順守されていませんね。戦後の佐原のお祭りは、新宿は昭和二〇（一九四五）年の終戦の年に山車を出していますが（本宿は翌年から）、当時は戦争が終わった解放感もあってか、お祭りのやり方はかなり乱れていました。

現在のように三年交代の年番制度が定着するのは昭和四三（一九六八）年ですね。その経過については清宮良造・小出晧一さんの『佐原の大祭 山車まつり』にくわしく紹介されていますが、当時の正年番・新上川岸区が八朔参会（後述）に審議会設置を申請して、「年番引継行事に関する決定事項」を可決したとありますそこで山車年番の引き継ぎの段取りとか年番の責任体制などが再確認されています。

私が東関戸の祭事区長になったのが昭和六二（一九八七）年で、正年番を平成二（一九九〇）年から三年間つとめていますから、正年番を間にはさんで前後六年の計九年間、山車年番に関わったことになりますね。

――各町内の祭事区長（以下、区長と記す）の任期もやはり三年なんでしょうか。

小森　区長の任期は、町内によっては三年やるところもあるし、二年のところもあります。私の場合は三年やりましたが、町内によってさまざまなようですね。

――祭りの町内体制はどうなんでしょう。これも各町内で違うんでしょうか。

小森　そこはどの町内も同じですね。区長がトップでその下が評議員（協議員ともいう）です。その下に古役、当役、若連とつづく。どの町内もそういう組織体制ですね。

――評議員はどういう役割なんでしょうか。

小森　評議員というのは、区長がいろんなことを提案したとき、それでいこう、やりましょうと協議する役目です。評議員からOKが出てはじめて、区長が「今年の祭りはこういう形でやっていきたい」と動きだします。評議員の数は町内でさまざまですね。昔はお祭りで貢献のあった人でないとなれなかった。それだけ権威がありましたね。この人を評議員にしたいというのは「砂はたき」でやるんです。お祭りが終わった後に、お祭りでついた砂をはたくという行事をやるんです。反省会ですね。その席で区長から現職の評議員に対して、新たにこういう人を評議員にしたいと提案をして、そこで承認をもらう。しかし、推薦しても確実に承認されるという人でないと推薦できない。多数決でダメだとなればその人はもう二度と出られなくなる。だから事前の根回しが大事になってきます。評議員は原則、自分から辞めたいと申し出がないかぎりそのままですから、任期はないですね。

——古役、当役というのは。

小森　古役は当役を卒業した人がなる。当役はその年の山車祭りの行事全体を直接仕切る人です。当役長を中心にして複数の人がつとめます。当役がいろんな問題で困ったとき、相談相手になるのが古役ですね。

——当役には任期はあるんでしょうか。

小森　町内によってさまざまではないですかね。私のころはだいたい三年くらいで交代してますが、今はもっと長くなっている町内もあるようですね。当役は東関戸の場合でいえば、若連からの推薦で上がってくるんです。若連からこの人を当役にと区長に具申がある。それを受けて区長が評議員に諮ったうえで決めています。町内によっては選挙で選ぶ場合もあるようですね。当役長は当役同士の互選で決めていますね。私が年番区長のときは小出晧一さんが当役長でした。

——実際に山車を曳くのは若連ですね。

小森　そうです。若連です。

——若連の年齢はいくつからなんでしょうか。

小森　中学を卒業すると若連に入ります。役員以外はすべて若連のメンバーですね。若連には若連頭がいて、全体を統括してますが、若連頭は一人というわけでなく、複数いる場合もあります。

お祭り全体を仕切るのが当役で、評議員などは祭りの当日は責任がないから酒を飲んでぶらぶらしている。ただ評議員は山車の警護という役目があります。昔は子どもが多くて曳き綱も長かったものだから、曳き綱と電信柱の間にはさまってけがをしたりしてはまずいというので、評議員が綱の両脇に提灯を持ってついていたんです。最近は子どもの数が少なくなり、綱も短くなってやることがなくなって、お酒を飲んで歩いているくらいしか用がなくなってきましたが。

昭和五（一九三〇）年ころの関戸の山車曳きの賑わい。
引き綱の先頭を持つ子どもたち（提供：はごろも写真館）

――曳き綱の長さは決まっていないんですか。

小森　子どもの数が多かったから、曳き綱も三倍くらい長かったんじゃないですかね。ここに昭和五（一九三〇）年ころの関戸の山車曳きの写真を持ってきましたが、これを見ますと綱を曳いている子どもの数は、三〇〇人をこえているんじゃないですかね。今とは大違いです。昔から町内会の子どもは必ず山車の曳き綱の先頭にいて、賑やかでしたね。また、子ども同士、お祭りのときは一緒になって参加してますから、お互いの性格だとかがわかっちゃうんですね。だから大人になって、コミュニティの中で何か起きたとき、誰が事に当たるか、町内の中で自然と決まってくるんです。それがたまたまいろんな事情でふさわしくない人が上の役に就くときがある。そうするとそのサポート役を誰がやるんだという話になる。無事に祭りを終えるために、しっかりした人を下につける。でないと、他の町内から笑われてしまいますから。

――区長には特別の役割がありますか。

小森　区長は町内の代表ですから、祭り全体に関わる行事に参列したり、祭りの方針を決める役割ですね。先ほども言いましたように、山車行事の直接の責任者は当役と古役です。当役長の下に複数の当役がいますが、当役は山車の通る順路ですとか、曳き廻し中のトラブルですとか、祭りが終わるまでの行事全体に目配りが必要ですから大変なんです。ですから、当役とそれを補佐する古役がしっかりしていないと、評議員から「区長、これはどういうことなんだ」と突き上げられる。昔は「あいつは当役にもなれなかった」といった話がなかったわけではない。でも、だいたいは若連の時代から鍛えられますから、よほどのことがなければ、今は当役になれないということはないですね。たまにそういう人がいますが、不思議なもので奥さんがしっかりしてるもんなんですね。「あそこはおやじはだめだが、母ちゃんがしっかりしてるから、母ちゃんに相談しろ」と。みんなもうわかっている。

祭りには老若男女、全員が参加

小森　佐原の山車祭りは、男連中だけのものだと考えたら大間違いで、女性のみなさんの審判がきびしいんですよ。「今年のお祭りは統制がとれてなくて、だらしがなかった」とか「こんな祭りなら来年はやらないほうがいい」とか、女性軍の目は鋭いんです。特におばあさんたちがうるさい。お祭りは一面では町内対抗戦ですから、おばあさんたちはつねに他の町内と比べて見ている。山車が自分の家の前を通るのを見ながら、どこの町内の山車がきちんとしていて、この町内はだらしなくて酔っ払いが多いとか、きびしく評価しているので、だらしないと旦那は家に帰ってくると怒られる。女性がお祭りを評価する役割なんです。

——山車を曳くのは若連と子どもたち。女性は参加しないんですか。

小森　いや女性も曳きます。若連は山車の一番危険なところを受けもつ。曳き綱を持つのが子どもで、小さい子ほど綱の先端を持つ。そこにお母さんや若い女性も入っています。町の角を曲がったり、「のの字廻し」(五章一二四頁)とか、山車の曳き廻しを盛り上げたりする動きは若連たちが担い、女性たちがその周りでワッショイ、ワッショイとかけ声をかけ、また佐原囃子の曲にあわせて手踊りというんですが、踊りながら勢いをつける。それぞれに応じた役割があります。

また若連の中でもいろんなポジションがある。ベテランになれば全体の警護もありますし、次の世代の人を育てるため、危険なところを若者にやらせたりして経験を積ませる。山車をまっすぐ走らせる、角を曲がるところ、テコの操作をやってみろといって、補佐としてつきながら若者たちを育てていくんです。

——この昭和五年ごろの写真を拝見していますと、若い女性の姿も多く見かけますね。

小森　たぶん芸者衆ですね。佐原には芸者衆がいちばん多いときで九〇～一〇〇人近くいたんです。お祭りになると旦那衆がごひいきの芸者さんを呼んで連れて歩く。当時、佐原には商人宿が多かったんですが、旅館が四〇近くあったんではないですかね。その中で五〇人くらい泊まれる旅館もあった。金田楼とか木内旅館とか、なつかしいですね。

——まだ佐原が繁栄していた戦前昭和の時代のお祭りの風景ですね。この写真からも佐原の祭りが文字通り老若男女こん然一体となって行なわれていることがわかります。ところで現在、結婚するなどして町内を離れたときは、祭りへの参加はどうなるんですか。

小森　昔は別の町内に移ったら、実家の町内の祭りに参加するというのは認めてなかったんです。でも最近は、結構認められていますね。評議員も町内から居を移したら、もう縁が切れるというようなことでしたが、今はそうでもなくなっています。戦後も昭和三〇年代ころまでは厳格にやっていましたが、人数が少なくなってきてますからね。それと、やっぱり自分が生まれ育ってきたところでお祭りに参加したいと誰しも思いますしね。今、うちの孫なんかは、新宿の秋祭りは自分の町内でやってますが、夏の本宿のお祭りのときは、友達に誘われて他の町内の山車を曳いていますよ。今は人数が少ないですから、子ども同士、みんなで誘いあってますね。

――夏祭りと秋祭り二つあるので、両方に参加できる。

小森　昔はそういうのは絶対ありえなかった。しかし、今は人口構成がドーナツ化して、真ん中にいるべき若者が外に出てしまったでしょう。だから大変なんです。各町内、いろんな工夫をしながらやってますね。

――佐原の祭りもやはり時代とともに変わってきてるんですね。

小森　実は各町内には戦前から「町内半纏（ちょうないはんてん）」を着てお祭りに出たんです。それぞれの町内で半纏の柄が違うんですが、そこで町内半纏を着た人が何かトラブルを起こすと、その町内の連帯責任になる。ですから勝手に半纏を貸したりするなと言われたものなんです。しかし今は、たまに酒に酔ってそのことを忘れて、不届き者が出たりする。やはり時代が変わればいろんな問題も出てきますね。

――半纏の柄で思い出しましたが、お祭りでつかう襷（たすき）も役職によって違えていますね。あれは祭り全体で統一しているんでしょうか。

小森　お祭りの規約で決めていますね。区長は白、古役は緑、当役は赤、その他役員は黄色か青ですね。どの時期からそうなったのか記録を調べますと、どうも大正一三（一九二四）年の「惣町幣台当古役会議」あたりのようですね。その時の記録に「昼間、当役は赤、古役は青色の徽章を附すること」、また「夜間、当役提燈は従前通りとし、古役は赤一本黒一本の二筋を記入のこと」とあります。色自体はその後変わっていますが、お祭りの規

上：揃いの「町内半纏」で踊る
下：山車に集う古役・当役・役員衆の襷

約として襷の色を決めたのはこの時期からではないですかね。

祭りの意思決定、山車曳き廻しの規約など

――山車祭り全体を仕切る「規約」の話が出ましたが、お祭り全体の手続きとか約束事みたいなものがあったら教えてください。

小森　まず各町内の段取りからいいますと、私の町内では若連が「今年もお祭りをやらせてください」と区長に申し込む。それを受けて区長が評議員を集めて、やるかどうか諮ります。賛成が多ければ山車の曳き廻しをやることが決まり、当役長に向かって予算を組むよう指示します。これが町内の流れです。その後、今度は新宿惣町全体で山車祭りをやるかやらないか、決めなければなりません。それを決めるのが八朔参会です。

八朔参会（はっさくさんかい）というのは、これは諏訪神社の氏子総会のようなもので、かつては八月一日にやってましたが、今は諏訪神社の祭礼の日が後ろにずれましたから、九月一日に開いています。八朔参会で了承されると、今度は山車持ちの惣町幣台当役会議というのが開かれます。外の人からみますと、この八朔参会と惣町幣台当役会議の関係がもう一つわかりにくいかもしれませんが、実は新宿惣町で幣台つまり山車を持っているのは一四町内だけなんです。一方、諏訪神社の氏子は三十数町あるんです。

新宿惣町の祭りの基本は諏訪神社の祭礼なわけですから、まず氏子代表が諏訪神社の脇に集まって、祭礼の段取りやお神輿の巡幸のことなどを決めます。そのときに幣台つまり山車持ちの町内は今年は山車を出します、出しませんという意思表示をします。それで山車持ちの町内が一〇町以上であれば、本祭としてやっても

いいじゃないかと八朔参会で決めるわけです。諏訪神社の側からすれば、山車を繰り出す、繰り出さないに関わりなく、祭礼は毎年やるわけですから、山車持ちの町内は附祭りをやっていいかどうか、八朔参会で了承をもらわなければならない。そのうえで惣町幣台当役会議の手続きに入っていくという手順になりますね。

――山車を持っている町内と諏訪神社の氏子の町内とは微妙にずれているんですね。

小森 八朔参会は、あくまで諏訪神社の神事と神輿巡幸を決める会議ですが、この場で附祭りである山車祭りをやるかどうか、山車持ち町内の投票で決めるわけです。各町内はそれまでに自分の町内はやる、やらないはすでに決めていますから、それをもって投票する。山車曳きをやりたい町内が多ければやる、少なければやらない。つまり、今年は豊年豊作につき、山車の曳き廻しに何のさしさわりもないようなので、山車祭りを行ないますと。山車が一〇台以上出れば本祭となりますので、「よろしくお願いします」というわけです。そうすると、氏子代表の八朔参会から「結構ですよ、どうぞおやりください」となる。この手続きがあってはじめて本祭となる。すごく合理的、民主的に事が運ばれていく。本祭が決まれば、山車持ち町内だけで惣町幣台当役会議を開いて、山車年番、巡行に関する約束事、ルールを決めるわけです。こうした祭り全体の約束事という か規約を明文化したものが、大正一三（一九二四）年の「幣台引廻しに就いての心得」ですね（二章〈資料〉）。

――その「心得」の再確認が先の昭和四三（一九六八）年の審議会につながるんですね。

小森 そういうことですね。明治一〇（一八七七）年に年番制度が変更になり、それを受けて大正一三年の山車曳き廻し規約として、祭り全体の手続き、ルールが明文化されています。その規約を読みますと、祭りの手続きやルールを決めた「心得」の他に、山車巡行の道順に関する各町内の申し合わせ事項とかが明記されています。山車がまちなかで曳き廻しになれば、警察から道路使用許可をとらなくちゃいけませんね。それに祭りの時間も制限されますから、そうした交渉事は全部、その年々の年番町内が責任をもって引き受けるんです。ですから、年番区長は他の町内をふくめ、お祭りに参加する全町内が楽しくやれるよういろんな下ごしらえ、環境整備をする。年番区長の役割は、ただ威張っているだけではなく、そうした根回し、環境整備の方が大事な仕事になります。こういう約束事を現在まで引き継いでいるのが佐原の山車祭りなんです。

——山車年番は外交的な交渉とか、そういうことも担うんですね。

新宿：八朔参会。諏訪神社神幸祭の神事と御輿巡路をきめる

新宿：惣町幣台当役会議

本宿：祇園祭・惣町参会。神輿年番に続き、山車年番の計画を決める

（提供：香取市教育委員会）

小森　そうです。それから山車同士でトラブルが起こって、なかなか解決しない場合、年番町内が間に入って仲裁するようなこともやるんです。こうした山車巡行の実際の責任者は当役長が担っています。また規約、ルールは惣町全体で守る必要がありますので、お祭りに参加する全町内が毎年集まって、「今年はこういうやり方でお祭りをします」「曳き廻しはこうやります」と打ち合わせ会を開いて承認し合う。それが先ほどの「惣町当役会議」ですね。この当役会議を経ることで山車をどういう順番で曳くかも決まってきます。これを番組を組むといいますが、その年の正年番が先頭、二番が後年番（受年番）、最後尾が前年番になります。

――そうした手続き自体も大正一三（一九二四）年の「心得」で決まったんでしょうか。

小森　定着したのが大正一三年の「心得」なんでしょうね。それ以前にも、明治一〇年以降にもっと簡便なかたちで、何回か規約改正の手続きは実施していると思います。特に、道路をはじめ、まちの様子は時代によって変わりますから、そこは柔軟にやっていたんではないですかね。

――つねに町内同士の合意形成を大事にしながら山車行事全体をすすめていく佐原の伝統が、この「心得」からも見えてきますね。

小森　附祭りとしての自治のルールですね。ただ道路規約のほうは警察との関係もありますし、柔軟に変わっています。それからこの「心得」の最後に、備考として「山車は年々盛大に行なうこと。但し質素を旨とし、各地方人を当市に吸集する様各町において努力せられたし」と書いてある（二章〈資料〉）。つまり商業振興のために、周辺の地域からお客を集めることを意識している。そのことをあらためて強調しておきたいですね。

本宿・祇園祭は神輿神事が中心

――ところで、これまでは新宿惣町の諏訪神社の祭礼（秋祭り）の話でしたが、では、本宿の八坂神社の祇園祭（夏祭り）では、新宿の「心得」みたいなものはあったんですか。

小森　本宿の祇園祭はあくまで八坂神社のお神輿が中心ですね。実は、国の重要無形民俗文化財の指定をとるために、本宿にもいろんな記録が残っているんではないかと本宿の人たちに聞いたんですが、各町内の申し合わせの会合はやっていたようですが、確認できる文書はなかったんです。山車の曳き廻しの規約も、道路の申し合わせの文書もなかった。これは小出さんから教わったことなんですが、本宿の本上川岸(ほんうわがし)の町内行事の記録帳を読むと、どうも山車年番に当たる町内が、口頭で巡行の順番を決めてやっていたようですね。

――本宿の祇園祭にも新宿にある八朔参会や惣町幣台当役会議にあたるものとして「氏子会惣町参会」や「惣町当役会議」などがありますね。

小森　そう、ありますね。本宿は、新宿とちがって氏子町内の代表が集まり神輿の年番を毎年決めている。他方で山車の年番は、新宿と同じく三年ごとの交代となっていて、前後三町の話し合いで決めていますね。ただ山車を持つ町内は十町ですので、山車行事は氏子会員の山車持ち町内に対する委任という形が強いんではないでしょうかね。それから祇園祭の神輿年番と山車の年番はズレがでてきますので、どうしても新宿の祭りと本宿の祭りを一緒にやるのはなかなか難しいんです。

――でも、微妙に性格の違う祭りを二つもっていることが、特に外部の者からすれば佐原の祭りの魅力でもありますよね。その魅力をどう引き出すのか、そこに小森さんの苦労があったんだろうと思います。そのことに関しては後ほどお聞きすることにして、その前に、山車に載せてある飾り物についてお聞かせください。

山車の飾り物について

小森　山車の上に載っている飾り物は、もともと疫神鎮送の依り代として立てたものと言われています。佐原の山車もはじめは今みたいに立派なものではないわけで、最初は四角い台車のようなものに車輪をくっつけ、その上に何か載せて曳き廻していたようですね。今みたいにお囃子（下座連）も乗っていない。ですから山車曳き廻しのはじまりを記録した伊能権之丞家の古文書にも山車という表記ではなく「屋台」ですよね。

佐原は酒造りが盛んでしたから、松尾神社という酒造りの神様を祀った神社が諏訪神社の境内にあるんです。酒造りというのはちょっと雑菌が入るともう全部だめになるということがありますね。それと信仰心もあったんでしょうから、新酒ができると神社に酒を奉納するんですが、そのときにお囃子に合わせて、みんなで松尾神社まで引っ張っていったのが屋台のはじまりではないかという話もあります。

――あの山車（屋台）の上に載っている大人形はどういうかたちで決めるんでしょうか。

小森　それぞれ町内で勝手に決めていますね。実は飾り物の由来は新宿では残ってない

本宿・八日市場「鯉」山車。町内総出の手作りで、麦わら細工の大鯉を作る

本宿・仁井宿「鷹」山車。町内総出の手作りの伝統が守られて、稲わらで大鷹を作り上げる

んです。ただ本宿の飾り物については伊能家の文書に残っていて、たとえば象をつくったこともあったようですよ。竹で編んで綿をつめてきれいな象をつくった。また八日市場の麦わら細工の大鯉、さらに仁井宿の稲わら細工の大鷹など、いずれも地元の手作りですが、今もその伝統は守られています。町内みんなで鱗一つずつ、鷹の羽一枚ずつといった具合に力をあわせてつくってますね。

——なるほど。飾り物をつくること自体がコミュニティの結束を強める仕掛けだったんですね。

小森　そう、シンボルですよね。新宿、本宿で大人形が出そろうのは大正一〇（一九二一）年前後なんです。しかし、何といっても佐原のお祭りで大人形が主流になるのは関戸の猿田彦がきっかけです。

関戸郷では、諏訪神社が伊能権之丞家の手で造営された享保一八（一七三三）年に、猿田彦の天狗の飾り物がつくられ、これが当時大当たりしました。元文四（一七三九）年に新しくつくり直した大きな猿田彦の天狗は昭和九年、関戸郷の山車を東関戸と西関戸に分割するまで飾られていました。天狗の面は木でできていて、天狗の面の上には神社のお札を家々から集めて張り、朱を塗って仕上げられています。このお面は山車会館に展示されていますが、首回りの太さだけで一メートルもあるんです。このお面以外の本体は竹でできていて、すべて町内の手作りですね。天狗人形の高さは七メートル、山車全体は一二～一三メートルもありましたから、猿田彦の大人形は利根川対岸の潮来からも見えたそうです（二章九三頁写真）。

――大人形によって町衆の心意気を示そうとしたんでしょうかね。

小森　みんなを驚かせてやろうという思いはあったんでしょうが、もう一つ、諏訪神社の祭礼で関戸の山車は触頭として先頭に立つわけですから、猿田彦の天狗を先頭にして、その後に各町内の山車と神輿を従えたいという意図も込められていたんでしょうね。

江戸時代の末期になりますと、飾り物はそれまでの手づくりから江戸の職人でつくられるようになります。そのころ江戸では山車人形が流行していて、名匠といわれる職人が輩出してきます。おそらく財力のある佐原の旦那衆が、江戸の人形を超える大人形を作ってほしいと江戸職人に頼んだんですね。そこからしだいに、大人形が佐原の山車人形の主流になっていく。関戸の大天狗も刺激になっていたんでしょうね。

――大人形の人物もずいぶんバラエティに富んでますね。

小森　『日本書紀』や『古事記』からとった神様や天皇、伝説や物語の英雄、武将などさまざまですね。現在の大人形は高さが四～五メートル、人形を載せた全体の高さは九メートルほどもあります。各町内が人形の高さを競うわけですよ。おれのところが佐原で一番高いと自慢してたら、いや、下新町のほうが高いという。何が高いかといったら、浦島太郎が釣り竿を持っているから、釣り竿の先が高いぞと、こういうことです（笑）。

――競い合いですね。

小森　そう、競い合いなんです。お互い競い合うことで、コミュニティの結束を強めていたんです。

山車祭り全体が江戸優り

――川越の祭りも江戸の祭りの影響を色濃く受けていますが、川越と佐原ではずいぶん違いがありますね。

小森　川越は江戸の山車をそのまま取り入れています。ですからお囃子も江戸とそっくり同じですよね。馬鹿囃子にあわせてチャンチキ、チャンチキと鉦（かね）や笛を鳴らしてひょっとこやおかめ、獅子舞など踊りまくる。一方佐原のお囃子は、もちろん江戸の葛西囃子や神田囃子に近い曲もありますが、それだけではなくて、風雅な調べをもった「段物」をはじめ、川越の祭りとは明らかに違いますね。大人形だけでなく、佐原囃子も「江戸優り」なんです。

佐原囃子は、京都の祇園囃子、東京の神田囃子と並んで日本三大囃子に数えられていますが、佐原囃子を三大囃子といわれるまでに高めたのには、菅井家つまり与倉屋（よくらや）さんの功績が大きいですね。与倉屋さんには日本一といわれる大土蔵があって、今はコンサートや展示会、シンポジュウムの会場などに使われていて、佐原の貴重な文化施設になっています。

――菅井家と佐原囃子の関係については、あらためてお聞きしたいと思っていますが、江戸優りには佐原囃子の他に、山車に彫られた彫刻も入るんでしょうね。

小森　もちろんです。佐原の山車彫刻は江戸末期から盛んになっていますが、これも江戸の一流の彫り師に頼んでつくってています。佐原の祭りは、確かに山車の大人形、彫刻、佐原囃子など、江戸の文化の影響を受

江戸・明治の名工たち・山車彫刻と大人形

上中宿区　鎮西八郎為朝の山車

下新町区　石川三之助作。文久2(1862)年、歌川国芳が描いた水滸伝の英雄達の錦絵を題材とした彫刻

八日市場区 小松重太郎光重・光春作。明治21(1888)年、山車全体に太閤記を題材とした、豊臣秀吉や竹中半兵衛、加藤清正等が彫られている

荒久区　後藤茂右衛門正忠作。安政年間、獅子群雄の図柄

日本武尊・鼠屋伝吉・明治 8 年

浦嶋太郎・鼠屋伝吉・明治初年

牛天神・不詳・江戸

神武・三代原舟月・明治 20 年

源 頼義・古川長延・明治 32 年

鎮西八郎為朝・鼠屋 福田万吉・明治 15 年

天鈿女命・鼠屋五兵衛・文化元年

金時山姥・鼠屋 福田万吉・明治 12 年

伊弉那岐尊・面六・明治 43 年

けていますが、同時にそれを超える独自の文化をつくろうとしてきたことも確かなんです。その背景にはやはり佐原の商人の力が大きかったと思いますよ。

「見せる祭り」の再現をめざして

――ここでもう一度、話を現代に戻しますが、佐原の祭りを外部からみていて気になることの一つに、お祭りの経費があります。小森さんが年番区長をなさっていたとき、祭りの経費はどうやって賄われていたんですか。

小森　私が年番区長をつとめていたころ、お祭りをやるのに毎年ほぼ一千万円ほどかかりました。お祭りの運営に関わる交渉事を含めたいろんな経費としてね。市役所からは補助金はほぼゼロですから、お金が集まらないと自分で出さなくちゃいけない。そうすると女房に怒られる（笑い）。そこで何とか帳尻を合わせる他ないと思って、いろんな苦労をたくさんしました。私のときは何とかヤリクリしましたが、お金の苦労は私の代で終わるわけではなくて、次に引き継ぐ年番の町内も同じなわけですから、その苦労を年番区長に押し付けるんではなくて、惣町全体で少しずつ負担しようという話になった。それはいいんですが、その仕組みを私に考えろと言われたんですよ。

――そこから「見せる祭り」の発想も出てきたんでしょうか。

小森　そういう思いは確かにありましたね。それともう一つは、外から観光客を呼ぼうというときに、やっぱりお祭り自体を有名にしないとお客は来ない。私が年番区長だったころの佐原の山車祭りというのは、もうほとんど知っている人がいなくなっていましたから、有名にするにはテレビでとりあげるとか、旅行会社で観光客を募集するとか、ＰＲが大事になります。ＮＨＫの千葉支局に働きかけて全国放送してもらいました。その他にＪＲの電車の中吊り広告もやりましたが、実はこれが効いたんですよ。ＪＲがお祭りの開催日にあわせて特別列車を出してくれたんですが、そういう交渉も山車祭り実行委員会（一章二八頁）がやるんです。中吊り広告の効果はバッグンで特別列車が満員になりましたからね。

――それから山車の特曳き（特別山車曳き廻し）のイベントもありますね。

小森　そう、特曳きね。

――特曳きのイベントは秋祭りの正式な山車行事に組み入れたんですか。

小森　いや、祭りの定例行事とは別なんです。特曳きの実行委員会を別につくってやりました。山車を一堂に揃えて観客を集めるとなると、会場の設営とか事務処理などの仕事が出てきますが、そうした雑事を山車を出してくれる町内のみなさんに負担してもらうわけにはいかない。そこで町内には山車の曳き廻しだけ協力してもらって、それ以外のことは実行委員会をつくって私が責任をもつという約束ではじめたんです。おかげ様で、このイベントが大成功で、それがきっかけになって市民の皆さんの祭りに対する意識が変わってきたことは確かですね。

――小森さんの中では成功するという自信があったんですか。

小森　自信半分、不安半分でしたね。平成三（一九九一）年からはじめてますが、その日は雨上がりの夜で、工事用の電灯だけの暗がりの中で、山車が集まってくれるのかどうか本音のところでは不安でしたね。でも、山車が八台来てくれて、観客も会場いっぱいになって、大好評でした。これがきっかけになって、翌年は新宿の山車一四台が勢ぞろいして、見せる祭りの形ができてきました。

——市民のみなさんもこうした新しい試みを受け入れてくれたんですね。

小森　いや、最初は「見せる祭り」という考え自体に反対する声はずいぶんありましたね。

　おもしろいデータがあるんですが、お祭りが外にも知られるようになって、通産省（当時）の「伝統芸能活用センター」という財団法人の職員が訪ねてきたんです。その職員に「佐原の人たちはお祭りが大好きだから、みなさん協力してくれる」と言ったら、「私どもも協力します。次の年アン

平成 4（1992）年の「特曳き」イベント。新宿惣町の 14 台の山車が勢ぞろい（提供：カメラの太陽堂）

ケートをとります」ということになったんです。その結果がどうだったかというと、商店の人が「こんな祭りは止めてほしい。カネばっかりかかって大して儲からない」という意見が六割あったんです。それで「小森さん、嘘つきましたね」と言うんです。しかし私は、逆に「四割もよかったという人がいたんですか」というように返したのを憶えていますが、平成一一（一九九九）年には、この伝統芸能活用センターから「伝統芸能大賞」を受けました。特曳きのイベントは一〇年続けましたが、まあ、そんな経過を経て、少しずつ佐原のお祭りをまちおこしにつなげる取り組みが浸透していったように思います。

二つの山車行事を一体化する工夫

――先ほど新宿の祭りと本宿の祭りを一緒にするのは難しいという話がありました。しかし、秋祭りに人が集まるようになればなるほど、本宿の夏祭りとの格差が出てくる心配はなかったんでしょうか。

小森　いや、実はそこが新しい課題になってきたんです。私ら子どもの時分から本宿は本宿のお祭り、新宿は新宿のお祭りということで、私自身、本宿の祭りは見たことがなかったくらいなんです。しかし新宿と本宿の間で落差がはっきり出てくると、さすがにこれはまずいということになり、何とかしなくちゃと考えるようになりました。また本宿の人たちからも相談を受けましたので、そこで思いついたのが小野川の両岸を使って、双方の山車がぐるぐる回るようにするアイディアだったんです。

さっそく本宿の神輿年番の人に相談したら、「おっ、それがいい。小森さん、何とかなるかな」と言うから、「新宿側はなんとかなるが、本宿側はどうだ」と聞くと、「何とかします」と言う。それで本宿は衆議一決してもらった。そこで新宿の諏訪神社の宮司さんのところに行ったんですが、宮司さん曰く「新宿の諏訪様の神域に、本宿の八坂神社の山車が入ってくるとは怪しからん、納得できない」と蹴飛ばされてしまったんです。新宿の私たちからすれば、「何も山車が来るくらいどうってことない」という感じだったんですが、諏訪神社の宮司さんからすればそうはいかない。

そのころよく小出さんの家に遊びに行ってましたが、小出さんのところに、佐原のお祭りの絵葉書がたくさんあったんです。それを見ていたら、諏訪神社の神輿の巡幸で「お浜降り」の神事（お清めの儀式）を忠敬橋の上でやっている絵葉書が見つかったんです。橋の真ん中にお神輿を置いてお浜降りの行事をやっているということは、小野川を真ん中にして新宿のお神輿が本宿側に足をかけていることになる。そこで「しめた」ということで、その絵葉書をもって諏訪神社の宮司にかけあったんです。

私が「この絵葉書にある神輿は諏訪神社のお神輿ですよね」と言うと、「そうだ」と答えました。そこで「小野川の上でお浜降りの儀式をやるということは、本宿と新宿の両方に足をかけていますよね。この時、足を踏み入れたといって、苦情を受けたことがありますか？　ないんであれば、小野川の両岸は『お祭り区域』とみても筋が通るんじゃないですか」と言ったら、宮司は「うーん」と唸ったまま黙ってしまったんです。そこで氏子総代の会長、相談役のところに行って「宮司さんも了解してますから」と言うと、「それなら賛成する」ということになった。それで諏訪・八坂両神社のOKをとって協定の文書（議定書）をつくって双方の宮司と氏子会長に判を押してもらって、小野川の両岸を本宿・新宿の山車が相互乗り入れして曳けるようになったんです。それをやったら本宿の祭りも雰囲気がガラッと変わりましたね。おかげで本宿の夏祭りにもお客さんが大勢来るようになりました。

ところが、また新たな問題が持ち上がってきたんです。問題というのは忠敬橋に架かっていた歩道橋で、大人形を載せた山車全体の高さは九メートルにもなりますから、どうしても歩道橋が邪魔になるんです。

議定書

山車巡行区域について

本宿鎮守八坂神社、新宿鎮守諏訪神社は小野川を境として享保の昔より鎮守ご祭礼日に御神輿巡幸と神賑行事として山車の巡行を挙行してまいりました。

今般、関係諸官庁、関係各社、及び各氏子各位の御協力と熱意により、歴史的町並み保存と昔年の大人形を飾る山車祭りの復興への取り組みが時を同じくして進み、小野川両岸の町並み環境が大きく変りつつ有ります。

この時にあたり、伝統の大人形による山車祭りと佐原囃子をして、観光佐原市の振興、地域活性化の一助とすべく、上は忠敬橋、下は開運橋までの小野川両岸をそれぞれの祭礼時に於いて山車の神賑行事区域として使用できることを、新本両宿にて協議し、記名捺印して新本両宿に於いて保管する。

詳細については新本両宿の山車年番に於いて協議する。

平成八年九月一日

八坂神社宮司　石田泰紀

諏訪神社宮司　伊能栄一

八坂神社氏子会会長　根川忠史

諏訪神社氏子会会長　小川欽一郎

平成８（1996）年、小野川両岸を本宿・新宿の山車が周回できるよう、議定書を結ぶ

八坂神社祇園祭、忠敬橋での「お浜降り」。元は神輿を川中に担ぎ入れ、お清め神事を行なっていたが、現在は橋の中央に正方形の低い砂檀を築き、神輿を安置。宮司・神官が祝詞をあげ、氏子代表が拝礼。佐香江橋とほぼ隔年で行なう

諏訪神社祭礼。忠敬橋で行なわれる諏訪神社の「お浜降り」神事

――私は忠敬橋に歩道橋が架かっているころの佐原を知らないんですが、地元の人に聞くと、撤去によって小野川周辺の景観が一気に変わったとおっしゃっていたのを聞いたことがあります（一章三四頁写真）。

小森　あのときはＰＴＡの皆さんとか教育委員会との話し合いなど、ずいぶん苦労しました。でも昭和から平成の時代に変わったころ（一九九〇年代）は、歩道橋の撤去問題だけでなく、利根川の河川敷を駐車場にする話、小野川のドブさらいからシャトル舟の就航など、次からつぎに課題が出てきて、まったく筋書きのないドラマの連続でしたね。本宿と新宿との間で議定書を結んだのが平成八（一九九六）年ですが、実はこの年からシャトル舟の定期就航をめざして小野川の川さらいを再開していますし、小野川周辺の歴史的町並み保存地区の指定を受けたのもこの年ですね。その翌年が忠敬橋の歩道橋撤去となりますから、こういうふうにみていきますと、実は全部つながっているんですよね。

重要無形民俗文化財の指定までを振り返る

――そうした動きの成果といっていいと思いますが、平成一六（二〇〇四）年に佐原の山車行事が国の重要無形民俗文化財の指定を受けますね。

小森　国指定の重要無形民俗文化財の対象は、諏訪神社の大祭（秋祭り）だけでなく、八坂神社祇園祭（夏祭り）を含めたもので、この二つのお祭りを一緒にした山車行事全体が指定の対象になっています。行政も平成一二（二〇〇〇）年に、本宿・新宿のお祭りの歴史を本格的にまとめた報告書（『佐原山車祭調査報告書』）を出します。またこの年は、佐原市制五〇周年でしたので、それを記念して、本宿・新宿の山車を横一列に並べた催

香取市合併10周年記念「特曳き」平成28（2016）年4月24日、
小野川両岸に本宿・新宿の山車が並ぶ

しを行なっています。こうした機運を盛り上げるためにも、新宿・本宿の山車が相互乗り入れして、小野川の両岸をぐるぐる回れるようにしたことは、一つのきっかけになったんではないですかね。そうすることで、夏祭りと秋祭りが合わさって、文字通り「佐原の大祭」なんだということを内外に示せるようになったわけですから。

――今は二つの祭りが合わさって「佐原の大祭」となっていますが、そこに至るまでには、お話にあったような苦労がいっぱい詰まっていることがよくわかりました。そうした積み重ねがあって、平成二八（二〇一六）年にユネスコ無形文化遺産にも登録され、佐原の山車祭りの評価は定まってくるんですね。

小森　ユネスコ無形文化遺産の登録は、国の重要無形民俗文化財の指定を受けていることが条件でしたからね。国の無形民俗文化財のときは、指定を受けるなんて誰も考えてなくて、私がとるんだ、とるんだと騒いでも、最初は誰も相手にしてくれなかったんです。それからユネスコ無形文化遺産の登録ですが、実は登録の枠数は決まっていて、すでにいくつかの地域は登録されていたんです。しかし、一個一個増やしていっても仕方がないので、登録済みの地域にいったん取り下げてもらって一本にまとめて、全国の山、鉾、屋台三三をひとまとめにして登録を申請することにしたんですが、そのことに熱心だったのは秩父でしたね。そのとき、秩父の人たちはやはりお祭りのことをよく知っていると感心しました。

——今の話から、二つの無形文化財（遺産）の指定・登録までの道のりがわかってきました。でも一九九〇年代の佐原は、繰り返しになりますが、いろんな動きが連鎖的に起きていて、その流れが合流して佐原の三悪を宝へと変え、また無形文化財（遺産）の指定・登録まで漕ぎつけるところまでくる。小森さんはそのプロセスを、あらためてどんな思いでみてらっしゃいますか。

小森　気がつけば、何とかここまでは来たかなということですかね。しかしまあ、その渦中にいた当事者からすれば、行き当たりばったりの連続だったというのが実感ですね。しかし、いろんな取り組みも3・11の大震災で試練をうけることになります。一つ課題をクリアしたかと思うと、また新たな問題が出てくる。「まちおこし」というのは本来そういうもんなんでしょうかね。ですから課題はこれからも繰り返し起きてくるんだと思います。でも考えてみれば、佐原は江戸時代からこの方、利根川の氾濫をはじめ大災害の危機に幾度となく見舞われてきているわけで、その都度、その危機をプラスに転化しながら、何とか今日まで持ちこたえてきたのも佐原の歴史なんですよね。

——その象徴が歴代の伊能家・忠敬翁の存在であり、また町衆の祭りや自治への想いだということでしょうか。

小森　そうだと思います。そこがやはり佐原のまちおこしの変わらない原点でしょうね。

語らい

「見せる祭り」が佐原のまちを変える

永野　美知子さん（NPO法人まちおこし佐原の大祭振興協会事務局長）とともに

――永野美知子さんは、平成二五（二〇一三）年からNPO法人「まちおこし佐原の大祭振興協会」の事務局長をなさっています。このまちおこし振興協会の設立は平成一三（二〇〇一）年ですが、千葉県のNPO認証の第一号だそうですね。また小森さんから、「見せる祭り」をつくりあげるために永野さんにずいぶんお世話になったということも聞いています。そうした経緯から、山車祭りを起点とした佐原のまちおこしと、このNPO法人の存在は深い関わりがあると思いますので、ぜひ、そのあたりをお聞かせください。

永野　お手柔らかにお願いします（笑）。

出会いは山車特曳きでの飲食担当

――まず、永野さんが小森さんと出会われたのはいつごろなのか、そのあたりからお願いします。

永野　小森さんが秋の諏訪神社祭礼の年番区長になられた年の祭礼最終日に、山車の特曳きイベントを企画されたのはお聞きかと思いますが、お会いしたのはその翌年の特曳きのころでしょうか。私の家は電気工事屋で、特曳きの会場の照明設備などで小森さんから相談を受けたのがきっかけではなかったかと思います。

小森　「永野さん、悪いけど何とかやってくれませんかね。お金は何とかしますから」とか言いながらずいぶんお世話になりました。会場にテントを張れば電気をつけなくちゃいけない。そうすると、「電気代、安くしてくださいい」とかね(笑)。照明設備の方はご主人で、奥さんの永野美知子さんには飲食関係を取り仕切る役をお願いしたんです。不思議なもので、永野さんが仕切ると売れる量が他の人が予想したより四〜五倍に増えるんですよ。

永野　そんなことはありませんが、最初は見よう見まねで、問屋さんに折衝したりとか、そういうところからはじめたような気がします。それと、いろんな知り合いの人から、「あそこの農家は大根がいっぱいあるよ」と教えてもらって買い出しに行ったりしました(笑)。

小森　特曳きのイベントはお祭りの行事とは別ですので、特曳きの実行委員会をつくってやったんですが、山車曳きは各町内にお願いして、会場設営から運営一切は、私が責任もってやるということでスタートしましたから、どうしてもまちの人には頼めない。それに会場で物を売れば、まちのお店とはライバル関係になってしまうので、永野さんにお願いしました。

永野　お店の人たちは自分のうちが忙しいですから、人手は出せないですよね。でも特曳きの会場は駅の北口ですから、線路を越えて、お客さんはみんな北口の広場に集まってくる。そうすると南口の商店街のほうが閑散となってしまって、せっかくお客を呼び込むイベントなのに、お客さんが誰もこないということに気がつくんですね、こんなに仕入れちゃったのに、このおでん、どうしてくれるの？　という感じではじまったんです。

小森　それは散々言われましたね。お祭りで利益を得ているのはＪＲの線路の北側の人たちだけだと。何で南口のお客さんを北口へもっていかれて、こっちは何にも売れねえじゃねえかと。

永野　会場を駅北口のコミュニティセンター駐車場にしたのは集客力を高めるためだったんですよね。特曳きをはじめたころは、地元で商売している人に全面的に頼るわけにいかないので、小森さんの会社の社員の方が手伝いに来てくれました。もちろん地元の人もボランティアで参加してましたけど。

小森「おめえがあんなことをやるから、俺のほうは売れなくなったじゃないか」とか、そういう苦情がガーッと来たんですよね。だけど、こちらも黙っているわけにいかないから、「終わったら、負けないようなおいしいものをどんどんつくって売ったら、みんな、こっちに来て食べるんじゃないですか」とか減らず口をたたきながらやってましたね。ところが、二年目になって観客が会場にあふれるようになってきて、会場で売ってるだけでは捌（さば）ききれなくなった。それでその翌年ですかね、「小森、またやるのか」と言うから、「やります。売れるから、皆さん用意していてくださいよ」と言ったら、みんな本当にしないんだよね。売れないと思っているから、あんまり仕入れていないんですよ。

永野　ところがアッという間に売切れたんですよね。「どこへ行ったって食うものがない」とか言われて、それを聞いたとき、「何を言ってるんだろう、この人たち」と思ったんです（笑）。

小森　食べるものが何もなくなった。驚いたのは、自動販売機のジュース、水、何にもなくなっちゃった。

永野　その話は特曳きのイベントのときですが、本祭りでもお客さんの数が増えはじめてきても、まちのお店のほうは今までと同じ仕入れだったので、それに対応しきれなくて、食堂でメニューにあるものがなくなっちゃうという現象が起きてきたんです。

——最初は、外から祭りを観にくる人が増えるというのを、地元の人はあまり信じていなかったんですね。

永野　それもあったと思いますが、商売をしている人たちもお祭りに参加しているわけですから、販売体制が十分でなかった。そういう事情もあったんだと思います。

——なるほど。見せる祭りをめざした当初のころは、まだ外から来るお客さんに対応する体制がとれてなかった。

永野　そうですね。どこの家でも、みんな誰かがお祭りに参加しているわけですからね。お父さんが出たり、息子さんが出たり。ですから、特曳きイベントをはじめたときは観光客の人に「俺らを餓死させるのか」とか、「佐原って、本当にサハラ砂漠だね」と皮肉を言われながら、でも、うれしい悲鳴でしたね。

お祭りの伝統と商業振興のバランス

小森　本当、うれしい悲鳴だった。でも、三年続けてやったら、四年目に佐原高校出身で、東海大学の教授で川尻信夫先生という人がいて、その人に「おい小森君、この前わたしと話をしたときに、祭りの最終目的は、国の重要無形民俗文化財の指定を受けるんだと言っていたよね。でも、これはイベントだから、こういうやり方をしていると、指定は受けられないよ」と言われたんです。「お祭り行事というのは、まちの中でやるのが本当だ。こんなんじゃ重要無形民俗文化財はとれなくなるよ。どうするんだ、おまえ」と。こう言われたから、「そうですね、どこかでパッと止めればいいんじゃないですか」と言ったら、「この調子じゃあ止められないだろう」と言うから、「いやいや、何とかやりますよ」と。そうしたら川尻先生、毎年見に来るんだよね。「おまえ、まだやってるのか」と（笑）。

永野　まだやってるのか……（笑）。

小森　実は国の重要無形民俗文化財を取得するため、ずいぶん前から千葉県にお願いして、文化庁につないでくださいという話をしてたはずですが、なかなか進まなかった。でも、結果的にはそれで助かったんです。特曳きイベントは一〇年を区切りにしてスパッと止めたんですが、その時期と佐原市教育委員会（当時）の山車祭りの調査が重なって、平成一六（二〇〇四）年に、なんとか国指定を受けることができました。

永野　その指定には確かもう一つ、政教分離ができているかどうかというのもあったんではないですか。

小森　そう、それがもう一つの課題だった。国指定を受けるか受けないかという話の前に、実は市から補助金をもらおうという魂胆があったんですが、神社との関係をきちっとしていないとお金は一円も出せませんし、手伝いもできませんと、市役所の担当課から言われたんだよね。そこで効力を発揮したのが、諏訪神社にあった幣台年番の引継書だった。それを読めば幣台つまり山車は附祭りだから、神社とは直接の関係はないと。お祭りをやるやらないは、自分たちで勝手に決めろということが書いてある。神様の祭りだけではないんだということが、この引継書ではっきりわかってきたんですね。

――諏訪神社に納められていた山車年番の引継書を読む込むところから、佐原の祭りが観光や商業振興と深く関わっていることがわかってくるわけですね。

小森　そう。だから佐原もお祭りは本来賑やかじゃないとだめなんです（笑）。ですから、一方では、今の時代にあった観光、商業発展をめざしながら、他方で、重要無形民俗文化財の指定は受けたい。そのバランスをどうとるか、そのころそんな話を毎晩やっていたんです。どこかの飲み屋で三人か四人集まって、そんな話をしていましたね。その勘定、みんな私持ちなんです。

永野　おかげさまでありがとうございました（笑）。

楽市楽座の出店に立つ永野美知子さん（右から２人目）

まちおこしNPO法人を立ち上げるまで

小森　千葉県庁に無形民俗文化財の相談をしてから指定まで一五年くらいかかっていますね。特曳きのイベントは一〇年間、駅北口のコミュニティセンターの駐車場でやっていました。また別の場所で、楽市楽座という名称で、お祭りステージ（わくわく広場）を設置しましたが、それも永野さんには香具師の親分みたいなことをお願いしてたんです（笑）。

永野　露天商の人たちは道路で営業しますし、私たちは金融関係の広場とかを借りてやるので、そういう意味ではトラブルはなかったんですが、会場にお客さんが座れる場所があると、お客さんがどうしてもそこに来ますよね。だから露天商の人にしたら、うらやましかったのかな。いろいろな嫌がらせがありました。後で金を払うからとかって、ずっとそこに座っているとかね。でも、こちらもいろんなスタッフがいるので、うまく対応しましたね。あんまりそういうのが度重なるときは、警察に見回りしてくださいというふうに事前に相談したりとか。それも「佐原観光山車祭り実行委員会」（一章二八頁）という大きな枠があって、正当化できるものがあったからだと思いますね。

小森　お祭りステージでお囃子や手踊りの催し物をやる時間だけ飲食用に売りますが、その後はみなさんのお店にお客さんが行くんで大丈夫ですと説得したんです。すると「小森の野郎、また嘘をつきやがった」と言われたんですが、あっという間に自分の店の商品も売れちゃった。次の年は、その倍を売った。そういう状況が続いたので、「小森の野郎が言っているのは嘘でねえな」といわれるようになったんです。

永野　小森さんを見る目が変わってきた（笑）。それと私たちの立場としては、ここ楽市楽座の広場はただ休憩する場所だけでなく、公共的な、例えばゴミの収集をするとかトイレを備えるとか、そういうインフラを整えることも考えました。明らかに露天商のゴミなのですけど、でも、「どうぞ、どうぞ。ここはゴミを捨てるところだからいいですよ」と言うと、だんだん理解されてきて、広場があるから自分たちのところもお客さんが来るんだというふうに思ってくれたような、今となってはそう思いますよね。

小森　そういう対応は私なんかにはできないんだけど、永野さんはパッと機転がきくんで、本当に助かりましたね。永野さんたちのそんな苦労があって「見せる祭り」も軌道に乗ってくるんですが、お祭りで人が大勢集まってくると、いろんな問題が次からつぎに出てきますので、途中から山車祭り実行委員会を応援する別の組織として、「まちおこし佐原の大祭振興協会」というＮＰＯを立ち上げました（平成一三／二〇〇一年）。

食中毒とかいろいろな責任問題が発生したとき困りますからね。その団体名に「まちおこし」を入れたんです。まちおこし佐原の大祭振興協会ですね。それで永野さんに事務局をやってもらい、その後、事務局長を担ってもらった。

永野　保健所からいろいろ指摘を受けましたが、それももっともなことだし、ＮＰＯ法人を取得してよかったと思いますね。

佐原のまちが変わりはじめる

——佐原の大祭の知名度が上がってきて、永野さんからみて、佐原のまちで何か変わったこととか、お気づきになることはありますか。

永野　今はスマホが大半ですが、佐原の山車祭りに大勢の人が来るようになって、カメラを持ってくる人が多くなったんです。それで私ども振興協会で写真コンテストをやって、優勝作品にはカレンダーをつくって配布したりしたんですが、カメラマンが多くなると、町内の人の服装がすごくきちんとしてきたんです。

——なるほど（笑）。

永野　それまでは祭りになると、高校生とおぼしき若者が酒を飲みすぎてひっくり返っているとか見受けられたんですが、そういうことをやると写真に撮られちゃうので、急にみんなお行儀よくなってきたんです（笑）。みんなイケメンになっちゃいましたね、あのころから。

それと人が大勢来るようになって、お祭り自体のグレードも確かに上がったような気がしますね。お祭りというとたいがい、決まった人しか運営に携われないのが一般的だと思うんですが、佐原の場合は本当に赤ちゃんをおんぶしたお母さんからおじいちゃん、おばあちゃんまで、自分たちの祭りだという思いが強いんですよね。ですから人が大勢見に来るようになって、まちの人たちの誇りがよみがえってきたように思いますね。

――祭りで、自分たちの姿が見られている……。

永野　それが大きいですよね。見せる祭りだったはずのものが、気がつけば見られる祭りになっていたんです。ですから、変な格好をしていると若連なんかで言われるんですってね。「おまえ、ちゃんとしろ」とか言われるので、今はもう高校生の酔っぱらいはいないです（笑）。

――まちおこし佐原の大祭振興協会にはどんな人が関わっているんですか。

永野　ほとんど参加する人は企業ボランティアと個人ボランティアで、現役の人もいますし、公務員のOBもいます。また地元の酒屋さんだったり、いろいろな人がメンバーですから、ふだんはそれぞれ別な日常生活をしています。私もそうですけれども。しかし、祭りの前後三カ月か四カ月ぐらいは、とても仕事をしてる状況ではなかった。でもね、楽しくなかったらやってられませんよね（笑）。いろいろな人と知り合いになれましたからね。

小森　永野さんの顔の広さはもう天下一品ですよ。それで、まちおこし佐原の大祭振興協会には飲食以外にもいろんなことをやってもらいました。小野川のシャトル舟の就航とか、そういうのも当初は実行委員会ではじめたんですが、途中で永野さんのところにお願いしました。大変ですからね、あれ。

――今もそうなんですか。

永野　今はもう舟の運航に関しては、第三セクターのまちおこし会社「ぶれきめら」（一章「寄稿」註12）とか、それぞれの人たちが自立して運営するようになりました。売店の話も同じで、私が焼き鳥を焼かなくても、やりたい人がいっぱい出てきましたので、ＮＰＯの焼き鳥は売れなくなっちゃった（笑）。でも、うれしい悲鳴ですよね。私たちの役割はあくまで火つけ役ですから。しかも、その役も一定のところまでくると、まちの人たちの意識がどんどん変わってきていろんな動きがはじまってきますから。でも、佐原もずいぶん変わりましたよね、最初のころのことを思うと。

小森　変わりましたね。

永野　繰り返しますが、小森さんを見る目も変わってきた（笑）。

小森　いや、いや。

永野　祭りの期間は夏、秋あわせてわずか六日間ですが、同じ場所で毎年やっていると、リピーターの方が何人も見えて、「今年も来たよ」なんて言ってくれて、こちらもやりがいがありますよね。

小森　まあ、私らの仕事は縁の下の力持ちですよ、一言でいうとね。それから実行委員会をつくろうと言っても、最後はやっぱり行政ですよね。行政を引っ張り出すのは暗闇から牛を引っ張り出すようなものですよ。それまでお祭りの話になると逃げ回っていたのですから。引っ張り出して協力してもらう。私が山車正年番を終わったあと、そういう役まわりになってきました。事故やなんかがあったとき困るので、市長を実施本部長にして、あと警察とか消防署とか全部まき込んで、協力体制をつくっていく必要があった。

永野　まちの中を車両通行止めにするという話もありましたね。

小森　あのころは何でもやってやろうという気持ちがありましたからね。お祭りの期間は、交通規制で車を入れないようにしましょうという話になって、まず、まちの中の人を説得する。そうすると、俺はうちへ帰れなくなっちゃうとか、いろいろなことを言う。ところが、佐原のまちというのは、店の表が通れなくなっても裏口があるんですよ（笑）。裏があるじゃないかと、そう言いながら、説得しながらやっていったんですけどね。それから利根川の河川敷を駐車場にする話もありましたが、もう一つ思い出すのは、山車がどうしても個人の家の敷地に入らないと曲がれない箇所があったんです。買いとるほどの広さでもないし、どうしたものか困ったんですが、最後はそこを使えるようにお願いして、納得してもらいました。お礼に「毎年、花菖蒲（はなしょうぶ）の時期に一鉢、贈るということでどうですか」と言ったら、「それ、いいね」となって、一〇年近くは持っていきましたかね。その後は忘れました（笑）。

——お金ではないんですね。

小森　そう、お金ではないです。お互いいい祭りにしたい気持ちは一緒ですから、その気持ちをいかに誠意をもって示すかが大事なんですね。

——いい話ですね。今のような話を織り込みながら、「見せる祭り」は小野川で舟を走らせるところまで広がっていくわけですね。

小野川のドブさらいからシャトル舟の定期就航へ

永野　それが小野川の大掃除につながる。

——永野さんは、小野川のドブさらいにも関わっていたんですか。

永野　私はお茶を買いに行く当番だったので（笑）。

小森　そうだった（笑）。

永野　小野川って、はっきりいってゴミの捨て場でしたからね。自転車とかバイクとかいろいろなものがトラックに何台分も出てきて。当時、小野川と町並みとお祭りが三悪と言われていたのを覚えています。

小森　小野川を大掃除して舟を通すなんて、全員反対。

永野　漁師さんが着るみたいな長靴を履かれて、もうドロドロ（笑）。木の枝とか、材木とか畳が浮いていたんですから。夜、小野川へボンと捨てれば、自分んちはきれいになる（笑）。それに小野川におしっこはするし、最悪な状況でしたね、あのころは。

小森　ドブさらいをしたら、川がずいぶんきれいになった。「あれ？　こんなに水がきれいになるんだな」と。

——小野川もそうだし、祭りもそうだけども、三悪と言いながらみんな動こうとしない。しかし小森さんたちが頑張って、流れをちょっと切り替える行動をすると、みんなが動きだすということでしょうかね。

永野　まさにそうですね。小野川の川さらいをしました、水が流れますとなったら、急にみんなお花を飾ります、お掃除しますとなって、まち全体が変わっていったような気がしますね。

——そうなってくると、うまくサイクルが回ってくるというか。

永野　そうですね、本当にそう。

小森　いろいろな意味でね。先ほど小野川で舟を走らす話が出ましたが、実をいうと、あれ苦肉の策なんです。

永野　苦肉の策？　どういうことですか。

小森　舟を出そうというとき、お金がなかったんで、なんとか国の補助金を探したんです。そのころ循環バスの補助金があって、それを活用して舟を出すことができたんです。佐原は「水の郷、佐原」ですから、循環バスの代わりに水上バスのほうが便利ですよという話をしました。そのアイデアを提案してくれたのが椎名喜予さんなんです。当時彼女は市役所の商工観光課にいたんですが、補助金所管の経済産業省と舟の運行所管の国土交通省に交渉してもらって、実験的に舟を走らせる許認可をとることができたんです。

永野　味のある解釈運用ですね（笑）。その話はじめて聞きました。でも、それは大切な知恵ですよね。

小森　うん。でもそのとき、運行の受け皿であるＮＰＯ法人の佐原の大祭振興協会の冠に「まちおこし」という言葉をつけていたのが生きたんです。

――なるほど。小森さんがよくおっしゃる、シナリオのないまちおこしのドラマですね。

小森　そういうことですね。舟の運航はお祭りの期間だけでなく、毎日走らせようというふうに発展するんですが、そうなると永野さんとこのＮＰＯで運営するのは無理ですよね。それで、平成一四（二〇〇二）年にまちおこし会社「ぶれきめら」の設立になっていくんです。ここで、まちおこしを目的としたＮＰＯと株式会社、二つができるんですが、株式会社の方は舟の運航の他、まちなかで車を停める場所の確保などを担い、ＮＰＯはお祭りのソフト面に関わる振興をやりましょうと、二つに分かれてきたんです。最初はなかなかうまくいかなかったんですが、だんだんうまくいくようになってきたんではないですかね。

東京ドーム「ふるさと祭り東京」参加と柏木幹雄さんのこと

――大筋、流れがみえてきましたね。ところで3・11の大震災後の動きとして、年表を見ますと、平成二五（二〇一三）年に東京ドームの「ふるさと祭り東京」に、山車と佐原囃子が参加した、とあります。

小森　あのイベントは日本商工会議所と東京ドームの共催ですが、実は山車や佐原囃子の参加の前に、東京

2013年・東京ドームの「ふるさと祭り東京」に出場
右から4人目が小森さん、左隣が柏木幹雄さん

ドームで全国の物産展の催しがあって、それに誘われて出展したんです。

その時、本番で登場する祭りを観ていたら、佐原の山車祭りのほうがずっといいと思ったんで、佐原が出られないわけがないということで、出場を申し込んだんです。ところが最初はけんもほろろに断られた。山車祭りのビデオとまちの賑やかな写真を持っていったんですが、「えっ、こんなに人が集まるんですか」と言われながら、ふたを開けてみたら、出場の順番は二七一番目ですと言われた（笑）。全国から参加申し込みが押し寄せるわけですから、まあ、お断りしますというわけです。実はそれを救ってくれたのは、これも市役所の観光課にいた椎名さんなんです。彼女のネットワークで中央の観光業界の方が、佐原のまちおこしは行政主導ではなく地域の市民主体でやっているのを高く評価し、その方も一緒にていねいに説明を重ねていただき、出場することができるようになったんです。

その時、一緒に汗を流したのが柏木幹雄さんでした。柏木さんは私の次の佐原商工会議所の会頭ですが、最近他界されました。柏木さんは地元の老舗もなか屋のご主人ですが、私が会頭時代（二〇〇〇年〜二〇〇七年）に副会頭になってもらっています。柏木さんのいいところは、私心がないというか、自分がうまくやって儲けようとか、そういうことがまったくない人で、いろんなことを安心して相談できる人でしたね。碁が強くて、千葉県のチャンピオンになったこともあったんですが、碁が強いからでしょうか、全体を見る視野が広くて、本もたくさん読んでいました。まちおこしに参考になる地域があると、よく二人で出かけましたし、佐原の山車祭りが全国に知られるように、二人三脚でいろんなことにチャレンジしてきました。東京ドームの「ふるさと祭り」に出場できたのは柏木さんが会頭のころですが、ここまで漕ぎつけるのに二人で苦労したのが、なつかしい思い出になりましたね。

――柏木さんが佐原商工会議所会頭の時に「きらり輝き観光振興大賞」を受賞していますね。

小森　そう、日本商工会議所のグランプリです。たしかあの時は、全国ブランドの伊勢神宮のおかげ横丁が二位で、無名の佐原がグランプリだというのでびっくりしました。後で聞いたら、佐原は町衆でコツコツやっているのを評価してくれたそうで、うれしかったですね（一章「寄稿」七三頁）。

――永野さん、今の小森さんの話もふくめて、小森さんを中心にやってきた佐原のまちおこしについて、どう見てらっしゃいますか。

永野　小森さんが佐原で何をなさってきたのか、まちの人はしっかり見ています。また、生き証人の方もいっぱいいらっしゃいます。小森さんの仕事ぶりですとかお考えを、後に続く若い人たちにどう引き継いでいくのか、そこが大事になってくるように思います。その芽は着実に育ってきていると実感しますし、そこに期待したいですね。

――山車祭りを起爆剤にしたまちおこしを通して、佐原の人たちがどんな風に変わっていったのか、あまり表に出ない話をふくめてうかがうことができました。ありがとうございました。

五章　香取の海に広がる佐原囃子文化圏

佐原囃子は大人形とともに山車祭りの華だが、佐原囃子は与倉屋さんこと菅井家を抜きには語れない。歴代、菅井家は邦楽、洋楽両方に通じた音楽一家である。小森孝一さんは実姉が当主・菅井源太郎氏の親戚筋に嫁いだことで、菅井家と佐原囃子の関わりにくわしい。

全国のどの系統にも属さない独特の旋律、拍子、掛け声をもった佐原の祭り囃子は、戦前から高い評価を得てきた。しかし、第二次大戦を経るなかでそうした評価もいったん消えかかる。佐原囃子をきちんと演奏できる人たちが戦争で出征、戦死などでいなくなったからである。その危機を救ったのが、先代の菅井誠太郎氏であった。氏はそれまで口伝えであった佐原囃子の曲を採譜し、その保存発展の基礎を築いている。

佐原囃子は演奏集団である下座連が担うが、下座連は佐原周辺の農村集落を単位に編成されていた。その分布をみると旧香取郡や印旛郡、成田市など下総全域から利根川対岸の潮来、稲敷、行方、鹿島まで及んでいる。佐原囃子には歌舞伎や能など洗練された音曲が取り込まれており、江戸優りの佐原商人の心意気が反映されている。明治期以来の菅井家にもそのエートスは受け継がれている。しかし同時に、佐原囃子の背後には、史料として実証はされていないが、古代中世の香取の海と、その海路を支配していた香取神宮との関係も気になる。下座連の分布から、かつての香取の海と重なる佐原囃子文化圏の広大な空間が遠望できる。

与倉屋さんと佐原囃子

江戸優りをつくった旦那衆の心意気

二つのエピソードから

――今日は佐原囃子を中心にお話をうかがいたいと思います。よろしくお願いします。

小森　佐原囃子の話になると与倉屋さん、つまり菅井家を抜きにしては語れません。エピソードを二つほど紹介するところからはじめましょうか。

もう二〇年も前になりますかね、平成一三（二〇〇一）年に、群馬県の沼田市で全国の祭り囃子のフェスティバルがあって、京都の長刀鉾（なぎなたほこ）祇園囃子保存会の人たちと電車で一緒になったんです。そこでいろいろ話をしたんですが、「佐原さんのお祭りの歴史は何年くらいですか」と問われて、「ほぼ三〇〇年です」というと、「わてら一〇〇〇年の歴史があります」と、こういうわけです。それで、祇園囃子はこれまでお囃子の楽譜がなかったんで、どれが本物かわからなくなってきたので、これではまずいということで、八年かけて楽譜化してきて、ようやく今年できそうです、と言われたんです。「佐原はんは、どうしてますか」と聞かれたんで、「佐原囃子はすでに楽譜化されています。それをやらないと、お囃子が崩れてしまうし、消えてしまうので、そうした危機感をもった先輩がいたんです」と言ったんです。向こうはびっくりして、「それ、いつごろの話ですか」と言うので、戦後すぐの「昭和二一（一九四六）年です」と言ったんです。後で話しますが、その楽譜化に尽力なさったのが、現在の与倉屋の当主である菅井源太郎さんのお父さんの菅井誠太郎さんです。

もう一つ、平成二一（二〇〇九）年に、神宮外苑の日本青年館で全国民俗芸能大会というのがあったんです。そのとき京都市立芸術大学の吉川周平先生という方がいらして、その方と一緒に舞台の袖にいたんです。すると吉川先生が「笛が一〇本あるけど、一本に聞こえる。私ね、日本全国歩いているけど、笛が四本以上になるとバラバラになってしまうんだが、こんなきれいに演奏するのははじめて聴きました。相当レベルが高いですね」と褒められました。

それからまだあって、「最後に踊った二つの踊りはプロが振付をしてますね」と。さすが吉川先生はよくわかっている。曲は「佐原音頭」と「佐原小唄」だったんですが、佐原音頭は、振付が坂東三津五郎、作曲は杵屋佐吉四世で、作詞は歌舞伎作者の竹柴金作です、と言ったんです。すると「それは嘘だ。もしそれが本当なら、とんでもない金がかかってますよ」と言うんです。この曲がつくられたのは昭和四（一九二九）年ですが、当時、板東三津五郎さんは日本舞踊の神様と言われていた人ですし、杵屋佐吉四世も竹柴金作も一流のプロですから、その人たちが千葉の田舎のお囃子の作詞・作曲や振付をするわけがない、という話だったんです。実は、この振付と曲は、佐原の醸造関係者が依頼して出来上がったといわれてますが（『佐原囃子集成第三版・解説編』）、与倉屋さんも醸造業を営んでいましたから、ここに菅井家が関わっていたのは間違いないですね。現在のお金で数千万円かかったと聞いたことがあります。

――戦前の佐原の旦那衆の心意気を象徴するような話ですね。菅井家と佐原囃子の関わりについて、もう少しくわしくお聞かせください。

佐原囃子の後援者としての菅井家

小森　菅井家は代々音楽一家で、今の当主の源太郎さんのお父さんの誠太郎さんは明治大学の卒業ですが、日本音楽学校、現在の東京藝術大学の邦楽科も出ているんです。そういうこともあって、菅井家は歌舞伎の人たちとも親交があり、そうした人脈を通じて「佐原音頭」や「長唄水の郷」など作曲を杵屋佐吉四世、作詞を竹柴金作、振付を坂東三津五郎の三方に依頼されたんでしょうね。菅井家と杵屋佐吉四世でやり取りした手紙の束を源太郎さんから見せてもらったことがありますから、確かな話ですね。

先代の誠太郎さん自身も長唄や三味線はプロ級で、日本音楽学校に入る前から、後に人間国宝になる長唄の四代目吉住小三郎さん（後の吉住慈恭）に習っていたそうです。また、誠太郎さんが子どものころ、菅井家にはピアノがあって家族みんなで弾かれていたようです。お兄さん一人と姉妹が八人いて、八人の姉妹はみんな音楽学校に行かれていて、先代の誠太郎さんもそれに交じって洋楽と邦楽両方やっていたようですね。ピアノで佐原囃子を弾いていたと聞いたことがあります。

それから、菅井源太郎さん本人も先代と同じ明治大学出身ですが、佐原囃子では横笛を吹かれ、大学ではフルートを吹かれていますね。またオーケストラの指揮もされています。いずれにしろ、菅井家は代々大変な音楽一家なんです。

――先ほどの話で、そんな一流どころの作曲や振付で、地元の佐原の人たちはうまくこなせたんですかね。

小森　それが、杵屋佐吉四世に頼んで曲ができたのはいいんですが、すごく高級なものができてきたんで、さて笛を吹こうとしたら、こなせる人が誰もいない。また鼓を打とうと思っても打てないし、太鼓も叩けないという話になった（笑）。それだけでなくて踊りのほうも、当時、佐原には名取といわれていた芸者衆が多くいたんですが、振付が難しくて、一人も踊れなかったそうです。誰も踊れないのでもっと易しくしてくれと言ったら、怒られちゃった（笑）。みっともないからもうやらんと言われたんですが、お金はたくさん払っているし、せっかくの曲づけや振付ですから、先代の誠太郎さんがアレンジしたようですね。それを向こうは黙認してくれた。まあ、そんないきさつがあったようです。

――そこが今の佐原囃子と手踊りのもとになっているんでしょうか。

小森　いや。佐原囃子の成り立ちとは別ですね。杵屋佐吉の作曲と板東三津五郎の振付は「佐原音頭」と「長唄水の郷」とかごく限られたものです。あとはみんな当て振りですね。自分たちで踊りいいように勝手にアレンジすればいいよと。でも、いずれにしてもすごい金がかかっているはずだと、吉川先生も言ってましたね。杵屋佐吉四世も坂東三津五郎も超一流のプロなんですから。

――菅井家は、それだけのネットワークと財力をもっていたということでしょうね。その話は後ほどお願いするとして、佐原囃子の採譜化について、そのいきさつをお願いします。

小森　戦争が終わったのが昭和二〇（一九四五）年の八月で、その年にもう佐原の秋祭りは再開されるんですが、そのとき男は戦争で出征していて、戦死した人とか、戦地から復員したばかりで、佐原囃子をちゃんと演奏できる人たちがいなくなっていたんです。そこで若い連中に佐原囃子を教えることになって、先代の菅井誠太郎さんの指導で、岡野全一郎さんたち（佐原囃子連中創立の中心メンバー）がそれまで口伝えだった佐原囃子の曲を採譜したんです。それを『佐原囃子集成（初版）』（昭和二三年）としてまとめていますね。佐原近郊の牧野下座連とその流れをくむところを中心に採譜されたようですが、牧野下座連と菅井家のある下新町の山車とのつきあいは二百年の歴史をもっています。

佐原囃子は六つの和楽器で編成していますので、よくお囃子

菅井誠太郎さん直筆の採譜録（昭和 21 年）

菅井誠太郎校閲、岡野全一郎・小川智通編。「佐原囃子集成」表紙（昭和 23 年）。（上・下写真：小松裕幸氏提供）

のオーケストラといわれますが、先代の誠太郎さんは洋楽、邦楽どちらの知識もありますので、オーケストラでスコアというんでしょうか、そうした譜面をつくって、それで指導されていたようです。当時は終戦直後ですから、まだテープレコーダーは存在してないので、レコードで音源をつくって、それと譜面を照らし合わせながら教えたそうです。その話も源太郎さんから聞きました。それから先代の誠太郎さんは、先ほども言いましたように、長唄で人間国宝になられた吉住小三郎さんから教わってますから三味線も名手です。佐原の芸者衆は、誠太郎さんが三味線を弾くといったら、比べられるのがいやで、誰も弾かない。腕自慢のお姐さんたちが誠太郎さんの前では誰も弾かなかったそうです。

なお、佐原囃子は昭和三〇（一九五五）年に千葉県の無形民俗文化財に指定されますが、その翌年に佐原囃子保存会が発足していて、初代会長が菅井誠太郎さん、二代目の会長が菅井源太郎さんですね。

佐原囃子そのものが江戸優り

――佐原囃子と一言でいっても、曲の種類がいっぱいありますね。

小森　大別して三つ、「役物（やくもの）」「端物（はもの）」「段物（だんもの）」があります。役物は山車が出発するときと山車蔵に納めるときに演奏するものです。「さあ、これから祭りがはじまるよ」ということで、山車の曳き出しに演奏されるものを「さんぎり」といいます。歌舞伎でいう「しゃぎり（砂切）」ですね。その次に馬鹿囃子を演奏します。江戸の祭り囃子の代表に葛西囃子があって、その影響もあると思いますが、「トントコトン、トントコトントン」と、威勢のいいテンポで演奏して、お祭りの雰囲気を盛り上げる役割ですね。その次に「端三番（はなさんば）」をやる。歌舞伎でも、正月やおめでたい行事のときなどに必ず三番叟が演じられますね。三番叟はもともと五穀豊穣や天下泰平を祈願する神事からきているようですが、佐原囃子でもそれにならって端三番を演奏する。「端」つまり初っ端の端です。高音の能菅で「ピー」と吹いて主役を呼び出す。このピーというのは「ひしぎ」といいますが、山車に神様を招き入れるんですね。この役物のさんぎり、馬鹿囃子、端三番は、お祭りのはじまりを知らせる儀式の演奏ですね。その手順はほとんど歌舞伎からとられていますが、お祭りのなかに一つの物語をもった演劇的要素が取り入れられているということでしょうかね。

次は「端物」ですが、端物は、役物や段物が表芸だとすれば裏芸でしょうか。江戸時代から、その時代時代の流行歌とか俗曲、また、他の地域のお囃子などから取り入れたものまで多種多様ですね。「猫じゃ」「そば屋」「数え唄」「大漁節」とか、昭和になれば「船頭小唄」ですとかね。譜面に書くようになって、レパートリーがぐっと増えてきて、今は四〇、五〇曲くらいあるはずです。先ほどの佐原音頭や長唄水の郷、佐原小唄などは端物の一種ですね。

最後は「段物」ですが、段物は佐原囃子を代表するお囃子です。全国の祭り囃子のどの系統にもない独特の旋律、拍子、掛け声をもっていて、哀愁を帯びた格調のある音階が特徴ですね。段物の曲数はそんなに多くなくて、元の曲は四、五曲で、それからいいとこ取りした曲をふくめ一〇曲くらいでしょうか。楽器は笛（複数）、大鼓、小鼓（複数）、小太鼓、鉦で奏されて大太鼓は使いません。段物は山車をまちなかで曳き廻すときに演奏しますが、段物を演奏している山車とすれ違うときは、曲を段物に切り替えて応じるという暗黙の約束事もあります。それと段物の演奏で、次の曲に入るときは「わたり」という曲を演奏してから次の段物の曲に入りますが、それは能楽の影響を受けていますね。ですから、佐原囃子全体を構成している役物、端物、段物のなかには、いろんな形でその時代、時代の先端の音楽が取り込まれていることは間違いないですね。

——江戸の祭り囃子の影響というより、佐原囃子そのものが江戸優りなんですね。

小森　そうだと思います。役物、端物、段物という全体の流れそのものが、佐原囃子独自の演劇的な物語性をもっていますよね。江戸時代の戯れ唄「お江戸みたけりゃ佐原へござれ、佐原本町江戸優り」ではないですが、佐原の旦那衆が商取引のある江戸の商人たちを佐原の山車祭りに招いて、「おっ、佐原には江戸の天下祭り以上のものがある」と思わせたかったのかもしれませんね。江戸の最先端の音曲を取り入れながら、しかし、江戸の文化や祭りの単なる物まねではない工夫がこらされている。

それから、段物は格調のある音階でできていると言いましたが、実は山車の曳き廻しのクライマックスに「のの字廻し」というのをやるんですが、この「のの字廻し」(二二四頁上写真)は能でシテが踊りを舞うごとく静かに円を描くように廻すのが粋といわれています。ここにも江戸優りを象徴する佐原商人の心意気がうかがえるように思いますね。

高度な音楽性をもつ

——役物、端物、段物の構成が定着するのはいつごろなんでしょうか。

小森　記録は残っていませんが、おそらく江戸の後期から明治の間ではないですかね。大人形や山車の彫刻が今のようになるのがこの時期ですから、それと一緒ではないですかね。菅井源太郎さんもそういう認識だと思いますよ。これはあくまで仮説なんですが、菅井源太郎さんは、段物は明治時代の初期に、西洋のバロック音楽にくわしい人に作曲を依頼してつくったんではないかと言っています。源太郎さんがいうには、段物の曲は「さらし」「巣籠り」「吾妻」といった古典芸能や高名な邦楽がもとになっていますが、佐原の段物の作曲技法はバロック音楽と共通点があるんだというんです。曲そのものは単純で繰り返しが多いんですが、譜面をみると、繰り返しの部分とアレンジする部分が巧みに組み込まれていて、段物の曲自体は相当に高度で、バロック音楽に似ているというんです。明治時代の早い時期に、西洋音楽にくわしいプロに依頼したとすれば、依頼主は明治のころの菅井家だということになりますが、証拠になるような記録は見つかってないので、はっきりそうだとは断言できないんだが、と言ってました。

――なるほど。

小森　私らも、プロが作曲したのが佐原の段物なんじゃないかとか、いろいろ議論をやっていたんです。実は最近、歌舞伎の若い連中が佐原に来たときに、段物を演奏してもらったんですが、「あっ、やっぱりプロがつくったんだな」ということがわかるんです。彼らはワンフレーズをひと息で吹くんですよ。ところが佐原の連中はひと息で吹けない。歌舞伎のプロの人たちは、そこをひと息で軽々と吹くんです。

――楽譜にはひと息で吹くと書いてある……。

小森　楽譜はそうなっているんです。でも、素人にはそれができない。

――先ほど一〇本の笛があたかも一本の笛のごとく聞こえるといわれましたが、そうすると、それは日ごろの訓練の成果ということになるんですかね。

小森　もちろん訓練は必要なんですが、それだけじゃなくて、同じ音が出るような笛を一〇本そろえているんです。

――吹き手というよりも楽器をそろえている……。

小森　そう。それをやったのが先々代の菅井與左衛門さんなんです。與左衛門さんが吹き手の一人ひとりに合うように竹笛の太さや笛の穴を調整したものを作って、下座連の人たちに与えて、一〇本の笛の音色が一本に聞こえるように指導してたんです。

――なるほど。

小森　それをやったうえで、笛の音色をちゃんと合わせる。メロディがありますから、みんな同じようになるように訓練してピタッと合わせる。「おまえ、今、スタートが遅れたぞ」とか、「ここは強く吹くんじゃなくて、みんなと同じように柔らかく吹くんだぞ」とか、そこは練習の賜物ですね。だけど、同じような音色を出すというのは、訓練だけでは結構大変なんですよね。ですから笛の音色が合うように笛そのものを吹き手に合わせて作った。それをやったのが源太郎さんの祖父、先々代の與左衛門さんですね。

――いかに佐原囃子が菅井家なしには語れないかがよくわかる話ですね。ところで山車に乗って演奏する人のことを下座連（げざれん）といいますが、下座連についてもう少し教えてください。

下座連――江戸の文化と里神楽の融合

小森　下座という言葉も歌舞伎からきていますね。歌舞伎の下座というのは、黒御簾（くろみす）で囲われた中で、舞台を眺めながら演奏する場所のことをいいますが、佐原囃子も山車にしつらえた二間×一・五間くらいの障子で囲んだ狭い部屋で演奏したのがはじまりですね。戦後、下の字を嫌って「芸座連」という言葉を使ったところもあったんですが、最近は伝統を尊重してもとに戻ってますね。これも先代誠太郎さんの指導があったようです。それから山車に乗る下座の人数は昔は五、六人だったんですが、それが今は総勢一五人ほどに増えていますので、障子の中にいるのは大太鼓だけですね。

——いつのころから増えたんでしょうか。

小森　たぶん山車や飾り物の形が大きくなっていくのと同じころで、時代的には江戸の天下祭りが一番盛んだった江戸後期のころだと思います。佐原の山車はいわゆる江戸型とちがって、関西系の近江日野の山車に近くて、江戸型より大きくて豪華ですよね（三章「寄稿」一五七頁図）。それにともなって山車に乗る下座の人数も増えてきたんだと思います。

実は佐原に「豊竹式大夫・文政三年二月一〇日、佐原連」という文字のある墓があります。文政三年ですから一八二〇年ころですが、豊竹式大夫というのは江戸歌舞伎の義太夫をつとめた人で、当時、財力を蓄えてきた佐原の商人たちに義太夫を教えるかたわら佐原連、つまり下座連に歌舞伎の下座囃子を指導しただろうということは十分考えられますよね。でも、佐原囃子は江戸文化の影響だけではなくて、近郊集落の神楽囃子までたどれるように思います。

——江戸の洗練された文化と地域の伝承文化が融合している……。

小森　そうですね。史料的には、佐原の祭りの原形は享保六（一七二一）年からとなっていますが（二章九〇頁）、その時代から佐原周辺集落の里神楽を演奏する集団が関わっていたはずです。私が住んでいる関戸では、戦前から隣町の神崎町毛成（けなり）の神楽囃子の集団が関わっていたことがわかっています（毛成下座連は昭和三八年に解散）。里神楽ですから最初は笛・太鼓くらいで、集落ごとに演奏されていた神楽囃子がもとにあっ

山車を彩るお囃子のオーケストラ

のの字廻しに合わせて演奏する下座連

昔は、山車内部に籠って演奏

小野川に小舟を浮かべて演奏する

て、そこに佐原の商人を介して、江戸で人気の歌舞伎系の文化や祭り囃子を吸収しながら独自の佐原囃子が形成されていったと考えるのが妥当ではないでしょうかね。佐原囃子は代々、佐原近郊の農家の長男に受け継がれてきたんですが、それをみても、源流は集落の里神楽まで遡れると思っています。

——下座連の広がりは地域的にはどの範囲まで及んでいるんでしょうか。

小森　佐原囃子の分布や、現在、佐原の山車に乗っている下座連のリストがあるんですが〈本章末〈資料1〉〉、隣町の神崎町はもちろんですが、旧香取郡や印旛郡や成田市など千葉の下総全域、それから利根川対岸の茨城の潮来や鹿島、行方(なめがた)まで広がっています。佐原囃子と下座連の成り立ちに関する研究は不十分ですので、正確にはいえませんが、千葉、茨城の利根川流域で広範囲に及んでいることはこの分布の一覧〈本章末〈資料2・3〉〉からも明らかですね。地域によっては佐原囃子とはいわずに、たとえば成田祭りばやしとか小見川ばやしとか潮来ばやしとか名乗っているところもあります。でも演奏曲目や演奏方法は同じですから、佐原囃子文化圏とみて間違いないですね。

佐原囃子文化圏を受け継ぐ

——なるほど、佐原囃子文化圏ですか。このリストを拝見しますと、流派というのがありますね。

小森　流派がよくわかるのは演奏するときですね。お祭りのはじまりと終わりに山車が並んで演奏するのを「通しさんぎり」というんです。この通しさんぎりは、下座連にとって腕のみせどころなんですが、その演奏が下座連によって微妙に違うんですね。それを聴くと、どの下座連がやっているのかわかるんです。まあ言葉に方言があるようなもので、それを流派といっているんです。

――なるほど。でも、その流派を含めてですが、農村社会も大きく変わるなかで、佐原囃子の継承は大変だと思いますが、どうなんでしょうか。

小森　昔みたいに集落単位で長男だけ継いでいけばいいや、という時代ではなくなっていますから、佐原囃子をどう引き継いでいくか、大きな課題ですね。でもここ最近は、佐原のまちなかで、若い連中の下座連が増えてきているんです。といいますのは、佐原には小学校、中学校、高校に郷土芸能部というのができていて、そこで一緒に学んだ若者同士が下座連を結成したりしています。これも時代の流れでしょうね。実はささやかなんですが、この小・中・高にある郷土芸能部に、小森文化財団として楽器の支援をしてきました（一章「寄稿」六六頁）。

――小森さんが支援に込めた思いは何なんでしょうか。

小森　佐原の山車祭りは国の重要無形民俗文化財に指定され、また、ユネスコ無形文化遺産に登録されましたが、そのなかには当然のこととして佐原囃子も入っています。しかし、戦前にあった佐原囃子の知名度が、今も続いているかといえば疑問ですね。実は戦前、ＮＨＫの中央放送局が愛宕山にあったころ、佐原囃子の演奏を全国放送したことがあるんです。佐原囃子は戦前、全国的にも一定の評価をうけていた一つの証拠だと思うんですが、ＮＨＫラジオで実況中継されているんです。そこに出演なさった一人に菅井誠太郎さんの叔父さんにあたる菅井貞さんがいます。菅井貞さんは鼓ですね。しかし戦後になって、過去の名声に頼っているだけでは、せっかく利根川下流域に広がっていた佐原囃子文化圏も衰退するだけですので、それを何とか食い止めながら、また佐原囃子に新しい血を通わせたいという願いもあります。まあ、そんな想いもあって、地元佐原だけでなく東庄や鹿島、成田、潮来などで伝統芸能部のある学校で道具がそろわないところにも助成してきました。

――佐原囃子文化圏の伝統を継続する試みですね。

小森　そうですね。佐原囃子を受け継いでいる各地の祭りには、佐原からも手伝いにというか、山車に乗りに行ってお囃子の演奏をしているんです。ところが最近、潮来は潮来ばやしと称して茨城県の無形文化財にしたんですね。ちょっと残念ですがね。

――行政区域にとらわれすぎると、見えるものも見えなくなりますね。

小森　まったくそうです。先ほど流派の話をしましたが、佐原囃子文化圏では、祭りの事始めに必ずさんぎり（砂切）を演奏しますが、戦前は、集落ごとに違うさんぎりが全部で一〇〇種くらいあったんだそうです。その源流をたどると、利根川下流域の里神楽につながっていくように思います。

――ということは、佐原囃子の源流は江戸時代よりさらに古い時代まで遡れるということですかね。

小森　あくまで想像にすぎないんですが、佐原囃子の源流をたどっていくと、利根川東遷以前はもちろんですが、鎌倉、南北朝の時代までいけそうな感じがしてるんです。というのは、香取の海といわれていた一帯の海上交通を香取神宮が支配していた歴史がありますが、佐原囃子の広がりは、中世のころには霞ケ浦四十八津、北浦四十四津といわれた地域と重なるんです。津という地名は海上交通の要衝に由来してますから、そうした「津」と香取神宮はどういう関係にあったんだろうか、ということは当然問題になってきます。まったく関係がないはずはなくて、この一帯は香取神宮の宗教圏というか政治的支配圏を形成していたはずですね。だとすれば、その圏域と佐原囃子の文化圏はどういう関係にあるんだろうか、と勝手に考えているんですが、どうなんでしょうかね。まあ、そのあたりは、私どもがこれから研究しなければならない宿題だと思っているんですが。

与倉屋の大土蔵を文化ホールに活用

――だんだんスケールの大きい話になってきましたが、菅井家に話を戻すことにして、与倉屋さんには巨大な土蔵がありますね。

小森　土蔵といえば二〇坪もあれば大きいといわれるそうですが、与倉屋さんの土蔵はその一〇倍、二〇〇坪もあるんです。大土蔵であるにもかかわらず、大正一二（一九二三）年の関東大震災、それから今回の3・11の東日本大震災でもびくともしませんでした。菅井源太郎さんも言ってましたが、3・11でも建物は円を描くようにゆっくり揺れるんですが、屋根瓦一つ落ちなかったんです。

――いつごろの建物なんですか。

小森　明治二二（一八八九）年に醸造蔵として建てられたと聞いていますね。戦争時は兵器庫に使われたこともあったようですが、戦後は製粉の倉庫、昭和三五（一九六〇）年ごろからは政府指定の米蔵になってたんです。今、外壁はモルタルで固められていますが、あれは米蔵の時代に政府から指導されたそうで、それまでは板壁でした。なお減反政策以降は大土蔵は使われてなくて空いたままだったんです。

――いま、多目的ホールみたいに使われていますね。

小森　実は、あの大土蔵を今みたいに演奏会や講演などに使うきっかけをつくったのは私なんです。というのは、佐原の古い建物を観せるには、あの複雑な梁組みを知ってもらうのが一番早いんじゃないかと思ったんです。高さ一二メートルある屋根を支えている梁組みは五層もあって、しかも釘一本使われてないんです。

――重要伝統的建造物の一つとして指定されているんですね。

小森　いや、そうじゃないんです。菅井源太郎さんは、あの大土蔵が重伝建のなかに組み込まれるのに反対でしたから。源太郎さんは税金で建物を直すんだったら自分でやるという自負があったんですね、それであえて重伝建から除いたんです。しかし、いろんな古い建物をみても、あれだけ複雑怪奇な構造をもった梁組みはどこにもない。しかもあの造りは、棟梁の頭の中だけで組み立てられているんですよ。棟梁が図面なしで木材を見ながら、これをここに上げろ、これはここだ、こうしろと指示して組まれたものなんです。視察にきた外国の建築家があの梁組みをみて、呆然としていたのを憶えていますよ。3・11の地震のときに、ゆら〜、ゆら〜、揺れるんだけども全然、瓦一つ落ちなかった。

――建物自体が柔構造にできているということでしょうね。

小森　そういうことだと思います。揺れの力をあの五層の梁組みで分散しているんですね。だからでしょうか、直線の梁というのは一本もないんです。必ずこう曲がっていますから。

それともう一つ、私が感心したのは、雨水を防止するために建物が逆円錐状に造られているんです。それで五層の曲がった梁を組み合わせて建物にかかる力を分散させ、建物を安定させているんですね。実はそのことをはじめ知らなくて、おやじに「何だ、あれ。与倉屋の土蔵って真っすぐじゃなくて、下から上に開いているよな」といったら、「そうだ。そこはよく計算してあるから」と言うんです。「何で計算してあるんだ」と聞いたら、「昔は樋(とい)がなかったんで、雨水を避けるために上部が開いたかたちに造ってあるんだ」と。そこで逆円錐状になった建物が倒れないように、曲がった梁を使っているんだと言ってましたね。

――日本の大工職人の技術がいかに高いかということですね。ところで、大土蔵はもともと倉庫ですから、多目的ホールにするためには内装も必要ですね。

石尊山からの眺め。写真下半分を占める建物群が与倉屋倉庫群

与倉屋大土蔵　創建当時は、写真のように、板塀だったが、昭和35年に政府指定の米蔵となり、現在はモルタルの外壁となっている。
（上・下写真とも『佐原の町並み資料集成』p.51・p.52より）

小森　倉庫としてしばらく使われてなかったので、土間のほこりがすごかったんです。それで、ほこりが立たないように、土間の上から専用のボンドを塗って、ほこりが出ないようにしたんです。もちろん菅井源太郎さんの了解を得てのことですが。それから電気がないと真っ暗ですから、梁を傷つけないように注意しながら電気の整備もしました。

与倉屋大土蔵内部：五層の梁で組み立てられた大土蔵の内部。現在は、多目的ホールとして使われている

——大土蔵には舞台がありますね。

小森　あれも、源太郎さんの了解を得て、私がつくったんですが、お囃子の稽古場に使ったり、毎年開催している「江戸優り佐原・文化芸術祭」の演奏会場にしたりしています。今や、すっかり佐原の文化ホールとして定着してきましたね。

脈々と生きる佐原商人の心意気

——あの大土蔵をみるだけでも与倉屋さんの財力がどんなものだったのか、わかるような気がしますが、実際はどうだったんでしょうか。

小森　菅井家の屋号は与倉屋ですが、出身が佐原の近くの与倉という地区ですので、そこからとったんですね。菅井家は明治になって急速に力をつけて、醸造業や林業、倉庫業、それからサラブレッドの牧場も経営されていますが、なんといっても中心は投資ですね。小森家も菅井家の親戚筋ですから、いろいろ聞くと、菅井家は渋沢栄一とか安田善次郎、それから鉄道王といわれた根津嘉一郎、セメントの浅野総一郎など、明治時代のそうそうたる財閥と親しかったようで、その関係でいろんな会社に投資していますね。よく親父からも聞かされましたが、渋沢栄一に「菅井さん、次はこういう事業をやるから投資してください」と頼まれるような関係だったようです。印旛沼の開墾とか八郎潟の干拓もそうですね。渋沢栄一さんは旗振り役で、社長は東武鉄道の根津嘉一郎。大正一二（一九二三）年ごろ、株式会社を立ち上げていて、そのときの資本金が二、五〇〇万円。サラリーマンの平均年収が一、〇〇〇円くらいの時代の二、五〇〇万円ですからね。

しかし、印旛沼と八郎潟の干拓は戦後の農地解放の対象になって、全部取り上げられています。そもそも食糧難を解消するためにつくった会社なのにと農林省とかけ合ったら、日本は塩が不足しているから、四国で塩田をつくってくれといわれ、塩田の社長を菅井さんの叔父さんが引き受けたりしてますね。それからサラブレッドですね。今も三里塚で牧場をもっていますが、たしかＪＲＡ（日本中央競馬会）の何代目かの理事長は、源太郎さんの叔父さんの菅井操さんがなさっています。戦時中は軍馬の育成で牧場を経営していて、戦後はサラブレッドですね。優秀なサラブレッドというのは皇室ルートで輸入されていて、みんな三里塚に集まっていた。そんな馬を菅井家の牧場で育てていたんです。

――佐原囃子について話をうかがってきて、いちだんと佐原のもつ歴史的、文化的な奥行きの深さ、広がりが見えてきたように思いますが、そこにはやはり佐原の旦那衆の心意気がしっかりと流れていますね。歴代の与倉屋の旦那さんたちがそうですし、小森さんの中にもその気風は脈々と受け継がれていることを強く感じました。今日はそのことを存分に教えていただきました。

〈資料 1〉佐原囃子下座連が乗る本宿・新宿各町の山車

下座連名	所在地	流派	創立年	佐原山車町内
牧野下座連	香取市牧野	牧野流	二〇〇年前	下新町山車
内野下座連	香取市内野	神里系内野流	一五〇年前	八日市場山車
清水芸座連	香取市小見川虫幡	神里系清水流	明治はじめ	田宿山車・下川岸山車
与倉芸座連	香取市与倉	玉造流	明治はじめ	浜宿山車
潮来芸座連	潮来市潮来	潮来流	明治五年	下分山車・仁井宿山車
野田芸座連	香取市小見川野田	神里系木内流	昭和二年	荒久山車・新橋本山車
山之辺芸座連	香取市山之辺	玉造流	昭和二二年	［前］仁井宿山車
神崎芸座連	神崎町高谷	毛成・高谷流	昭和二三年	［前］上中宿山車
佐原囃子連中	香取市佐原	牧野流	昭和二四年	寺宿山車・仲川岸山車
潮風會囃子連	潮来市潮来	牧野流	昭和三六年	新上川岸山車
東関戸連中	香取市佐原	牧野流	昭和四七年	上仲町山車・東関戸山車
鹿嶋芸座連	鹿嶋市宮中	潮来流	昭和四七年	上新町山車
源囃子連中	潮来市潮来	牧野流	昭和四八年	船戸山車・北横宿山車
新和下座連	成田市飯田町	玉造流	昭和五〇年	本川岸山車
あらく囃子連	香取市佐原	玉造系大戸流	昭和五〇年	南横宿山車
分内野下座連	香取市佐原	神里系内野流	昭和五一年	下宿山車
如月会囃子連	香取市佐原	牧野流	昭和五一年	下仲町山車
寺宿囃子連	香取市佐原	玉造流	昭和五三年	上宿山車
和楽会	香取市大戸	牧野流	平成六年	上中宿山車
雄風會	香取市佐原	牧野流	平成一四年	西関戸山車

出典：『佐原の大祭』（佐原アカデミア編、言叢社、p.186）

〈資料2〉活動中・解散・休止中の佐原囃子の下座連一覧

作成：香取正巳

a. 一定期間、祭礼の山車に乗演した下座連を主にあげた。平成12年12月現在調査途中のデータである。
b. 行政区ごとに五十音順に並べ、○は活動中、●は解散・休止中として記した。
c. 正式名称が判明しないものは「下座連」で表現している。

〔1〕千葉県成田市
1 ○あづま下座連
2 ○囲護台三和会下座連
3 ●磯部下座連（いそべ）
4 ○大杉下座連
5 ○音無会（おとなし）
6 ○幸町下座連
7 ○新和下座連（しんわ）
8 ○宗吾芸座連
9 ○土屋囃子連
10 ●成毛下座連（なるげ）
11 ○花崎町囃子連
12 ○友笛囃子連（ゆうてき）

〔2〕千葉県印旛郡富里町
1 ○七榮芸座連（ななえ）

〔3〕千葉県八街市
1 ○大東お囃子会
2 ○四番囃子連
3 ○六区お囃子会

〔4〕千葉県香取郡大栄町
1 ●志みず山下座連
2 ●奈土下座連（など）
3 ●吉岡下座連（きちおか）
4 ○吉岡下座保存会

〔5〕千葉県香取郡神崎町
1 ○神崎芸座連（こうざき）
2 ●高谷下座連（こうや）
3 ●毛成下座連（けなり）

〔6〕千葉県佐原市
1 ●荒川下座連
2 ○あらく囃子連
3 ●荒久下座連（あらく）
4 ●岩ヶ崎下座連
5 ●大崎芸座連
6 ●大戸下座連
7 ●大根下座連（おおね）
8 ●加藤州下座連（かとうず）
9 ○川岸囃子連
10 ●観音下座連（かんのう）
11 ○如月会
12 ○佐原囃子連中
13 ●下の州下座連（しものす）
14 ○上仁会
15 ●須保居下座連（すほい）
16 ○水郷會囃子連
17 ●砂場下座連（すなっぱ）
18 ○千秋會囃子連
19 ○多田囃子連
20 ●玉造芸座連
21 ●附洲芸座（つきす）
22 ○寺宿囃子連
23 ○鳥羽下座連（とっぱ）
24 ●仁井宿下座連（にいじゅく）
25 ○西関戸芸座連
26 ●新部下座連（にっぺ）
27 ●浜宿下座連（はまじゅく）
28 ○東関戸連
29 ○牧野下座連
30 ●向津下座連（むこうづ）
31 森戸下座連
32 ●矢作芸座連（やはぎ）
33 ○山之辺芸座連
34 ○与倉芸座連
35 ○葦切会
36 ●若睦会
37 ○分内野下座連（わけうちの）
38 ○和楽会

〔7〕千葉県香取郡多古町
1 ○分清水高根下座連

〔8〕千葉県香取郡小見川町
1 ○内野芸座連
2 ○岡飯田下座連
3 ○木内唯子連（きのうち）
4 ○清水芸座連（きよみず）
5 ○下小川芸座連
6 ●下小堀下座連
7 ●新福寺下座連
8 ○野田芸座連
9 ○羽根川芸座連
10 ●南八軒町下座連

〔9〕千葉県香取郡東庄町
1 ○石出下座連（いしで）
2 ○大木戸芸座連
3 ○かし組芸座連

〔10〕茨城県稲敷（いなしき）郡新利根町
1 ○太田芸座連

〔11〕茨城県稲敷郡江戸崎町
1 ○荒宿囃子連
2 ○稲波芸座連（いなみ）
3 ○大宿芸座連
4 ○須賀芸座連（すか）
5 ○田宿芸座連
6 ○戸張芸座連
7 ○西町芸座（にしまち）
8 ○根宿芸座連
9 ○浜町芸座連
10 ○本町芸座連
11 ○門前芸座連

〔12〕茨城県稲敷郡桜川村
1 ●甘田下座連（あまだ）
2 ○あんば囃子保存会
3 ●羽生下座連（はにゅう）

〔13〕茨城県稲敷郡東町
1 ○伊佐部芸座連（いさぶ）
2 ●押堀下座連（おっぽり）
3 ●上須田下座連
4 ●佐原組新田下座連
5 ●中神下座連
6 ●西代下座連（にっしろ）
7 ● 曲渕下座連（まがふち）
8 ○本新下座連（もとしん）
9 ●四谷下座連

〔14〕茨城県行方（なめかた）郡麻生町
1 ○麻生囃子連
2 ○蒲縄下座連（かばなわ）
3 ○玄通下座連（げんづう）
4 ○下淵下座連（したぶち）
5 ○田町下座連
6 ○本城下座連（ほんじょう）

〔15〕茨城県行方郡牛堀町
1 ●牛堀下座連
2 ○柴宿芸座連
3 ○横須賀芸座連

〔16〕茨城県行方郡北浦町
1 ○山田囃子連

〔17〕茨城県行方郡潮来町
1 ○潮来芸座連
2 ○江寺下座連
3 ●大生下座連（おう）
4 ●大洲下座連
5 ○上町芸座連
6 ○三丁目芸座連
7 ●下町芸座連
8 ●十番芸座連
9 ○潮風會囃子連
10 ○登喜和芸座連（ときわ）
11 ○浪逆芸座連（なさか）
12 ○八丁目芸座連
13 ○源離子連中
14 ○むつみ芸座連
15 ●四丁目芸座連

〔18〕茨城県鹿嶋市
1 ○鹿嶋芸座連
2 ●木滝下座連
3 ○宮中芸座連（きゅうちゅう）
4 ●桜町下座連
5 ●三笠山下座連

〈資料3〉佐原囃子下座連の分布図

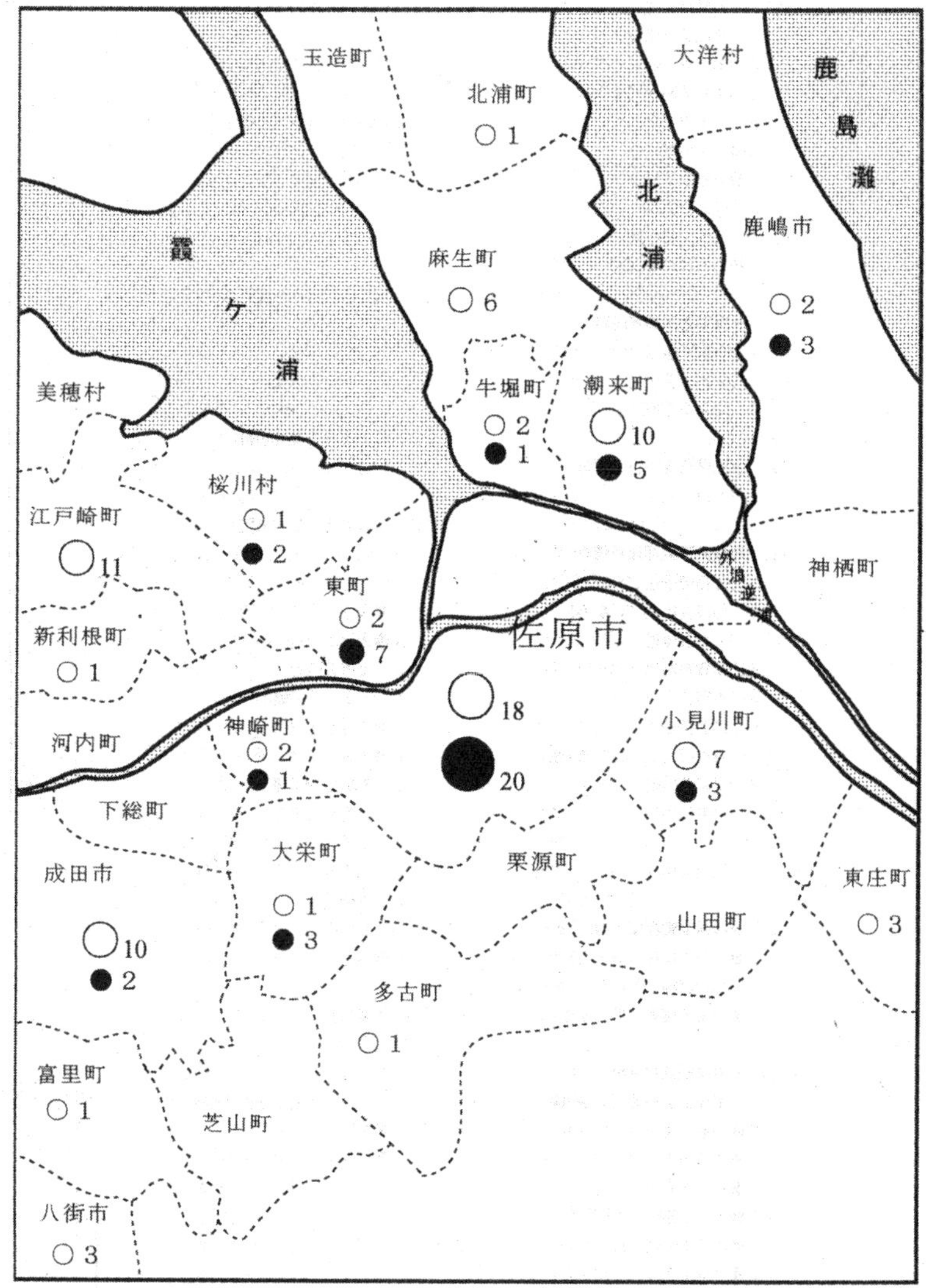

出典：〈資料2・3〉とも、佐原市教育委員会「佐原山車祭調査報告書」より

六章　佐原らしさを求めて　過去そして未来へ

小森孝一さんは戦後、佐原のまちが衰退していく姿を前にして、「もう一度、佐原らしさをとり戻したい」と、まちおこしに立ち上がる。では「佐原らしさ」とは何を指すのだろうか。氏は佐原の過去と未来に想像力の翼を広げ、その実像を探り当てようとする。戦前、大地主であった小森家は敗戦直後の農地解放により、一夜にして没落する。小森さんは自身の履歴と戦後の佐原の激変した姿を重ね合わせながら、本物の豊かさとは何かについて、考えはじめる。そこに佐原市長であった父の果たせなかった思いも追想される。

佐原は東日本大震災で大きなダメージを受ける。それから一〇年、未来に向かって佐原らしさをどう構想すべきか。本章後半は、小森さんと一緒に佐原のまちおこしに関わってきた佐原アカデミアのメンバーと語り合う。ポイントは、暮らしの現場に根ざした知の集積と循環である。その構図のなかで、佐原アカデミアが試みてきた活動をたどり、あらためて地域と大学の関係のあり方が検討される。さらにその先に、佐原の大地が長い歴史をかけて育んできた「発酵」の蓄積を参照点に、佐原らしさの基盤となる未来の産業の礎をどこに据えるべきかが議論される。最後の関谷昇論文は、近代日本の歴史文脈のなかで佐原のまちおこしのもつ今日的意義がまとめられている。キーワードは、人々が生きる場としてのコミュニティの再構築と「自治」である。

親父の時代のころ、佐原のまちおこしを引き継ぐ人たちへ

――小森さんが取り組まれてきたまちおこしの核には、祭りを中心とした観光があります。しかし観光といっても、小森さんが考えておられる観光イメージは、物見遊山を目的に、外から観光客を呼び込めばそれでよし、というものではなかったはずです。そのことと関連すると思いますが、あるとき小森さんが「一〇〇年前の佐原をもう一度取り戻したい」といったニュアンスの発言をされたのを印象深く聞いたのを憶えています。単なるノスタルジーからそうした言葉が出てくるとは考えにくいので、その真意は何なのか。まず、そのあたりからお聞かせください。

厚みのある豊かな佐原を取り戻したい

小森　一〇〇年前の佐原に時計を巻き戻したいと私は言ったんです。一〇〇年前というのは、明治の末から大正時代を経て戦前昭和のころですね。当時は佐原が最も栄えていた時代でした。ですからもう一度、もの

づくりや物流の盛んな豊かで活気のある佐原を取り戻したいという思いから出た言葉ですね。そのころの佐原は確かにまち全体が賑やかだったんですが、当時はまだ車も少なかったし、みんなまちの真ん中を歩いていた。それから子どもたちが道路で遊んでいたりとか、まち全体に何かしら余裕があるというか、ゆったりとした雰囲気をもっていた印象があります。豊かだというのはお金だけじゃなくて、時間とかいろんな面でそうだということなんです。そういうまちにもう一度戻したいという思いで言ったつもりなんです。

ところが戦後になり、日本の社会は大きく変わります。復興期が終わり高度成長期へと移ってきて、確かに日本はお金に余裕ができ、便利な社会になりました。では、戦後の日本は本当に豊かな社会になったのかといえば、ちょっと違うんではないかと思っています。佐原をみても車社会になり便利になりました。しかし、若い人は外へ出ていってしまって、まちなかはお年寄りだけになってしまい、活気も失われていく。やはり本当の豊かさと違うのではないか。そんな思いをずっともってきました。

――戦後、日本の社会はたしかに経済的には豊かになったし、都市化のなかで便利な社会になりました。しかし何かが欠けているということでしょうか。

小森　ええ。話は少し飛ぶようですが、私が東京でＩＴ関連の会社を経営していた時、実はアップルのスティーブ・ジョブズが泥まみれで悪戦苦闘していたころの彼と会っているんです。アメリカの最先端の情報システムの動向を調査するため、数カ月間、アメリカの大学や研究機関を訪ねたことがあったんですが、彼はまだ学生でした。その時に痛感したのは、アメリカは日本とちがって敗者復活のシステムがしっかりしているということでした。一方日本は、一度失敗したらなかなか上にあがれない社会ですよね。ですから冒険ができなくて、安全運転にならざるをえない。それに比べ向こうの若者は、失敗することを怖がらずにいろんなことにチャレンジするし、斬新な発想もいっぱいでてくる。そういう姿をみて、アメリカは日本より足腰が強く、柔軟性のある社会だとつくづく感じたんです。

——社会全体に厚みがあるということでしょうか。

小森　そうですね。スティーブ・ジョブズのことだけでなく、実は一時期、カナダの会社の経営に関わったこともあったんですが、アメリカやカナダは、日本に比べて社会全体に厚みというか重量感のある豊かさを感じるんです。もちろん、だからといって単純に今より戦前の日本の社会がよかったなどと言うつもりはありませんが。

——東京一極集中の問題が盛んに論じられますが、実は一極集中の弊害はそれぞれの道府県単位でもおきていて、県庁所在地の都市に人口が吸収されて、かつて豊かな個性をもって栄えていた中小都市がいまや軒並み衰退していますね。こうした現実をみても、日本の社会が厚みというか、柔軟性を失ってきていることがわかります。

小森　おっしゃる通りで、佐原もその例外ではありません。一〇〇年前の佐原というのは、夜でも人通りが絶えないといわれたほど賑やかで、船の荷物の積み下ろしとか、周辺から買い物客が訪れ、活気のあるまちだったんですが、いつの間にか人がいない、犬がいない、猫もいない（笑）、そういった惨憺たるまちになってしまった。そこでもう一度、外からたくさんの人に来てもらえるようなまちにして、活力というか、底力のある佐原を取り戻したいと、こう思ったんです。

それからもう一つ、明治から大正、昭和の戦前にかけては、佐原というのはかなり知名度が高かったんです。佐原囃子もそうでした。ところが私が外から人を呼び込もうと思って観光だ、まちおこしだと言いはじめても、佐原ってどこに位置するのか、みんなわからない。「佐原って、どこですか」と振られて、成田山新勝寺、成田山をご存じですねと。鹿島アントラーズは知っていますか、そのちょうど真ん中ですと、こういう説明をしないとわかってもらえない（笑）。そういう本当にもうお寒い状況になったんですが、私の頭の中では時計を一〇〇年前に戻して、大手を振って、ゆったりとまちなかを人が歩いている。それから、小さい子どもたちが道路の真ん中で、いろいろな遊びをしている光景がずっと残っているんです。ですから、上質な歩行空間をつくりたいと。

――上質な歩行空間というのは、小野川周辺をイメージされているんでしょうか。

小森　いや、まち全体に余裕がありました。佐原の中心部に千葉銀行がありますが、あの辺から今の町並み交流館の先のほうまで、佐原周辺の町、村からくる買い物客でずっと人がいっぱいでした。また、小野川も買い物客がいましたが、物資の流通だけでなく酒造りをはじめものづくりも盛んでしたから、小野川全体が舟であふれていた。そういった人で賑わっていたんですね。しかし、そうした賑やかなまちの様子は、実は私、あんまりよくわかっていないいんですよ。

――わかっていない？

敗戦直後の佐原――小森家の没落とヤミ経済の繁栄

小森　私は昭和九（一九三四）年生まれですから、そうした佐原の光景は書物だとか、いろいろな人に聞いたりして知っていただけなんです。佐原が賑やかだったのは太平洋戦争がはじまる直前の昭和一二、一三年までですからね。戦争がはじまったら米でもお酒でも統制経済になって、ピタッと佐原の経済が止まってしまった。そのことが私、物心がついてからわかってくるんですね。戦争が終わった直後の子どものころ、「小森のうちはお金持ちだからね」とよく言われたんです、だから「いいね」と。よくこう言われたんだけど、とんでもなくて、私は、我が家にお金があった時代は全然知らないんです。戦後になって農地解放、財閥解体があって、インフレの時代になる。それに家賃統制令で戦時中の家賃は一円も上げてはだめだということで、我が家は丸裸になってしまうわけです。そのころから私の記憶ははっきりしていて、だから金持ちだという記憶は全くない。

大インフレの時代で、アメ玉一つ買うのにも苦労した経験を鮮明に憶えていますよ。育ち盛りのころですからね。金持ちが羨ましくて、何で俺の家には金がないんだろうと思っていた。一方、インフレの波にうまく乗った人は繁盛してたんです。佐原は穀倉地帯ですから、米不足の東京に米をもっていけば二〇倍、三〇倍の値段で売れたんです。東京で米を売って、その金で商品を仕入れてくれれば倍々ゲームで儲かるわけですから。他方、小森家はというと、どんどん沈んでいっている最中でした。農地解放、家賃統制令、それに預金封鎖をやられましたからね。現金収入がなくなって、我が家はお袋の着物や手持ちの家財道具などを売るまさにタケノコ生活で食いつなぐ、そんな生活をやっていましたね。その記憶がすごくあるんです。

——農地解放で土地がなくなる前、小森家はどれくらいの土地をもっていたんですか。

小森　千二百、三百町歩でしょうか。一町歩が三千坪ですからかなり広いですよね。利根川と横利根川があって、霞ヶ浦があって牛堀まで他人の土地を通らずに行けたと聞いてましたから。祖父の時代から狭い土地は買わずに、最低三〇町歩とか九万坪ほどまとまる土地以外は買わなかったようです。全部開墾した田んぼでしたから、農地解放ですべてもっていかれた。残ったのは家屋敷くらいです。それから預金封鎖が痛かったですね。でも我が家なんか、生き残ったからいいんですが、当時、すべて失って自殺した人もいたようですね。

——佐原で、小森家と同じ運命にあった家はあったんでしょうか。

小森　菅井家の与倉屋さんがそうですね。ただ与倉屋さんは山林を多くもっていて、山林は農地解放の対象外でしたから、そこはがっちり守られた。親父に言われましたよ。「お前なんかたいしたことはない。俺は一晩で貧乏になったんだ。それも通達一本でだ」と。

——そうしますと、おじいさん、お父さんの世代にあった佐原の豊かな世界については、小森さん自身は経験していないんですね。

小森　そうなんです。佐原がいかに栄えていたか、ずいぶん聞かされましたね。小野川へ行ったら、夜中でもロウソクを立てて舟の積み下ろしをやっていたとかね。それから、馬車で夜中でもガラガラ荷を引いていたとか、そういう話はよく聞いていました。

——江戸末期の赤松宗旦が書き残した佐原の世界がまだ続いていたんですね。

小森　そうですね。しかし他方で、貧しい人たちもいたわけで、戦前の私の小学校時代は下駄を履いて、農家の子はみんな藁草履ですよ。藁草履を一足、腰へ下げて履いてきて、だめになったら新しいのを履くというような、そういう時代でしたからね。当時かばんを持っているのは、まちの中の数人しかいませんでしたね。農家の子は全部風呂敷で、腰にギュッと縛ってそれで学校に来ていた。それが戦後の農地解放によって、戦前の旦那衆が全員ペシャンコになって、立場があっという間に逆転したわけです。終戦直後、中学へ入って靴を買おうと思ったら、インフレで靴が買えなかったんです（笑）。「明日金をもってくるから取っておいてくれ」といったら、次の日、倍になっているんです、値段が。そういう時代でしたね。だから才覚のある人は米を元手にして、もうどんどん儲けていた。

——戦前の佐原の豊かな世界と戦後の復興後では、豊かさの中身が違うわけですね。

小森　佐原へ来ると米の飯が食えるというので、桶松という食堂がカツ丼をはじめたんですよ。どんぶりから御飯がこぼれそうなほど盛ったカツ丼が爆発的に売れたんです。そうした食料難の時代が、朝鮮戦争の終わるぐらいまで続いてますね。当時、急に大きくなった店が結構あったんですが、それが今から一〇年くらい前にほとんど閉店しましたね。やっぱり当時の経営から抜け出せないから続けられないんですよ。

佐原に、周辺の農村部から人があふれるほど来て、東京で仕入れた物資をみんな農家の人が買い漁っているときに、おやじに聞いたんですよ。「おやじ、今の佐原、昔の佐原と比べたらすごいだろう」と。そうしたら「馬鹿野郎、昔の五分の一の力もないわ、今の佐原は」というんです。私は「え?」と思ったんです、五分の一の力もないと一言でいいましたから。親父は明治三五（一九〇二）年生まれだから、大正・昭和のいい時代の佐原を知っているんです。当時の佐原の力はこんなもんじゃないよと。

——お父さんの時代にあった佐原の豊かさというのは、戦後のヤミ市的な水ぶくれの経済とは違うんだということでしょうか。

小森　親父からすればそうだと思います。佐原は戦後のヤミ経済でワーッと膨らんだ。それから土地成金ですね。私はそういう繁栄しか知らなくて、戦前どっしり構えて商売をしてきた佐原商人の記憶はないんですが、親父にいわせれば、昔からの佐原の金持ちで残っているのは菅井と馬場だとはっきり言いましたね。

——菅井家と馬場本店酒造ですか。

小森　そう、馬場酒造と菅井家は本当の金持ちだと。戦後の佐原で急に金持ちになった人は蓄積がないんだという話をしていました。当時、私はそのことをあんまり理解できなかったんです。そのころ菅井さんと馬場さんは、じっとしていて、ほとんど活動していないような状況でしたから。

お金は出すが屋台は曳かない

――祭りは戦争が終わって、すぐ復活していますね。

小森　そうなんです。終戦の年の昭和二〇（一九四五）年の九月二五日に屋台を曳いてますね。当時、お祭りは戦後復興のなかで儲けた人たちが中心になって復活するんです。そのころ、私はお祭りの屋台を曳いてはいけないといわれてたんです。「何で?」と聞いたら、「俺のうちは屋台は曳かない。お金は出すけど屋台を曳くのはまちの中の職人だとか、それから一般の人が曳く。おまえは曳いてはいけない」と。だから屋台が通ると、みんな友達は楽しそうにやっているのに私はできなくて、恨めしそうな顔で見ていました。その記憶はいまだにありますよ。

――なるほど。祭りの経費、お金は出すけれども、山車とか祭りの表舞台は町内の人に任せる。後ろに引いて祭りを支えるのが旦那衆の役割なんだと。

小森　そういうことだったみたいですね。ですから屋台が出て、道路へ曳き出したら、まず私のうちの前へ来て止まるので、そこで接待をするんですよ。お酒を出したり食べさせたり。それから山車曳きを開始するという、そういうしきたりだったんです。

――それが佐原のまちが栄えていたころの旦那衆の気風というか、行動スタイルだったんでしょうか。

小森　そうでしょうね。菅井さんも馬場さんもそうですが、どこの町内にも造り酒屋とかが必ず一、二軒あって、そういう町割りになっているんですね。佐原が一番栄えていたころは酒造りの店が三五軒あったということですから、町内の軒数が少なくても一つの町内として成り立っていたんですね。造り酒屋もそうですが、大店には従業員がいましたからね。

――なるほど。

小森　それからお祭りにかかる経費は、所得に応じて分担するんです。例えば山車を造っても旦那は一〇〇％は出さない。九〇は出すが、あと一〇％は町内全員で金を出し合って造る。そうすることで、山車は町内全体のものになる。旦那が一人で造って寄附したら、俺のものだなんていい出す人も出かねないですから、それはない。それから、町内で他のことをやっても九〇％は旦那が出すけど、あと一〇％は町内みんなで出しなさいと、これが不文律になってたんです。明治、大正だけでなく、江戸時代のころからそうなんじゃないですかね。戦前のお祭りの寄附の資料などを見ると、五銭なんてのがあります。旦那さんが亡くなって、奥さんが一人で商売をやって大変なので、とにかく一銭でもいいから出す。つまり、お祭りには町内全員がかかわる、それが佐原のやり方。そういう話はずいぶん親父から聞かされてきました。

私にとって親父は反面教師

――お父さんの思い出について、もう少しお願いできますか。

なつかしい風景（『佐原の町並み資料集成』より）

上：出初めの光景、昭和 11 年ごろ撮影
協橋（現忠敬橋）にて

中：奈良屋呉服店。大正 6（1917）年に新築された店舗。撮影は、 昭和 10 年。商家として洋風建築を初めて建築したと考えられる

下：香取街道、法界寺を後ろに眺める

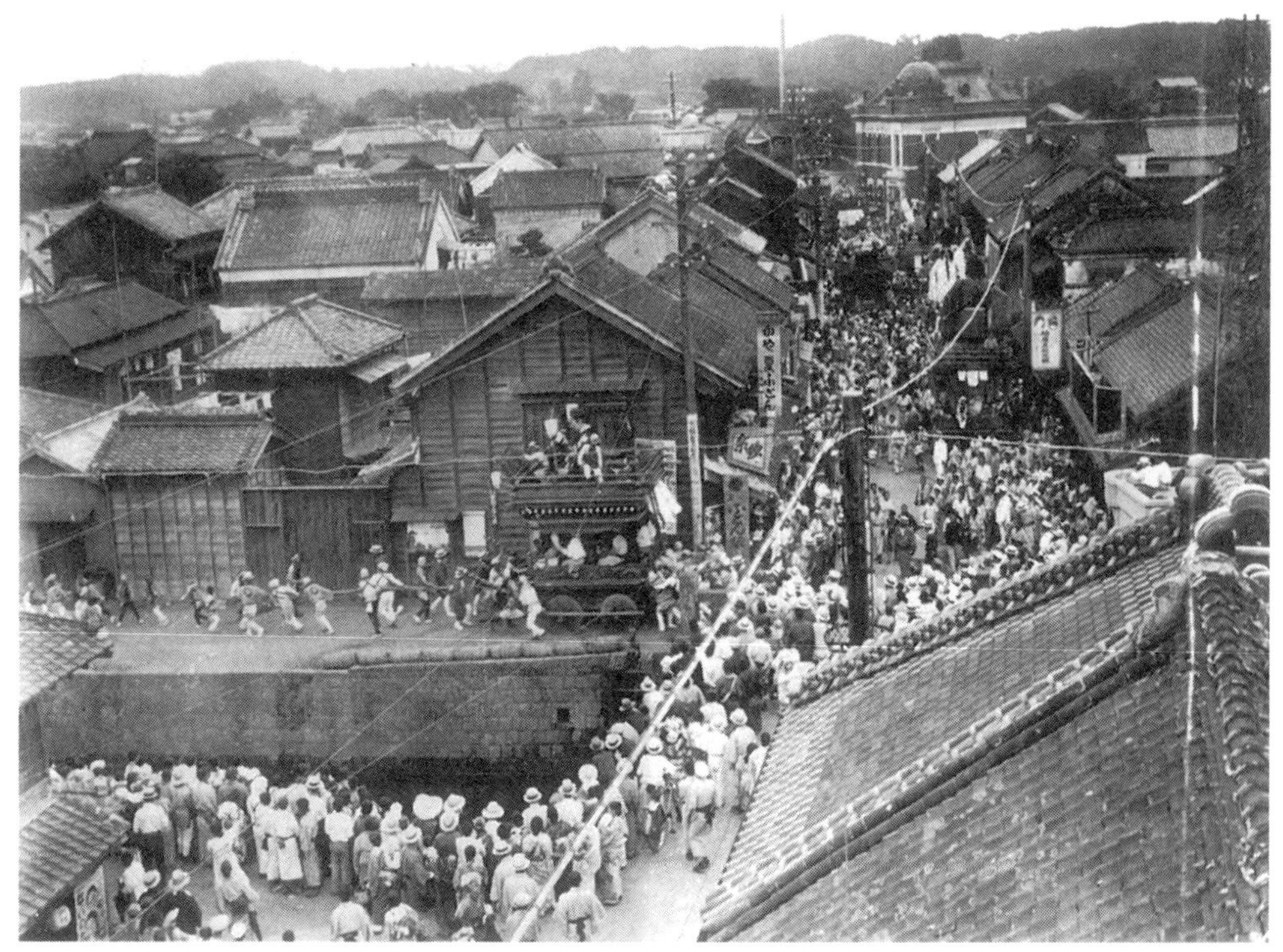

本宿祭礼　昭和12年撮影　祭りで賑わう本橋元

新上川岸の「牛天神」山車。昭和30年代

昭和21年9月終戦翌年に行なわれた例祭。浦島山車、上宿通り（『幣台年番記録集』p.151より）

祭りの日

小森　我が家の家業は金融の質屋と地主で、親父はお坊ちゃん育ちというか、「お前は何もしなくていい」と親からいわれて育ってきた人です。その当時、地主の子はそうして育てられたのが多かったようですね。親父の一番の仕事は、佐原の水防、消防ですね。佐原にとって防災対策は重要な仕事でしたからね。それから我が家には、ハーレーダビッドソン（米国製の大型オートバイ）と馬が四頭いましたから、それに乗って今日はどこ、明日はどこだと土地の見回りや田んぼの見回りに行く。冬になると猟犬を連れて鉄砲を背負って猟に行くんです。猟をやりながら山回りや田んぼの見回りをする。私が小学校の三、四年くらいまでは、そういう生活をしていましたね。

——おじいさんの代はどうだったんでしょうか。

小森　我が家は女系家族なんですよ。ですから祖父は婿さんなんです。

——伊能忠敬と同じですね（笑）。

小森　そうなりますかね。すごくおとなしい人でした。小森家の切り盛りは祖母がほとんど仕切っていましたね。祖父はもっぱら帳面つけ。それと金融ですね。それから家の資料をめくっていますと、いろんな商売をやってますね。時代、時代に合わせて炭屋をやっていたりとか。ですが主力はやっぱり金融と米ですね。米は小作の農家から上がってきた米の他に、仲買人と取り引きをやるとかしてましたね。

親父のことでびっくりしたのは、よく「俺、相撲取りになりたかった」と言ってたんです。体格は私より二回りほど大きかった。背が高くて筋肉質で、一八〇センチ近くあったんではないかな。一度、相撲で香取郡で一番になったこともあったんです。それから柔道四段で、剣道は三段。だから三〇センチ棒を一本もったら絶対負けないと。「おまえ、こうやって突けば、それでみんな降参する」といってましたが、迫力がありましたね。六〇キロの米俵を二つシュッと担ぐんですから。それくらい体力的には自信はあったんです。しかし精神力では、しぶとい人たちがいっぱいいますから、そういうのには弱いんです。根がお坊ちゃん育ちで苦労してませんから。

――戦後はどうなさっていたんですか。

小森　戦後になって、ある時期から親父はまちのいろいろな会合に一切出なくなった。おめえ行ってこいといわれて、端っこに座って聞いているんですが、言う人がいるんですよね。「昔の小森はたいしたもんだったけど、今の小森はたいしたことねえな」と、私の顔を見て言うんですよ。そういう意味では随分悔しい思いはしましたね。別に悪いことをしたわけではないんですが、農地解放で財産が全部なくなってしまった（笑）。でも、親父はもっと悔しかったはずですから、ほとんど人に頭を下げなかったですね。いろいろな意味でそうでしたね。

――お父さんは、佐原市長になられてますね。

小森　ええ。昭和三四（一九五九）年五月から市長を二期やっています。当初は選挙に出るのを全員が反対したんですよ。でも親父は「いや。俺がやらなきゃ、佐原はだめになっちまうから」とか言いながら、市長になったんですが、頭を下げないんですよね。頭を下げろって言ったって下げないんだよ（笑）。

――小森さんにとって、お父さんは、どういう存在だったんですかね。

小森　私にとっては、親父は反面教師ですよ。

――頭を下げないところとかがですか（笑）。

小森　私なんて、ずっと頭を下げっぱなしですからね（笑）。

――お父さんは、俺がやらなきゃ佐原はだめになると言われて、市長に出られたわけですが、その時のお父さんの思いというのは何だったんでしょうね。

小森　たしかに親父は、佐原をどういうまちにしたいか、そういうことは思い描いていましたね。ただ威張って育ったお坊っちゃんですから、濁ったことは大嫌いなんですよ。絶対許さないんです。それでよく周りとぶつかっていましたね。でも、いい絵を描いていたんですよね。

――佐原のまち全体をどうしたいかという絵ですね。

小森　佐原の将来をどうするのか、絵は随分描いたけど、そうすると不利益を受ける人がいるわけです。そういう人に対してどうするんだと聞くと、「そんなの我慢すればいいんだ。全体がよくなれば、すぐ納得するんだから」と。そこをもう少しうまく柔軟にやるというか、説明をちゃんと丁寧にすればよかったんですが、そこが足りなかった。

――そのあたりが小森さんからすると、反面教師ということですかね。

佐原市長時代の親父

小森　それはありますね（笑）。親父は市長を二期やってますが、佐原中学、早稲田大学の同級生に国会議員の橋本登美三郎氏がいます。親父は体をこわして途中で大学をやめていますが、橋本登美三郎さんと親しくて、「おい、登美」というんだよね。それで登美三郎氏の事務所へ入るのに、「おい、登美いるか」というんだから。受付の人がびっくりして、「誰ですか、登美って」と（笑）。そんな間柄だったんです。登美三郎さんは利根川対岸の茨城県潮来の出身で、鹿島開発が夢だったんですよ。鹿島に港を造って一大コンビナートにして、茨城県南部を豊かにするというのが彼の夢でした。親父が登美三郎氏に「おめえ、道路が一本もねえのに、物は運べないしさ、電車もほとんど通ってねえ。どうするんだよ」と言っていたのを憶えています。登美三郎さんは一級国道が全部で五〇号までしかなかったのを、新たに五一号を新設したり、高速道路をつくったりしています。

――昭和三〇年代、全国でコンビナート中心の拠点開発構想がはじまっていたころですね。

小森　そうですね。そのときに私、「ちょっと、脇に座って聞いていろ」といわれて、親父と登美三郎さんが話をしているのを聞いていました。鹿島を一大コンビナートにして、佐原は文教地域にすると。

親父が佐原でやりかったのは三つ、一つは大学の誘致でした。当時、佐原は高校しかなかったんですが、高校を充実させてゆくゆくは大学も招致したいという構想をもっていました。二つは、千葉の県立病院を佐原につくりたいと。当時、佐原は力が弱まってきたとはいっても、下総三〇キロ圏の中心都市ですから、千葉大学病院と同等の設備をもった病院をつくるという絵を描いていたんです。三つ目は、水の郷佐原を生かした観光ですね。この三本柱、これが実現できたら、佐原は大丈夫だと言ってましたね。今考えても、この三つが実現していたら、佐原もいいまちになったと思いますね。

――お父さんと橋本登美三郎さんの間でそういう話をしていたんですか。

小森　そう、二人で話していました。そうすれば佐原は公害の問題も出ないし、工場を引っ張ってきてごちゃごちゃするよりは、それが一番いいというような話をしてましたね。でも県立病院の構想でつまずいたんです。県立病院ができたら、佐原の医者は全員反対。当時、佐原には町医者が四、五〇軒あったんです。

――患者さんを県立病院にもっていかれるから反対だった……。

小森　そう。患者を取られてしまうから反対というわけです。ところが、そうじゃなくて県立病院をみんな開放するから、外科のお医者さんは県立病院の施設を使ってもらうと言ったんです。結局、地元の医師会の合意が得られず選挙に負けちゃった。それからもう一つ、今の水生植物園のある一帯の百町歩を藤田観光と話をつけて開発する話が進んでいたんですが、それもだめになった。昔の水郷風景を残していたらすごい観光資源になったと思いますが、構想が早すぎたんですかね。それから佐原に大学を誘致しようという構想も立ち消えになった。

――お父さんの市長時代に、橋本登美三郎さんとの話で鹿島をコンビナートの工業地帯にして、佐原は文教都市に位置づけようと考えたわけですね。

小森　そうです。私は黙って聞いていましたが、そうすると佐原は、今までの商人だけのまちではなくて、新しいかたちで復活できると思いましたね。

登美三郎さんは佐原方面に来ると、遅くまで親父と話し込んでいましたね。「今度は小森、こんなのをやるけどよ」とか。「だめだよ、おまえ。何をやったって、今は目先のことばかりに目が行って、先のことを考えない」とか、そういう話をしていました。戦後の佐原の商人の関心は自分のこと優先で、佐原のまちをどうするといったことには目が向いてない人が多かった。そこが親父の思いとちがっていたんですね。

――小森さんから話をうかがうようになって、かなりの回数になりますが、小森さんの佐原への想いの背後には伊能忠敬の存在が大きいと強く感じてきました。しかし、市長時代のお父さんの考えからも少なからず影響をうけておられますね。

親父に啖呵をきって山車祭りにのめり込む

――さて、今日は一〇〇年前の佐原を取り戻すという話からはじまりましたが、その想いのなかには、一〇〇年前の佐原の祭りを取り戻したいということも同時に重なっていた……。

小森　うん。以前、話したと思いますが、町内の中で私よりちょっと下の年代の連中から、「佐原の祭りを何とかしないと、小森さん、だめだよな」と言われ、「だったらおまえら、やったらいいがっぺ」と言ったら、「俺はできないから、小森さんがやれ」と。そんな話をしていたんです。そういう中で、だんだん年齢が上がってくると、町内でもいろいろな役をやらせられるようになり、最後はお祭りの話になって、「小森さん、佐原の祭りを変えるのは東関戸しかないぞ」とか、「小森さんでなきゃ、できねえよ」とか、おだてられるようになってきたんです。ご存じのように、佐原の山車祭りの特徴の一つに大人形がありますが、その原点は関戸のあの猿田彦の天狗ですからね。

しかし本音のところは、町内のお祭りを仕切る役になるのはもっと歳をとってからと考えてたんです。ですが、私より上の世代でどうもゴタゴタがあって、結局やる人が誰もいなくなって、長老の皆さんが私のところに来て、祭事区長をやってくれと言われた。「え?」と思って、いったんは断ったんです。

――そのころは、東京で会社の経営をバリバリやられていたころですね。

小森　ええ。でも三五年ぶりに東関戸が新宿惣町の山車年番（正年番）になることもわかっていましたので、これは逃げられないなということで、祭事区長になる前に親父にその話をしたんです。そうしたら親父は、「おまえよ、俺が選挙に落ちたのと同じで、そのときはいいかもしれないけど、いざとなったら難しい場面がいっぱいあるぞ。足をつかんで上から落っことされることもあるぞ」と、こう言ったんだよ。それで「足をつかまれたら、上に引き上げちゃえばいいだろう」と俺がいったんだ、親父にね（笑）。親父が言うには「いや、重いぞ。引き上げられないぞ、理屈が通らないことも多いんだから。でも本当にやるんだったら、一人でまち全体を相手にしてけんかするくらいの覚悟でやらなきゃ、絶対にできねえぞ」と、こう言われました。

親父にしてみれば、市長時代に苦い経験があるから、「そのぐらいの覚悟がなかったら、やるんじゃねえ」と、こう言いたかったんでしょうが、こっちも格好のいいことを言っちゃったから、「じゃあ、俺、やるわ」と（笑）。

——お父さんは、内心嬉しかったんではないですか。

小森　さあ、どうでしょうか（笑）。しかし、親父に啖呵を切ったのはいいんですが、東関戸の区長になる条件がひどいんですよ。町内には一円もないという。区長になりますと、他の町内と折衝をもったり、打ち合わせをしたり、酒を飲んだりと、それなりの金が必要になるんですが、そんな金はないと。みんな私が集めてやれと。冗談じゃない、お金をもってきて、これでやってくれというのであれば話はわかるが、全部自分で金つくって、自分でやれというのでは受けられないと粘ったんですが、結局、東関戸が後年番（受年番）になるぎりぎりの時期になって仕方なく決心しました（笑）。

——ここまで話をうかがってきて、ようやく山車祭りを起点としたまちおこしの話につながってきましたね（笑）。小森家のことやお父さんの話をうかがいながら、佐原のまちがもっとも輝いていた時代について話をお聞きしてきました。しかし、戦時、戦後を経て、そうした時代も終わり、日本の社会は激変していくわけですが、佐原はその波動から取り残され、衰退の一途をたどっていきます。では、そうした時代の変遷のなかで、佐原らしさを取り戻す、あるいは新しい佐原らしさを創出していくには何が必要なのか、あらためて問われてきます。

　佐原のまちおこしは、昭和の末期から平成の時代にかけ本格化しますが、平成二三（二〇一一）年の東日本大震災でいったん仕切り直しを強いられます。しかしそれから一〇年たった現在、佐原は震災前の景観を取り戻し、未来に向かって着実に歩みはじめています。そこで後半は、小森さんと一緒に佐原のまちおこしに関わってきた佐原アカデミアの椎名喜予さん、それから同理事である千葉大学の関谷昇さんを交えて、佐原の将来像といいますか、佐原が今後どんなまちになってほしいか、あるいはなるべきなのか、語り合ってみたいと思います。

地域に根ざす知の集積と産業おこし　佐原アカデミアへの期待

関谷 昇・椎名喜予（佐原アカデミア）が加わって

――これまで小森さんの話をうかがってきて、どうも小森さんの頭の中には、飛騨の高山を佐原のまちおこしの先輩格としてみてらっしゃる印象があります。では、飛騨高山はいかなる意味で先輩格なのか、そのあたりからはじめましょうか。

飛騨高山にあって佐原にないもの

小森　飛騨高山には「高山祭り」といって、佐原と同じように二つの祭り（春・秋）があります。そんなこともあって、二つのまちを比較してしまうんです。飛騨高山は、ある時期から市と商工会議所がよく連携するようになって、まちおこしがぐっと加速するんですが、もともとは商工会議所がイニシアチブをとってたんです。それが今、両方がうまくかみ合って、現在の高山ができ上がっています。

――佐原はそのかみ合わせがまだ足りないと。

小森　もう全然ですね。厳しいようですが、佐原の人たちは本当の危機感をもってないんじゃないかと思っています。もともと佐原の人たちは、時代の流れに同調しすぎるところがあるんです。その点、私はちょっと変わり者だったのかもしれない。高山は一度、落ちるところまで落ちて、そこから這い上がって今の高山がある。その間五〇年ですね。高山の人を佐原に招いて話をしたことがあるんですが、「佐原に観光客が来るのには三〇年かかります」といわれたんです。実際三〇年かかりましたよね。まちおこしはやっぱり先を見る目と時間が必要なんです。高山が上昇機運をつかむきっかけは、竹下首相のときの「ふるさと創生一億円事業」だそうです。ふるさと創生は補助金とちがって、一億円を自由に何に使ってもいいという事業でしたから、それで温泉を二本掘って、二本とも出たんですって。それを機に高山にホテルができて、それまで下呂温泉にとられていた観光客を高山に呼び込むことができるようになった。ホテルが建つことで、観光客の滞在時間も増えてきたんです。

――飛騨高山市には国際観光課もありますね。

小森　そうです。そのことも含めてですが、飛騨高山は基本的にいろいろなことが前向きなんですね。それから、高山の人は耐えるということを知っている。

――我慢強いんですかね。

小森　我慢強い。私が高山の人と話をしたら、はっきり言われたんです。「物品販売業の人たちだけを相手にしたら、まちおこしはできません」と。「どうしてですか」とたずねたら、物品販売業の人は安く仕入れた商品を早く、高く売って利益を出すのが商売ですから、投資ができないんだそうです。

――なるほど。

小森　先行投資ができなくてはまちおこしは無理でしょうと。何で高山の人はできるんですかと訊ねたら、

「高山はもともと林業のまちですから、山を整えて苗を植えて、毎年下草刈りをして、五〇年たってはじめてお金になる」と。だから二〇年、三〇年の我慢は平気なんだっていうんです。こちらは三日も我慢できないような商売、片方は二〇年、三〇年、じっと我慢して待つことができる(笑)。そこが高山の人たちと佐原の違いですね。

ですから、これからは観光で生きるんだと決めたときに、彼らが一番初めにやったことは、安房峠にトンネルを通して大都市との距離を縮めたことなんです。それに比べて、高山の人にいわせると、佐原は天国だと。高山は山に囲まれていますから飛行場がないんですが、外国人観光に力を入れている。驚いたのは岐阜県の高山が隣の長野県の松本空港の滑走路延伸の運動をしてるんですね。さらに富山県に出向いて富山空港でもそれをやっている。そこまでやって外国人観光客の誘致に努力しているのに、佐原さんは三〇分のところに宝の山があるじゃないですかと。佐原の人はものぐさで、ここに金鉱があるのにツルハシ一丁を持ってそれを掘ることをしないじゃないですかと。

佐原も昔はそうじゃなくて、こうこうだったんですと説明したんです。そうしたら、そうでしょうねと。そうでなかったら、とっくに佐原のまちは消滅しているはずだと言われちゃった。高山は外国人の観光客を呼び込むためにどこへ行ったかというと、ミシュランの三つ星を取るためにフランスのパリまで行って出張所を開いているんですから。そこまでやっている。つねに先、先を見てるんですね。

高山にあって佐原にないものは、我慢ができるところですよ。佐原で高山でやってきたことを参考にいろいろ提案しても、「そんなのやったって無理だよ。三〇年も先だよ。俺は死んじゃうからいいよ」なんていう話になるんですが、高山はそうじゃなくて、やろうと。そこが決定的に違うところでしょうね。

――時間のモノサシが違うということですかね。その違いは地域性からくるんでしょうか。佐原は飛騨高山に比べて逆に恵まれすぎている。

小森　そこなんですよね。高山の人に言われたことは、二〇年、三〇年は入り口だって。それが我慢できなかったら絶対うまくいかないですと。まちおこし会社をつくるときは、物品販売をやっていても、製造の現場をもっている人に入ってもらったほうがいいとアドバイスされたこともあって、佐原でまちおこし会社をつくったときは、そういう関係の人たちで立ち上げたんです。投資はお金だけじゃなくて、労力でも何でもいとわずに現場の知恵や技能を生かせる人たちが揃ってないとできません。そのことを飛騨高山の人たちから教わりましたね。

佐原アカデミアへの期待

――でも、東日本大震災からこの一〇年の佐原の動きをみていますと、佐原も捨てたもんではない、という印象を持ちますが。

小森　ええ、あの大震災を経験して、よくぞここまで来たと私自身も思いますよ。地震のおかげというのは変ですが、東日本大震災以降、若い人たちが佐原を訪れるようになってきて、「何だか、佐原って変なところがあって、おもしろそうだよね」といったイメージがいつしか浸透してきたことは確かですね。まちなかの古民家を活用した宿泊施設ができ、駅前にホテルもできた。アヒルの水掻きではないですが、つねに何かをしていないと、こうした動きも起きてこない。しかし、佐原がなんとかここまできたのは、ここにいる喜予ちゃん（椎名喜予さん）たちの力が大きくて、まちおこしの焦点を歴史や文化に据えたことがうまくいったということですね。でも、率直にいってまだ何かが足りない。もちろん、まちおこしのためといって、何か新しいものをつくれといってるわけではないんです。また、最新鋭の工場を誘致しろというのでもない。そうした工場が来ても佐原に残るものはほとんどない。佐原というまちの歴史、伝統を生かして、いろいろ工夫することが大事ですし、これまでも山車祭りを中心にそれをやってきた。別にその方向性が間違っているといってるわけではないんですが、しかし、もう一歩先に進むには何かが足りない……。

——おっしゃっていることは、もう一段、突破口になるものが欲しいということでしょうか。

小森　そう、突破口ですね。これまで努力してやってきたことを無駄にしないためにはもう一度、佐原の内、外のいろんな力を結集する必要があると思っています。結集する必要があるんだけれども、「じゃあ、おらたちにもできるんではないか、やってみようか」と意欲をうながすような流れをつくっていかないといけない。実をいうと、佐原でそういう流れをつくれるのは佐原アカデミアではないかと思っているんです。私のみるところ、いま佐原アカデミアは佐原に新しい力を呼び起こせるかどうか、胸突き八丁にさしかかっている（笑）。けっしてお世辞ではなく、アカデミアにはぜひ、佐原のまちおこしをもう一段飛躍させる突破口の役を担ってほしいと思っているんです。

——責任重大ですね（笑）。佐原アカデミアについて、ご存じない方のために、理事長である私のほうから簡潔に説明しておきます。佐原アカデミアをつくった趣旨は、大きくいいますと大学や役所、企業などが所有している知識や技術だけがすべてではないだろうというのが出発点ですね。大学、役所などが所有する知識は、どこでも共通するいわば一般的な知、ないしは専門的知だとすると、知識にはもう一つ、地域や人々の暮らしの中で蓄積されてきた経験知や暗黙知があるはずです。そこで双方の知、技術を結合させながら新しい知識や技術を生みだすシステムのようなものが見出せないかというのが基本的な狙いですね。具体的には、佐原のまち全体をキャンパスに見立てて、一つには、佐原の有形無形の歴史文化遺産、暮らしの知恵などを収集して、まちなかに図書館的な機能を埋め込みながら知的な「ひろば」をつくること。もう一つは、そのひろばを活用しながら大学や企業と連携して、人材交流やインターンシップ、さらには共同研究や技術開発のお手伝いをすること。まあ、こんな感じでしょうか。この小森さんの本の編纂もそうした取り組みの一つになります。佐原アカデミアは二〇一一年に有志で立ち上げ、二〇一六年にＮＰＯ法人を取得していま す。椎名さん、佐原アカデミアのこれまでの活動について少し紹介してください。

まちぐるみキャンパスと大学連携

椎名　理事長のお話と重複してしまうかと思いますが、あえて〝さん〟づけにしますが、理事の森田朗さんや関谷昇さんなど、いろいろな方々と積み上げてきたんですが、佐原アカデミア（まちぐるみキャンパス）としての共通の考え方は、佐原の歴史・伝統・文化を「地域の自治」の観点から再評価していくことを基本にして、市民の力で育くんできたまちづくりの変遷を形あるものとして可視化しながら、持続可能な地域づくりの媒介役を担うことを目的としています。

かつて佐原には、河港商業都市として多くの人的・物的交流の花がひらき、佐原河岸を軸に独特な形で地域経営を築いてきた歴史をもっています。また、町衆の代表であった伊能忠敬翁などの先人達が育んだ生活文化は、地域の人々を慮(おもんぱか)るリーダーシップと、郷土愛に満ちた自治のまちを創り出してきました。さらに日本文化遺産として、関東初の重要伝統的建造物群保存地区に選定されている歴史的町並みや重要無形民俗文化財に指定されている佐原の山車行事などは、江戸時代から培ってきた多様性を内にふくんだ営みの結晶であり、地域の誇りとして息づいています。また、これら数々の歴史・伝統・文化の蓄積は、「地域資源」として、佐原のまちづくりの原動力となっています。

これまでも多くの市民活動団体等が連携・協力し、その活動自体を「まちづくり型観光」と名づけ、新しいスタイルの観光を模索しながら取り組んできました。こうした実績を踏まえ、さらに地域内外に開かれた協働のまちづくりに本格的に挑戦していくことが求められています。近年は、佐原の多様な文化的資源が注目されてきており、佐原アカデミアも、その価値の開花をめざし、橋渡しを担っていくことが大切だと考えています。特に「まちなか」をキャンパスとしながら、研究・教育・体験・交流などを通じて、いろんな課題に取り組む人たちに「場」を提供していくことで、多様な主体が交差する「協働」の先進地になっていくことをめざしています。

すでに、芸術家をはじめとした文化を担う若手人材への活動・学習機会の提供、学生へのキャリア・チャレンジやインターンシップ、さらには自治体関係者との政策交流、大学などの研究機関や企業との学際的な共同研究や技術開発などが動き出しています。これまでに多くの大学が、佐原を学びの場として訪れ、実際にまちづくり活動に携わってきた多くの市民を師として、生きた現場を学んでいますし、卒業論文・研究論文のフィールドにもなっています。さらに佐原の文化活動に参加した東京芸術大学の邦楽系の学生たちが古典芸能のプロとして活躍、佐原で例年開催してます文化芸術祭に出演する流れもできつつあります。少し長くなりましたが、以上です。

大学の原点としての「地域」

――関谷さん、大学の側からみて、こうした佐原アカデミアの試みをどう評価されますか。

関谷　地域と大学のこれからの関係を考えたとき、私もそういう多角的な関係を構築していく方向がすごく大事になるんじゃないかと思っています。こうした考えは、日本の大学のなかでは新しい試みですが、世界史における大学の成り立ちからみれば、一つの原点につながるものがあります。大学という制度ができたのは、一一～一二世紀のヨーロッパ中世です。そのときの大学というのは、もともとキャンパスがどこかにあったのではなくて、教師と学生が自治共同体を組んで、出資してくれる地域（都市）を見つけて、そこから学びがはじまったという歴史を持っています。ですから大学の成り立ちとまち（都市）の発展は一体的に融合していたというのが、大学という制度のもともとの出発点だったんです。それが時代を経るにしたがい、まちと大学が切り離されて、建物に囲われるキャンパスに変わっていって現在のような姿になってきたんです。そういう意味では、地域と大学の関係性を問うという方向は、地域に回帰するというか、地域と大学がキャンパスとして再び融合していくことの重要性を、大学の側から見ても実感しますね。

椎名　アカデミーではなく、あえてアカデミアという名前にしたのは、まさにそうした時代の変化を想定したからなんです。まち全体が学びの場になってほしという思いを込めて、あえてアカデミアという名称にしたんです。

小森　最初、喜予ちゃんから佐原アカデミアの話を聞いたとき、昭和四七（一九七二）年ころでしたか、会社の仕事関係でアメリカに視察に行ったとき立ち寄ったスタンフォード大学のことを思い出したんです。トイレに行きたくなって、図書館を見つければ自由に入れると思ってどんどんスタンフォード大学のキャンパスの中を車で走ったんですが、そこで実感したのは、大学の中にまちがあるんじゃないかと思うくらい、地域全体が学び舎になっているんですね。まちと大学の間に垣根がまったくない。見渡すかぎり大学のキャンパスで、道路があり、芝生があり、林があってそこに小さな学び舎が建っていて、そこで学生が自由に学んでいる。「ああ、こういう大学もあるのか」とつくづく感心したのを思い出したんです。

関谷　イギリスなんかに行ってもそうですけど、まちと大学の関係は、空間的に垣根がないだけでなくて、文字通り一体化していて、いろんなプロジェクトが動いていたり、学びの場が開かれている。そこに企業の地域貢献の活動もあるんですよね。

小森　そうですね。車を運転していたら、大学の構内に入ってきたという感じがなかったんですよ。何だろう、若い連中が木陰に集まって黒板持ち出したりして議論している。他方ではギターを弾いて歌っている。車を降りて「みんな、遊んでるの？」と聞いたら、「いや、勉強です」と（笑）。教育の場というのは、教室に入って学ぶものだと思っていましたから、びっくりしたんですよ。それから図書館に行って聞いたら、「それぞれのテーマを持って勉強してます」と。「試験なんかいつやるの？」と言ったら、「へへ」と笑っていた（笑）。こっちは何月何日から試験ですという、そういう教育のやり方しか知りませんから。それから、学生の年齢を聞いたら、「二〇歳前後から六〇歳くらいの人が学んでいます」と聞いて、これまたびっくりしたんです。

――空間的に仕切りがないだけでなく、世代的にも垣根がない。

小森　そう。世代的にも開かれているんですね。あれから私の大学イメージが変わりましたね。ですから、その体験が私の頭の中に生きていて、いつかそういうことができればいいな、という思いはあったんです。それでたまたまですが、喜予ちゃんがそういうことを考えていたということなんですが、その構想を聞いたとき、私は「それ、難しいんじゃねえのかな」と（笑）。佐原アカデミアもはじめは遅々として進まなかったんですが、だんだん動きがでてきましたね。

スタートは東京大学法学部、公共政策大学院との連携から

椎名　いろいろな大学の学生の皆さんが研究で訪れていましたが、大学の授業として最初に協力してくれたのは東京大学です。平成一三（二〇〇一）年ころから、アカデミアの森田副理事長が東大法学部教授のころ、毎年学生を佐原によこしてくれたんです。それから東大の公共政策大学院の学生さんもですね。

法学部の学部生は頻繁にフィールドワークに来ていました。小森さんを筆頭に与倉屋さんの菅井源太郎さん、当時の佐原商工会議所の柏木会頭、町並み保存の代表世話人だった「正上」のご主人の加瀬順一郎さんなど、まちの人たちを先生にして学んでいました。皆さん現場で学ぶ大切さを感じていたようです。特に、東大公共政策大学院の一期生は二グループに分かれて年間を通して課題研究に取り組みました。森田朗さんが公共政策大学院の院長のときでした。ちょうどスーパー堤防事業の一環で、ＰＦＩで「水の郷さわら」（道の駅・川の駅）の整備事業に取り組みはじめたころで、国と市の共同事業でしたが課題も多々あり、課題解決の研究提言などもいただきました。たまたまメンバーに国交省から派遣されていた羽田空港のＰＦＩ事業

の経験者や河川の専門家、留学生がいたのを憶えています。「水の郷さわら」が開設された後、院長を囲んで同窓会を開いていました。

なお、東大公共政策大学院は、数年続いて現場ヒアリングを通して課題の整理や、課題解決の提言などに取り組みました。城山英明教授や増田寛也客員教授（元総務大臣　現日本郵政ＣＥＯ）などがフィールドとされていました。それから平成二〇（二〇〇八）年には森田教授の授業で、半年間にわたり合併後の香取市の四地区のヒアリングを丹念に行ないました。それは五〇回にも及び、市の市民協働指針やまちづくり条例制定の基礎調査として、地域の皆さんの意識や方向性を示していただきました。また、千葉大学大学院の福川研究室の建築の学生の皆さんは、必ず佐原でフィールドワークに取り組んでいました。左官屋さんの指導でたたきを塗る作業や古民家にあった照明の製作なども体験していました。地域の人たちとまちづくりのワークショップも頻繁に行なわれていました。

小森　そうでした、案内も頼まれましたね。重要伝統的建造物をうまく活用している建物などの説明をしながら、学生が二〇、三〇人でまちの中を歩いていたら、まちが途端に賑やかになっちゃうんですからね。不思議なもので、裏通りなんか学生連れて歩いていると、まちの人がびっくりして、「あんな若い人、どこから来たの？」「小森さん、何で先頭に立って歩いているんだ？」と、不思議そうに人が家から出てくる（笑）。

まず、一番最初に森田朗さんが東大の学生、大学院生を引っ張ってきて、それが今になって生きてるんですよね。その時の学生や大学院生が各省庁の係長や課長になって、佐原のことを第二のふるさとのように思ってくれている。それがいろんな場面で生きてきているんですね。そういう意味でも、大学という存在はやはり大きいですね。

内発的な力を引き出す仕掛けづくり

――大学との付き合いも、ある意味で投資ということですかね。

小森　そう、そう。大学の話だけではないんですが、自分の中で「こんなことやっても無駄だよな」と思っていたことはずいぶんあるんです。ところが「まちづくり型観光」といいながらいろんなことをやっていると、たとえば三〇年前にやっていたことが無駄じゃなくて、今になって生きてくるといった経験が何度かありました。やはり投資には熟成する時間が必要だということでしょうね。しかし問題は、まちぐるみキャンパスだといって構想はどんどん膨らむんだけれども、運営はどうするんだとか、問題は山積みですね。旦那衆がかつて担っていたような役割を今の時代、どういうかたちでつくっていくのか、大きな課題でしょうね。

――大学の若者が佐原に来ることで、小森さんがおっしゃるようにその周りをパッと光が照らす。それは若者の特権みたいなものですよね。ですから若者が来ること自体、まちを活性化させる力になる。では、そうした動きをより持続させるには、どうするか。観光だけではだめなんですか。

小森　観光だけでは無理でしょうね。人のお金を当てにして、それに依存しているだけではまちとしての発展性がない。

椎名　まち自体に稼ぐ力をつけるということが必要だということだと思います。

小森　観光だけでは、今回のコロナ禍がそうですよね、持続性がない。稼ぐ力を複数もってなかったらパタンと倒れちゃいますからね。大学との連携を本格的にやろうとしても、一見無駄とみえる投資をある程度やっておかないと大きく発展していくことはできない。

——そのときの稼ぐ力というのは、今までだったら、外から企業を誘致するとか、公共事業で何か施設をつくるといったやり方だったんですが、そうしたやり方では限界がありますよね。

椎名　そのことと関連してくると思いますが、私が役所時代の平成一二（二〇〇〇）年度に、地域の皆さんの意見を集約して中心市街地活性化基本計画を策定したんです。そのとき「産業観光」というコンセプトを使おうとしたんです。当時の産業観光のイメージは、佐原のまちが本来もっている有形無形の資源を掘り起こして、産業おこしにつなげる。つまり佐原の内発的な力を引き出すことで賑わいをつくろうという、そういう意味合いで中心市街地活性化基本計画を策定したんです。その後、産業観光という言葉が、定義づけとしては産業遺産になってしまったので、ちょっと違うよねということで、まちづくりを担う市民の活動自体が観光資源だと見立てて、「まちづくり型観光」という方向に切り替えたんですけれども。

——当時からそういう発想をもってまちおこしをやってきたということですね。

小森　今喜予ちゃんが言ったような考え方というか、気運がここにきてようやく出てきたように思いますね。でも、一番欠けているのは何だといったら、やっぱり、まち全体が潤うような収益力のある新しい産業をどう興すかでしょうね。でも収益力を上げるというのは大変なことです。特定の企業が儲かる必要はないんです。大事なのは、仮に一つの事業が赤字でも、地域全体でそれをカバーする成長要因があって、こう組み合わせれば、こんな可能性が出てきますよといったような夢と希望のある産業が欲しいんです。

——もう一段、地域全体を底上げできるような産業ということでしょうか。

小森　そういうことですね。

関谷　そのためには、遠回りのようですが人材育成が欠かせないでしょうね。

小森　実は、最近トライしたことはあるんですよ。佐原アカデミアは複数の大学と連携協定を結んでますから（本書末「関連年表」）、次のステップとして、大学間の垣根をこえて、佐原をフィールドにして学生たちが共同調査をしたり議論したりできるセミナーハウスみたいな施設ができないかと考えて、補助金をもらってやろうという話をね。ところが、補助金というのは、ぎりぎりになってしか出てこないんですよ。そうすると、建物を建てる期間が短い上に、期間内に完成しないとだめだというので、挫折しているんです（笑）。

――国の応援は大事ですが、もっと活用しやすい制度になるよう働きかけていくということでしょうかね。関谷さん、いま小森さんが話された、複数の大学と連携したまちぐるみキャンパスのイメージについて、大学の側からみてどうでしょうか。

関谷　そうですね。めざしたいのはまさにそういう方向性で、大学は、研究・教育と並んで地域＝社会貢献を率先して実践していくべきだと思っています。千葉大学でも、現学長になってから「社会貢献」ということを正面に掲げて、新たな知の創出を図ろうとしており、私としても各方面との架橋を図っていきたいと考えているところなんです。

千葉大学の場合は、どうしても理科系優位なので、その分野の研究者や学生たちが地域とのかかわりを強く持っているとイメージされがちです。これまでの大学の関わり方というのは、産官学連携のような技術開発が中心でした。行政や企業からいろいろ相談や研究依頼を受けて、学内の特に理科系中心の専門家がそこでプロジェクトをつくって技術開発をして、社会にそれを還元していくという、そのパターンがほとんどだったんですね。

だけど、そうしたパターンの中で決定的に欠けていると思っているのは、地域全体をとらえようとする視

佐原アカデミア（まちぐるみキャンパス）

関谷昇教授「社会貢献」の講座

小森孝一さんのヒアリング

市民講師に学ぶ

舟運体験

山車会館で祭りを学ぶ

着物でまち歩き体験

点です。どんな技術や制度も、その地域の履歴を無視して成り立つものではないんです。もっといえば、特定の分野の専門知だけで地域を語ることなんかできるはずがないんです。なぜなら、地域というものは、実に多面的な特徴をもっているものですし、さまざまな分野や領域が結びついているのが現実だからです。そこに見出されるのは、当該地域に固有の経験知であり、暗黙知なんですよね。だからこそ、文科系を含めた多分野の知見でもって、解き明かされていくことが重要な課題になってくるんです。この経験知と専門知が結びつくところに、新しい知の可能性が見出されるのだと思います。

今日の大学が地域にかかわるべき理由の一つは、まさにここにあると思っています。大学は地域の現場から多くを学ぶことができますし、ともに実践していけることも多い。これからの大学は、さっきいったヨーロッパ中世の起源にあったように、大学が地域に出張っていって、そこで地域に生きた考え方や技術を創造していくべきだと思うんですね。千葉大学は、そういう新たな社会貢献をめざすべきだと考えているんです。学内だけじゃなくて、現場でいろいろな分野の先生たちや学生が交わっていく、あるいは、地元の方とか企業と交わって、地域資源に光を当てることで、産業を興したり、いろいろな人材育成を行なっていく。そうした知的な循環が地域の持続性を高めていくことにつながる、そんな形が望ましいのかなというふうに思っています。

その意味でいうと、この佐原という地域において、佐原アカデミアが媒介役になりながら、複数の大学と連携したキャンパス形成がなされていくということは、実に新しい知を切り拓いていく先駆けになっているのかもしれません。学びから実践を生み出していく生きた拠点ですね。まちが生き延びていくために何が必要となるのか、それを多様な主体が立体的に考えていくなんて、かなりおもしろい試みだと思いますね。

椎名　これまで佐原アカデミアとしていろいろな大学と交流しながら、セミナーハウスを考えようというところまできました。それと併せて人材育成が欠かせませんが、それは学生だけでなく地域社会でもそうですね。その上にたって地域全体、まちぐるみの中で生産性を高める取り組み、稼ぐ力をつけるところまで循環させていく必要があると思います。その循環プロセスが大事で、その中でそれぞれが、どれだけ生きがいを見出しながら取り組んでいけるか。稼ぐところと併せて、地域社会の中での有り様も考えていきたいですね。翻ってみると、そうした動きが忠敬先生の言葉「地域社会が豊かでなければ個人は決して豊かになれない」というところにつながってくるんだと思います。

「発酵」を佐原のものづくりの礎に

――そうしますと、受け入れる側の佐原にも、地域の中にどういう資源が隠れているか、また何が佐原にふさわしい産業なのか、つねに検討しておく作業が重要になってきますね。

関谷　そういうことですね。

小森　そうした意味では、最近、発酵学の大御所である小泉武夫先生（東京農業大学名誉教授）を中心とした発酵文化推進機構とつながったことは、大きいですね。この間、まちづくり型観光を一生懸命やってきて、お客さんは多少は来るようになりました。しかし冷静に佐原の状況をみますと、実態はしぼんできていて、新しいことにチャレンジしようという人が少なくなっているんです。特に、農業を営んでいる人にそういう傾向が強い。佐原の農業は米作りが多いものですから、自分で営農をやめて委託耕作に出して、俺は勤めたほうがよっぽどいいやというふうになってきている。今、この辺では旭市だけが持続可能都市ですよね。あと佐原をふくめた香取市、それに東庄、銚子も全部消滅都市なんです。

旭は農業ですよ。酪農とか大規模にやっている。一方佐原では、昔はそういう人もいたんだけれど、事業として興してやってみようかという人が少なくなっちゃった。そんななかで、たまたま小泉先生の話が出てきた。佐原では発酵文化推進機構の主要メンバーで、佐原アカデミアのメンバーでもある中村正明さん（関東学園大学教授）とか茶屋花冠本店ほか三店舗を佐原で展開されている松本栄文さんなど、東京農大とのつながりのある人は結構いるんだけど、これまでは個人的なつきあいしかしていなかった。でも、小泉先生が代表をなさっている組織とご縁ができたことで、少し展望が開けてきたような予感がしているんです。

椎名　発酵を佐原の柱にという話は大矢野理事長からもずいぶん言われてました。そこでいろいろ調べてみると、もともと佐原は関東灘といわれ、酒造りをはじめ醤油・味醂・味噌・酢・柿渋・糀・納豆・漬物などが盛んだったまちですから、その歴史を含めて佐原を発酵のまちとして積極的にアピールすることは理にかなっています。最盛期には発酵を生業にしていた人たちは佐原の人口の半分以上だったそうです。

――私が発酵を佐原の産業の礎にと言いはじめたのは、実は『土と内臓―微生物がつくる世界』という本（築地書館）があって、これはアメリカの翻訳書なんですが、その本から触発されたんです。土壌の豊かさをつくっているのは微生物で、その微生物の働きによって植物が育ち、人間もその恩恵を受けているわけですが、微生物は人間の腸内にも一〇〇兆も生息しているといわれ、私たちの体内に入った食べ物を栄養物と廃棄物に分解してくれている。微生物の分解する働きが発酵ですね。ということは豊かな土壌を作っているプロセスと、私たちの生命を維持するプロセスは微生物の力でつながりながら循環している。それを媒介しているのが発酵という働きということになる。発酵食は少なくとも八千年の歴史があるといわれていますが、発酵という自然の働きは、人間の暮らしや文化の奥底まで浸透していることがわかります。江戸時代から佐原の基幹産業は酒造りや味醂、醤油だったわけですから、まさに発酵こそが佐原のものづくりの礎になるべきではないかと考えたんです。

椎名　発酵となると小泉先生だよねという話をしていたんです。ちょうど中村正明さんが東北の復興で小泉先生と仕事をしているので、小泉先生に会いたいねという話をしていたら、都内で講演会があるので来てくださいと言われて、私と大矢野理事長と行ってお会いすることができたんです。そうしたら小泉先生が、「佐原は知ってるよ」と。「うちの兄貴が佐原信用金庫にいたんだ」という話になったんです。

小森　だから、どこでどう結びつくかわからない。そういった意味では、いろいろやってきたことが決して無駄にはならないというのを、つくづく最近感じているんです。そうすると、佐原でこれから何をやったらいいかということになれば、場の確保ですよね。場の確保としての佐原アカデミアの役割はますます大きくなると思いますし、場の確保をしておけば、佐原らしさを生かした知の貯蔵庫みたいなものができるかもしれない。それから発酵の世界は実に幅が広くて、製薬、酒造、味噌、醤油から多種多様な食品開発まで広い し深いですよね。その可能性を見逃さないようにやっていこうと。そのためにはやはり大学との連携が大事になってくる。こんなふうに今、思っているんですけどね。

現場に依拠した知の集積を

——小森さんから発酵の世界のもつ広がり、奥深さの話があり、知の貯蔵庫という話もありました。それから大学への期待も述べられました。それを受けて、関谷さんどうでしょうか。地域のそうした期待に大学はどう応えていけるか。さきほどの話と一部重なる部分もあるかと思いますが、いかがですか。

関谷　端的に言えば、専門分化してしまった知を、自然に即して改めて結びつける試みが問われているように思います。これからのまちづくりが持続可能なものであるためには、自然の資源や自然の論理を無視することはできないんですよね。まちは生き物なのですから、「生きる」メカニズムを解明することが大事ですし、そこで人々が生きることを営んでいくわけですから、「食べる」「住む」「働く」「育てる」「支える」といったことをどのようにつくり出していくかが、基本になるんじゃないかと思います。そこに知を集積していくこと、それが地域と大学が連携する最大の意義なのではないでしょうか。

地域も大学もまだまだ縦割りの知の体系に覆われてしまっています。しかし、地域をとらえていくためには、そのヒトやモノの総体的なつながりをとらえなければならないですし、さまざまな専門知が結びつかなければ解明は進まないんですね。そのあり方の一つが、地域を現場としながら、生きた知恵と実践をつくり出していくことだと思うんです。

椎名　関谷さんがおっしゃったように、これまでの時代とはちがった意味で社会全体が構造改革の時代に入ってきたんですよね。そこに大学がどういうかたちで絡んでいくかということが、すごく重要になってきているんじゃないと思っています。今必要なのは知の構造改革ではないでしょうか。

——根幹にあるのは「自然」ということでしょうかね。関谷さんから「自然」に即して、あらためてヒトとモノの総体的なつながりが重要だという指摘がありました。発酵という自然の働きを真ん中におくと、必然的に自然科学と人文、社会科学分野を結びつけるような視点が重要になってきますね。
関谷　おっしゃる通りで、大学の細分化した専門知をどうするかです。もちろん、学術の世界においても「学際性」ということは以前からいわれていて、数々の果敢な挑戦がはじまっています。ただ、ここで強調しておきたいことは、地域の現場で異分野の知見が交わり合っていくことの重要さで、それができれば知的生産性は極めて高まっていくという点です。佐原の現場が実に楽しいのは、学術の世界ではまず出会わない分野の先生方と出会えて、豊かな話ができることで、それがまた実に実践的な話になるんです。
椎名　佐原アカデミアの役割としては、知の集積と、もう一つは知の実践というところだと思うんです。
関谷　全国には、大学や研究機関を集積させた知の拠点がいくつも設置されていて、先端の技術開発が行なわれています。あるいは知的イノベーションの創出やそのための支援なども行なわれたりしている。ただ、それは知の集積に止まっていて、知の実践については多くの課題を残しているように思います。知の創出は、知の発展とともに、知の循環にもつながるべきなんですよね。だからこそ大事なのは、多角的な知の融合によって、地域における実践を拓いていくことなんです。そのためには地域にある経験知や暗黙知と、学術的な専門知とがもっと応答的に刺激し合うことがあっていいはずです。そうしたなかにこそ、価値づくりに生かしうる新しい知のためのヒントがたくさんあるんですよね。とにかく、現場のない知の集積というのは、やっぱり発展性がないんです。これは確かです。ですから現場に依拠した知や技術開発の意義というのはすごく大事なんです。
小森　現場がないとだめなんだ。基本は現場主義です。
椎名　知の実践には、現場に依拠するというのが、ものすごい大事ということですよね。
――現場に依拠した知の集積とその循環が重要だという指摘がありました。「漁師、山に登る」という話があります。豊かな海をつくるには栄養素をたっぷり含んだ水を育んでくれる森林の存在が不可欠なんだという話ですが、地域に暮らす人々の経験に基づく知には森、川、海を別個の自然ととらえるのではなく、相互の関係のなかで起こる働きを総合的にとらえる目が隠されています。先ほどの関谷さんの言われた、縦割りに細分化された知の体系を再考するきっかけの一つがここにあると思いますが、発酵を新しいものづくりの礎にという考えは、実はこの問題と重なっていて、発酵という自然の働きを根底に据えてものづくりを考えるということは、いわば生命（いのち）の根源に遡及しながら、ものづくりの可能性、さらには社会システムの新しいあり方にチャレンジしようという話でもあるんだろうと思います。

小森　なるほどね。そうすると佐原らしいものづくりとは何かが問題だね。佐原は農業が主産業ですから、そうした意味でも発酵はキーワードになる。とはいっても、いきなり起死回生になるようなものがすぐできるわけではない。ですから、すぐお金になるものが欲しいというより、潜在的に収益力のあるものを育てて，みんな恩恵を受けるようなもの、それがあれば佐原ももう一段、先に進むことができますよ。

椎名　まち全体としての稼ぐ力は複数欲しいですけど、特に発酵は大黒柱になる可能性をもっていると思います。最近やっと佐原という地が多くの方に知られるようになってきましたが、ここで何とか次のステップに上がるためにも、産業としての発酵を軸にして取り組んでいけたら本当にありがたいと思います。

小森　そういう稼げるものができてくると、まちの人も最初は「いろいろ変なことをいってたけど、さすがだな」と気づくんだよな。でも気づくんだけど、自分たちでやろうとはしない（笑）。

——そのためには、小さくてもいいから、何かキラリと光るものをつくることが大事になりますね。

椎名　大それたことを構想しても、結局続かないので、コツコツ地道に愚直にやるしかない。中心市街地活性化計画をつくって、何をしようかと考えたときに、小さな成功事例の背中を見せて、小さいことだったら誰でもできるから、やってよかったと思えるようなことをとにかく積み上げていくしかないよね、というのが一番最初の計画だったんです。実際そうしてコツコツここまでやってきました。

小森　そう。これからも同じだね。だから今は、みんながその気になるための環境を整えていく時期かなと思うんだよね。それまでは飛騨高山を見習って我慢、忍耐だね（笑）。みんながその気になって、発酵し出すには、やはり我慢して待つことも重要だと思う。

会社経営もまちおこしも最後は「人」

――先ほど、地域の力を底上げするには人材育成が重要だという話がでましたが、忍耐、待つということは、人材育成にとってもポイントになってきませんか。

小森　人が育つには、それなりの時間が必要です。そのためには焦らず待たなければならない。それは私の会社経営の経験からもいえますね。しかし、待つためには信じなければならない。飛騨高山の人が森の力を信じたのと同じで、人間のもっている潜在的な力、能力をどこまで信じることができるか。ここがポイントだね。

――今の話とたぶんつながると思いますが、この間小森さんから何回となく話を聞いてきましたが、一つだけ腑に落ちないことがあったんです。何かというと、実は、小森さんが佐原のまちおこしで奮闘されていた時期と、ＩＴ企業の経営者として第一線で活動されていた時期が重なっているんです。かたや生き馬の目を抜くような競争の激しいＩＴ企業の経営者、他方で「見せる祭りを」といって奔走されていた小森さんの姿がどうしても重ならなかったんです。これは一体どういうことなんだと（笑）。

小森　バブル経済がはじけて売り上げが数十億単位で半減した時があったんです。受注がストップしましたからね。そこで主だった社員を集めて「どうする。社員を減らすか、それとも全員残し、給料を下げながら半年間がんばってみるか」という話をしたら、半年がんばってみましょうということで、一人も首を切らずに耐えたんです。すると、それを外からみていたある企業があって、人を大事にする会社だという信用だけで仕事を出してくれて、生き延びたことがあったんです。結局、会社経営もまちおこしも、行きつくところは「人」なんですね。

実は、ある時期から会社の運営を事業部制というんでしょうか、予算会議をやって、社長である私がそれを承認したら、後は全部、自由に任せるという方式をとったんです。経理も金も全部任す。後は事業部単位で責任をもってやってもらう。私がやることは、この仕事は儲かるか儲からないか。それと、どこに投資すれば会社が存続できるか、そのことだけを判断しようと自分で決めたんです。そうすることで佐原に関わる時間をつくったんです。

――会社から不満が出ませんでしたか。

小森　ある時、役員会で、社長がいま佐原でまちおこしに割いているエネルギーを会社の経営に注いでくれたら、うちの会社は三倍くらい大きくなっている、という発言があったんです。私はばかなことを言うんじゃないと、怒ったんです。俺が会社の細かいことにいちいち口出ししていたら、今ごろこの会社はつぶれているよと。みんながきちっと責任をもってやってくれたから、今の会社があるんだと。

実際そうなんですよ。人を信じること。それから忍耐、我慢すること。それが秘訣といえば秘訣なんです。

そこはまちおこしも企業経営も同じだと思っています。でも、こういうことって、たとえば忠敬翁が佐原河岸の営業権を独占しないで佐原の河岸問屋に分けながら、まち全体が潤うようにしたことと通じるものがあるんじゃないですかね。少数の者が潤うだけでは本物のまちおこしではない。この忠敬翁の思想の根っこには、やはり人材育成の思想が流れていると思いますね。

——最後は伊能忠敬の地域経営の思想につながりました。小森さんのなかにはつねに伊能忠敬が生きていますね。

小森　まちおこしに関わっていると、必ず忠敬先生に突き当たるんです。壁にぶつかって何が必要かいろいろ思い悩んでいるとき、忠敬先生はこういう風にやっていたよな、こういう風にやらないとまずいよな、と教えてくれるんです。もちろん、その全部を実現することはできませんが、少しでもそこに近づきたい。その想いはずっと変わっていません。

——小森さんの今の言葉をしっかりと受け止めて終わりにしたいと思います。

寄稿

「自治」が創出するまちづくりの真髄

関谷　昇
（千葉大学大学院社会科学研究院教授）

生きたコミュニティと自治

近年のまちづくりでは、もっぱらコミュニティを道具視する発想と手法が横行している。行政は、スクラップ・アンド・ビルドの一環としてコミュニティ政策を掲げ、人口減少・少子高齢社会や税収減少を理由に、地域住民に対して自助や共助を通じた地域生活を促している。中央省庁は、自治体の自立を求めて補助金の獲得を促し、短期的な成果主義を強く要請している。自治体においても、事業成果を出すことに躍起になり、民間手法の積極的な導入・専門家による地域資源の外在的な価値づけ・関連する諸主体を集めた形式的なプラットフォームづくり・アリバイ的な市民参加・安易な事例主義とその模倣といったことが繰り返されている。こうした動向の中には、多種多様な手法や実態があるには違いないが、ただ経済合理性を指標に据え、多様な地域資源や主体を含む地域コミュニティを道具的に利用しようとしている点では共通しているように思われる。

国家統治の限界を地域主義で対応するといえば聞こえはいいが、当該地域の履歴やそこに住む人々の意思を基軸に据えることなく、行政の取り組みを補完するために地域コミュニティを活用するという発想は、

「自治」の否定以外の何ものでもない。中央省庁に統治される地方（地域）、行政に管理統制される市民・民間団体、大規模市場に飲み込まれる地域産業、都市部に消費される地域資源、経済合理性によって否定される歴史や伝統といったことは、いずれも自治を否定するところから生じている。しかし、地域の現場に多くの人たちの関与を促そうとしても、いかなる制度やしくみが導入されても、どれほどの資金が費やされようとも、自治が不在である限り、当該地域は生きたコミュニティとはならない。

近代日本を代表する政治家として、台湾総督府民政長官や満洲鉄道初代総裁、さらに東京市長などを務めた後藤新平は、この「自治」をめぐって、実に的確な理解を示している。その言葉によれば、「人間には自治の本能がある」（『自治精神の新生活』藤原書店、七四頁）のであって、自治生活とは、生物学的原理を基礎に置いた自然の営みである（同、九〇頁）。それは、決して行政を中心とした地方自治に限られるものではなく、生きるために必要な営みのすべてに及ぶものであり、人類生活から自然に生まれた「生活様式の総体」を意味している。それゆえ、この相互のつながりを豊かに維持することが決定的に重要となる。繁盛すれば有頂天になり、窮地に追い込まれれば行政に依存するといった態度は、もっとも自治から遠いものでしかない。経済活動に必要なのはむしろ相互扶助であり、相互抑制と相互制裁を伴いながら、自治活動として営まれることである。同じように、社会の諸活動は各々が自治活動として展開されることが健全なのであり、自然の要求に応じて進化発展していくことが重要となる。いかなる立場であろうとも、「かりそめにも社会総生活の一隅に、何らかの生活を営むものは、この自治団および自治連合団の、有機的組織の一分子として、自治機能の下において、互いに相依り、相助けて生存することが、自己の精神生活と物質的生活を向上発展させるのに、甚大な効果があることを自覚せざるを得ない」（同、一〇七-一〇八頁）。各々が自分の生活において精神的・物質的資源を求めようとすればするほど、自治機能の共同作用に頼ることが必要となるのである。

自治とは、自己と他者がともに生き、経済活動を営み、相互に助け合い、社会を形成・維持していく総体を意味するものであって、その地域の人々が、その地域に相応しいあり方を模索し、実践する地域の力にほかならない。したがって、近年のまちづくりにおいて頻繁に提唱されている地域の自立、市民の主導、地産地消、地域資源の循環、地域の個性化などといったことも、それらを生きたものにしていくには、自治の営みを回復させていくことが必要不可欠なのである。

原点探求のまちづくり

この自治の回復ということでいえば、現在はそれを具現化する好機といえる。けだし、自治を抑え込んでいた近代国家が、各方面において悉(ことごと)く揺らぎ始めているからである。近代国家の形成過程において、地域コミュニティは封建制の残滓としてしか見做されなかったのであって、個人の自由を埋没させてしまうものと認識されてきた。しかし、近代国家が限界を迎え、その権力的な統合が流動化している現在、これまで抑え込まれていた諸団体は国内外において存在感を高め、新たな力を獲得しつつある。いわゆる「新しい中世」の到来であり、新たな秩序形成に向けた挑戦が始まっているのである。興味深いのは、洋の東西を問わず、中世において自治の営みは豊かに存在していたということであり、それが近代国家の歴史を超えて、新たな可能性を獲得しようとしていることである。

ここでは、地域社会に焦点を合わせることにするが、注目すべきことの一つは、自治の原型をどのように探るかということである。自治の回復は、我が国の場合、もっぱら地方分権として論じられてきたが、あくまでもそれは自治の条件にほかならない。その意味では、それぞれの自治体や地域において、自治のあり方を追求していくことが求められる。しかも、自治とはいっても、それは無から築き上げられるものではなく、当該地域に内在しているものをとらえ直すところから始めるしかない。その地域に固有なものとそれらを突き動かすものを内在的に見出していくことができなければ、万人受けする諸要素を合理的につなぎ合わせても自治を回復させることはできない。その意味では、当該地域の履歴を徹底的に自覚していくところから、自治の営みを再構築する糸口を見つけていくしかないのである。

佐原のまちづくりは、まさにこの原点探求を地道に実践している稀有な例であり、その牽引役の一人が小森孝一氏である。氏によって導かれてきたまちづくりとは、自分たちのまちに残っているものに眼を向けるところから始まったのであり、その原点に徹底してこだわることによって、まちづくりに必要な力を引き出してきたのであった。行政に依存するのではなく、東京志向の時流に乗るのでもなく、自分たちのまちに残されているものを徹底して探求し、それに磨きをかけていく。それがまちづくりの駆動力となったのであった。以下では、そのまちづくりに対する考え方の特徴を取り上げ、その意義について深掘りしてみることにしたい。

コミュニティ空間に生きる

大祭と町並み保存を柱とする佐原のまちづくりは、当初から明確なグランドヴィジョンがつくられ、その下に展開されてきたものではなかった。むしろ、地域内外の状況に応じて、色々な機会を活かしながら、試行錯誤を繰り返して、できることを丁寧に積み重ねながら展開されてきた。考え方や手法にも違いがあって、つねに一枚岩で進められてきたとは言い難いところもある。しかし、その歩みや背景にある考え方を丁寧に学んでいくと、そこには、ある一点においておのずと結びついていることが分かってくる。その一点とは、「コミュニティ空間に生きる」ということに他ならない。佐原のまちづくりは、佐原というコミュニティ空間において、多様な自治の実践が相互に結びつき、結果的に固有のダイナミズムを創り出すところから導かれていると考えられる。人々は、各々の距離感をもって空間を生きているのである。

「コミュニティ空間」とは、豊かな文化を蓄積する歴史空間であり、ヒト・カネ・モノが行き交う交流空間であり、生きるための秩序と営みが展開される公共空間である（内山節『共同体の基礎理論――自然と人間の基層から』農文協、二〇一〇年。桑子敏雄『環境の哲学』講談社、一九九九年）。それは、その地域に網の目のように張りめぐらされた関係性であり、自治活動が自然な形で相互に作用し合う場でもある。そこでは、個々人が生きるという点において、個々の取り組みが相互の連携をおのずとつくり出しているのであり、さらに必要とあらば、新たな連携や協力を紡ぎ出していく。まちが生き続けていくために、この空間においてつくり出される発想と実践は欠くことができないものなのである。

そもそもコミュニティというものを、その外側の立ち位置から対象化してとらえようとしている限り、道具として利用しようとする発想からは決して抜け出せない。例えば、地域資源を地域の活性化に活かすなどといったことは全国各地において取り組まれているが、それらには地域の履歴を抜きにした外付けの価値や、どこにでも見出されるような商品化の類が少なくない。そこでは、専門性の名の下にコミュニティ空間が外在的に操作され、短期的な経済効果を安易に追求する一過性の取り組みが繰り返されてしまうのである。

コミュニティをとらえるにあたって必要なのは、むしろその**内側に立ち**、**ともにある**という感覚である。コミュニティ空間には、その地域に固有の履歴があり、自分たちはその延長線上に生きているという感覚が伴う。しかもその所与のことがらは、土地に縛られるという閉塞感や人間関係のしがらみとして否定的に理解する必要は必ずしもない。逆に、その場所とそこにかかわる人たちとの様々な関係に眼を向け、新たな解釈を加えることによって、まちづくりを導く可能性の源泉として理解すればいいのである。その発想の転換と豊かな解釈こそが、コミュニティ空間の固有性を内在的にとらえていくことなのである。

「江戸優り」という決意

小森氏には、この「コミュニティ空間に生きる」という視点が、意識的にも無意識的にも刻み込まれている。その原点探求にこそ、三〇年以上にわたって繰り広げられてきた佐原のまちづくりの真髄があるように思われる。とりわけ、その固有性へのまなざしは、小森氏が佐原とともに生きてきたという実感から導かれている。佐原の栄枯盛衰をわが事のようにとらえる氏の考え方には、このまちで生きてきたという履歴の中で培われてきた場所感覚や身体経験で満ち溢れている。自分の履歴とまちの履歴が織り混ざりながら、そこで感じられるもの、経験することの一つ一つが、佐原のまちづくりを考える源泉となっている。小森氏にとっての佐原とは、まさにそうした固有の空間であり、まちづくりとは、そこで生かされるものとして理解されているのである。

したがって、コミュニティの内在的な理解というものは、その場所の特殊性に徹底的にこだわっていくことを意味する。今日のまちづくりの中には、自分たちの特殊性を払拭して、多くの人たちに受け入れられるような一般的価値、市場ニーズに適合するような消費的価値、どこにでも普及可能な普遍的価値を重視する傾向が色濃く見出される。量的拡大につながらなければならないという価値観がいまだに蔓延しているからである。しかし、固有のまちづくりにとって重要なのは、むしろ特殊性の方なのである。限られた場所・限られた歴史・限られた資源という特殊性は、一般的・消費的・普遍的価値によって見下されるものでもなければ、安易に置き換えられるものでもない。逆に、徹底して深掘りされ、磨かれ、解釈が加えられるところにこそ、その真価が見出される。そうした真価を見出そうとする営みが、コミュニティに内在した場所感覚と身体経験によって意味づけされ、表現されるところに、他には還元されない固有な空間が浮かび上がってくるのである。

この点に注目してみれば、佐原は「小江戸」ではなく「江戸優り」であると考える気概が、実によく理解できるであろう。「お江戸みたけりゃ佐原へござれ　佐原本町江戸優り」という唄から引かれた「江戸優り」という言葉は、徹底した地域へのこだわりを表しており、佐原の人たちの誇りを鼓舞するものとして受け止められているのである。

確かに、地域というものは、その範囲や規模からすると空間を限定的にとらえたものであり、中央集権化した秩序においては、地方という従属的なものとして認識されることが多い。まして、都会志向のまちづくりが盛んな状況下において、疲弊したまちがその置かれた特殊性にこだわり続けることは、実に勇気のいることであったかもしれない。しかし、地域にこだわるということは、むしろ、そうした限定された空間や従属的な位置づけというマイナス評価を一蹴することなのである。小森氏が「何もないところだからこそ、あるものを生かしていくしかない」と繰り返し説いてきたことは、まさにこうした決意を物語っている。「江戸優り」という言葉には、そうした決意とともに、国全体や東京志向からでは見えてこない、徹底したローカリズムの可能性が表されているのである。

まちづくりの参照点

ところで、すでに触れたように、このコミュニティ空間が生きたものであるためには、自治活動が自然な形で相互に作用し合う場であることが重要であった。疲弊したまちが再生し、これからも生き続けていくためには、その生を支える人的条件や物的条件を自然に即して回復させていく必要がある。そのために小森氏は、佐原の歴史と場所が持つ意味を探求し、そこから得られた知見をヒントに、自然と調和した資源の流れを一つ一つ回復させることによって、自治の力学を現在に再生させることを考えたのであった。自治とは、そこに生きる人々の意志に導かれるとともに、そうした人々の調和を可能にする自然のありようを基盤に据えることが重要となる。けだし、自治とはその場所で生きるということの問いかけの中から見出されるからである。興味深いことに、佐原のまちづくりには、コミュニティ空間に潜在するさまざまな可能性が、この場所に生きる自分たちの生き方として具現化されているのである。

小森氏のまちづくりには、佐原の歴史と場所を紐解くことによって、現在あるものに光を当てようとする発想があった。その一つが佐原の祭りであり、もう一つが伊能忠敬の存在である。佐原の原点は、香取神宮の下町として発展した立地と、徳川家康の利根川東遷によって拓かれた江戸との交流にある。その利根川の舟運は、佐原と江戸との間で、時期にかなった物資の交易を活発にさせた。また、各方面の巨匠を佐原に招き入れ、最先端の文化を創造していくことにも力が注がれた。伊能忠敬をはじめとした名主や町衆による地域づくりの知恵、祭りを通して受け継がれてきた活力創出の気概、他国から移り住んできた商人たちの異質な文化を受容する気風は、佐原の伝統的基盤に他ならない。小森氏にとって、それらの蓄積は、現代の佐原に生きるものがつねに立ち返るべき参照点となっているのである。

祭りと商業振興

佐原の祭りがまちづくりの出発点となりえたのは、それが江戸時代からまちの繁栄と一体のものとして受け継がれてきたものであったからである。伊能家によって本格的に始められた酒造り、用水堀が整備されて急速に進んだ町並みの発展、そうした中で祭りの原型が形成されていった。山車には飾り物が乗せられ、町内ごとの競い合いも始まっていく。山車を曳く順番をめぐる争い、洪水による中止、喧嘩や事故など、度重なる対立や試練にさらされながらも、佐原の人たちの祭りに対する熱狂は、それらを乗り越えていったのであった。

また佐原の祭りは諏訪神社の祭礼と区別された附祭りとしての性格を持ち、とりわけ明治期以降は、町衆たちが自分たちで協議をして決定するというやり方が定着していった。お上や神社から命ぜられて祭りを行なうのではなく、自分たちでやりたいから祭りを行なうのである。そうであるからこそ、大正期には祭りの手続きを定めた規約（新宿惣町全体で明文化したものが現存）を自分たちでつくったのであった。それは、佐原の祭りというものがどのようなものであるかを佐原の人たちに伝える伝承記録としての側面もあり、より一層自治としての性格を強めていくことになった。

しかも興味深いことに、その規約には、祭りの開催目的として商業振興ということが明確に謳われていた。佐原の祭りには、地元のみならず、近隣地域の人々数万人が挙（こぞ）って集まったが、そうした集客のための宣伝・移動手段の拡充・商店の受け入れ態勢の準備・行政への協力要請などは、すべて自分たちで取り組まれたのであった。佐原の祭りは、紆余曲折を経ながらも、町衆のエネルギーを引き出し、競わせ、集約させているのであり、それらを通じて自治の精神を育んでいるのである。

伊能忠敬と自治思想

さて、もう一つの原点である伊能忠敬であるが、彼はまさにこうした町衆の自治を牽引してきた中心人物であった。そもそも佐原というまちは、城下町ではなく、在方町として発展してきた。旗本による分郷支配が敷かれ、その下に村組と惣名主が置かれて村の運営がなされたことから、町衆の自治が本格的に発展したのである。「惣」という言葉は中世に見られた自治組織を指すが、それは町衆の力によって運営されていた。その力を引き出し、束ねていたのが、伊能家という存在だったのである。

このことを象徴しているのが、伊能堀の開削であった。佐原の立地は、利根川の水運を生かして商業を発展させることができた反面、つねに利根川の氾濫、さらにまちなかにおける水不足や小野川の増水との闘いを余儀なくされた。それゆえ、伊能家が主導した水の管理は、まちの生命線を守ることを意味したのであった。そうした伊能家によるまちづくりの過程において、伊能忠敬はその力量を発揮していくことになったのである。

忠敬の考え方において興味深いことは、佐原のまち全体が繁栄しない限り、伊能家も繁栄はしないということを自覚していた点である。そのことは、河岸営業からの徴税を目的として営業権を独占する河岸問屋を許容した幕府に反対したことに象徴されている。商業において一部の者が免許を独占してしまうと、河岸の管理は勘定奉行に支配されることになってしまい、自由な商売が阻害されてしまう。それゆえ、河岸の営業権は全員に認め、伊能家が徴税を請け負うということを幕府に認めさせた。驚くべきことに伊能忠敬は、村全体で享受できる自由な競争こそが、地域の経済と自治を守るという発想を明確に持ち合わせていたのである。

こうした自治の思想は、さらに天明の飢饉における忠敬の対応にも見出された。彼は、大坂から三年分の米を先買し、それを佐原の人たちに与えたのであった。それは、無償の施しではなく、佐原の人たちが火山灰の除去作業に携わった日当によって安く分け与えたものであって、まさに「経世済民」を体現したものであった。こうしたエピソードに象徴されるように、佐原の商いというものは、幕府に依存するのではなく、また一部の豪商が利権を独占するのでもなく、あくまでも地域の人々が自分なりに努力して生計を立てることができるようにする気風を持っていた。地域の牽引役は、私益にとらわれることなく、コミュニティ全体を配慮できる資質とリーダーシップを兼ね備えていたのであった。

自然と調和した資源の流れ

小森氏によれば、このような佐原の歴史と場所が育んできた営みというものを、現代に生きる佐原の人たちは忘却している。この精神の空洞化と疲弊したまちの現状にいかに立ち向かうか、それが小森氏のまちづくりへの思いを強くするきっかけであった。過去の叡智と営みを知れば知るほど、小森氏において、佐原の衰退という危機的状況は深刻に映っていったのではないか。昭和初期において最盛期を迎えていた佐原は、その後の戦時下体制において自由を奪われた。さらに戦後の歩みにおいては、交通手段と流通網が一変し、東京中心の経済社会の辺境に追いやられ、鹿島工業地帯や成田空港の発展によって、商業圏域の中心であった佐原はその地位を失っていくことを余儀なくされた。自分の生い立ちと同時代的に重なっていたまちの衰退は、小森氏に切実な危機感を抱かせたに違いない。

もっとも、コミュニティ空間にこだわるということは、まちの衰退を克服していくことも、またこの歴史と場所の中から模索するということである。すでに指摘しておいたように、コミュニティ空間とは、生きるための秩序と営みが展開される公共空間であり、諸々の自治活動が網の目のように張りめぐらされ、具体的な関係が構築される場であった。そうしたまちが生き続けていくためには、その生を支える人的な関係性と物的な資源の流れを創出し続けていくことが必要となる。まさに小森氏は、この空間に顕在・潜在するものと積極的に向き合おうとすることによって、自然と調和した資源の流れを一つ一つ回復させ、佐原に根ざした自治の力学を再生させることを試みようとしたのであった。佐原の「まちづくり型観光」は、この点にしっかりと根を張っているのである。

祭りと商業振興が一体のものであったとするならば、それを成り立たせていたヒト・カネ・モノの流れを本格的に回復させせなければならない。無論、佐原を取り巻く諸環境が大きく変わってしまった現在、同じことをそのまま回復させることは物理的に不可能である。しかし、「無いものを嘆かずに、あるものに磨きをかける」ことを重視したまちづくりは、状況の中からできることを考え出し、一つ一つ実践していったのである。祭りによって地域内外の人の流れを取り戻すためには、自分たちだけが楽しむ祭りから「見せる祭り」へと発想を転換させることが必要である。そのためには、様々な受け入れ体制を整えていかなければならず、また「自分たちがつくるまち」に受け入れていく気運を高めていかなければならない。それは、自分にできることを一つ一つ持ち寄っていくことであった。そうした小森氏による土俵の設定があったからこそ、祭りの文化的伝承、小野川の清掃、移動手段の確保、景観の整備、ボランティア参加など、実に様々なことが開花していったのである。

また、町衆の自治の伝統は、佐原の人たちが自分たちのまちに対する誇りを取り戻す重要なきっかけになったといえる。佐原の旦那衆たちの行動様式とは、何事をやるにしても九割を自分たちで負担して、それ以外は民衆が負担するという発想と気概に基づいている。つねに地域全体を俯瞰する眼を持っていなければ、自己利益しか重視しない者たちが、自然の調和と人々のつながりを破壊してしまう。そうした認識は、まさに伊能忠敬の発想や行動と極めて類似しているといえよう。佐原のまちづくりは、それぞれの立場にある者が、自分の有する力を自分なりに発揮するところから成り立っている。いい換えれば、この祭りにおいて、文化伝承者は自分の技を磨き、商売人は商業の機会を見出し、女性は自分たちならではのおもてなしを考案し、各種専門家も自らの知見や技術を提供するといったように、あらゆる人が祭りに参加できるのである。こうしたきめ細やかなつながりは、コミュニティ空間において成り立つのであって、経済合理性から導くことができるものでは決してないのである。

コミュニティ空間における諸資源の流れを再構築するにあたって、時には小森氏自身が先頭に立って行動し、時には仲間とともに連携をつくり出していった。その壮大な構想と突出した行動力は、場合によっては不信を買い、対立することも少なくなかったであろうが、それでも着実に歩みを進めることができたのは、そのすべてが歴史と場所の感覚に裏づけられていたからであった。まちづくりの一つ一つの動きは、まちが生気を吹き返すプロセスそのものである。そうであるからこそ、小森氏たちの言葉と実行力は大きな説得力を持つこととなり、自ずと相互に結びついていったのであった。佐原の自治力は、こうして再生しつつあるのである。

まちづくり型観光の展開

この「まちづくり型観光」は、佐原の現状を、佐原の歴史と場所に照らして省察してみたとき、何が失われ、何を取り戻さなければならないのか、そのトータルな見直しから始まっている。しかも、佐原のまちづくりを佐原内部だけで進めていくことには限界があるということを、小森氏自身は明確に自覚していた。コミュニティが内側に閉じられ、閉鎖的な関係性に囚われている限り、生命体としての運動は分断されてしまうからである。

コミュニティとは、つねに外部との応答関係によって新陳代謝を進め、自らを生かそうとしていく。その地域に根ざしたまちづくりというものは、その地域で生きていた人・生きている人・生きていく人の意志が結びついていかなければならない。また、その地域に存在してきたものに光を当て、未来に向けて磨きをかけていくことが問われる。それゆえ小森氏は、多方面から情報を集めて様々な可能性を追求し、資金や労力の負担を積極的に引き受けながら、その具現化に奔走してきたのである。

しかも興味深いことに、こうしたまちづくりへの視点は、一定のコンセプトとしてあらかじめ構想されていたというよりは、小森氏の場所感覚と身体経験を通じて形成されてきたことである。時には相当の覚悟を持って、時には直感的な思いつきで、様々な動きが生み出される。一見バラバラに展開されているように見えながら、それでも結果的にはその一つ一つが見事に織り重なってくる。けだし、その一つ一つは、まさに自然と調和した資源の流れの中に位置し、結びついているからである。コミュニティ空間において、そこから内在的に引き出されることが活かされるのであれば、自ずと結びついていくのであり、逆にその空間の調和にそぐわないものは自ずと弾き出されていく。そこにあるのは、排除の論理ではなく、自然の論理であり、それに適うか否かの妥当性なのである。それこそが、佐原のまちづくりを導くダイナミズムとなっているのであり、小森氏はいわばそのための土俵を築いてきたのであった。

その土俵において展開されてきた諸活動は、利根川の舟運によって繁栄した商業都市の復活を彩っている。伝統的建造物を生かした伝統文化は、それに基づいた暮らしを維持するとともに、本物志向のまちづくりの基盤となっている。水運と水辺の空間を生かした活動としては、小野川と利根川を結ぶ舟運の復活があり、利根川の自然環境を生かした川の駅・道の駅水の郷さわら（広域交流拠点整備）と結びついている。また、東京から七〇キロ・成田空港から二五キロという立地は、近隣市民はもとより、外国人観光客が訪れることができる場所であり、その歴史的景観とともに、おもてなし観光が徹底されている。それは、豊かな食・文化体験・心の癒しなど実に幅広いアイデアと手法で、四季折々の風情と訪問の楽しみを演出している。

いずれにしても重要なのは、こうしたまちづくりに携わる市民の力こそが観光の資源となっていることである。個々の動きが有機的に結びつくことによって、佐原全体が見える化され、固有の魅力を作り出しているのである。しかも、これらの動きは行政に依存するものではなく、原則として、地元の人々の知恵と財力と行動力によって成り立っている。各々ができることを模索し、自分たちが持っているものに磨きをかけ、それを形にしているのである。それはまさに町衆の自治の復権といっても過言ではないであろう。

こうしたまちづくりは、やがて町並みと山車行事・伊能忠敬の遺品・香取神宮・津宮の常夜灯が日本遺産として認定され、さらに山車行事は（全国三三カ所の山・鉾・屋台とともに）ユネスコ無形文化遺産に登録されるところとなった。

自然の脅威とまちづくり精神の再認識

もっとも、ここまでの取り組みは順風満帆に進んできたわけではない。自然というものは、時として深刻な脅威をもたらすこともあるのであって、とりわけ二〇一一年の東日本大震災は佐原に深刻な被害をもたらした。小森氏たちが四半世紀にわたって続けてきたまちづくりが、一瞬にして深刻な被害を受けることになったのである。重要伝統的建造物群保存地区に選定されている建物の屋根瓦は落ち、小野川は液状化で隆起し、道路も壊滅的な打撃を受けた。これらの被害は、物理的な被害のみならず、精神的にも、佐原の人々を絶望のどん底に追い込んだのであった。

ところが、これまで築き上げられてきたまちづくりの精神と、地元の人々の佐原に対する誇りは、決して消えることはなかった。驚くべきことに、震災から四日後には、まちづくりに携わってきた女性たちが立ち上がり、「負けるな佐原！　がんばろう佐原の町並　心を重ね、今こそ示そう　江戸優り佐原の誇り」という言葉をポスターに掲げて復興への歩みを始めたのである。その動きは、瞬く間に佐原の人々を鼓舞し、復興に向けた数々の取り組みを生み出すことになった。

こうした動きは、これまでのまちづくりの蓄積が、いかに地元の人々に浸透していたかということを如実に物語っている。小森氏が牽引してきたまちづくりは、自分たちに何ができるのかということを問いかけ続けるものであったが、まさにこのどん底において、市民はその精神を見失わなかったのである。まちづくり型観光は、ここで「復興観光」という顔を加えて、新たな取り組みを展開していくことになった。様々な被災者支援は次第に勢いを増し、また各団体も自らのフィールドにおいて復興に向けた動きを続けていく。それらの動きは、さらに地域内外からの支援の輪を拡げていくことになり、これまでのまちづくりを再生させる契機をつくり出していったのであった。

この復興のまちづくりは、後から振り返ってみれば、それまでのまちづくりが間違っていなかったということ、そして自分たちは何を守らなければならないのかということを、改めて佐原の人たちに再認識させたのではないかと推察される。それぞれの立場が自分のことだけを考えていても佐原の復興はない。復興に必要とされたのは、これまでのまちづくりの原点とそこからの蓄積を自覚することであり、各々が佐原のためにできることを実践し、それが面的につながることだったのである。小森氏はそのことを的確に理解していたのであり、そうであるからこそ、個々の動きを可能なかぎり結びつけていこうとしたのである。

佐原のまちづくり型観光は、自然と調和した資源の流れによって成り立っていると考えられるが、震災からの復興は、それが自然との闘いであることを改めて実感させたところがある。佐原の自治の伝統は、自然から逃げることができない以上、川の氾濫と闘い、それを克服する営みでもあったからである。町衆の自治、そして市民の自治というものは、いかなる危機に直面しようとも、自分たちの力を発揮し続けていくことを意味しているのである。

自然が誘う新たな展開

以上、小森氏が牽引してきた佐原のまちづくりについて、コミュニティ空間という視点から考えてきた。コミュニティ空間とは、その地域に網の目のように張りめぐらされた関係性であり、自治活動が自然な形で相互に作用し合う場として理解される。疲弊したまちが再生していくためには、この空間において、その生を支える人的条件や物的条件を自然に即して回復させていく必要があった。小森氏は、それを具現化するために、佐原の歴史と場所が持つ意味を探求し、そこから自然と調和した資源の流れを一つ一つ回復させることによって、この自治の力学を現在に再生させようとしたのである。

この点からすると、佐原のまちづくりが「まちづくり型観光」として発展することは必然であったといえる。

地域の諸資源を生かしたまちづくりは、ヒト・カネ・モノが循環する観光であるからこそ、功を奏したのであった。まちづくりの目玉に観光を据える地域は少なくないが、佐原の特色は、コミュニティの時間と空間を共有する人たちによって、そこで生きようとする誇りと気概が育まれているところにある。自然・地域資源・コミュニティ自治のトリアーデが創出するダイナミズムを見事に体現しているということができるであろう。

ただ、そうであるからこそ、佐原のまちづくりは「まちづくり型観光」で終わらないと考えることも重要である。確かに佐原は、観光を通じてコミュニティ空間を見える化し、ヒト・カネ・モノの循環を創出しようとした。しかし、小森氏が注目し続けてきた自治の伝統に基づくならば、自然と調和した資源の流れをさらに拡充していくことが求められる。自治とは、その場所で生きるということの問いかけの中から見出されるのであり、佐原のまちづくりはコミュニティ空間に潜在する様々な可能性が、この場所に生きる自分たちの生き方として顕在化されるものだったからである。小森氏が牽引してきたまちづくりを継承する者にとって、このことは決して見失われてはならない点なのである。

この生きるまちという観点からするならば、まちづくり型観光の本質はさらなる具現化を求めていかなければならない。例えば、小森氏がモデルとして高い評価を与えている飛驒高山のまちづくりは、その立地においては佐原より厳しい条件を抱えているものの、まちが生きるために必要な諸資源の流れは、遥かに広域的な射程の中でとらえられている。先行投資できる産業、地域外や国外からの訪問者を受け入れるためのハード整備、おもてなしのための徹底した連携協力など、時間をかけながら地に足のついた取り組みを数々展開してきている。佐原のまちづくりにとって、自然と調和した資源の流れを拡充していくためには何が必要か。それが「まちづくり型観光」の次に問われる根本的な課題となってくるのではないだろうか。

小森氏が牽引してきた佐原のまちづくりは、こうした壮大な構想と具体的な実践を引き出していけるコミュニティ空間の可能性を切り拓くものであった。氏が有している場所感覚と身体経験が、それを引き継ぐ人たちの感覚や経験とどのように結びついていくのか。それが真に受け継がれるのであれば、まちづくり観光はさらに自然を生かすまちづくりへと進化発展を遂げていくはずである。小森氏が築いた土俵は、まさにこれから本格的に生かされていかなければならないのである。

観光を通じたヒトやモノの行き交いは、さらに地に根ざした産業の復興を成し遂げていくことによって、真に自立したまちづくりへと成長していく。佐原の歴史と場所に根ざしたまちづくりを考えるのであれば、その視点はいくつも浮かび上がってくるであろう。利根川の舟運で繁盛したということは、銚子から野田にまで至る河川流域に残されている農業資源・醸造文化・歴史遺産をめぐる潜在的な可能性があるということを物語っていると考えることができる。その意味で、「発酵」という視点から農業を再生し、新たな産業を創出していくことは、将来世代を見据えた土台の再構築ということができるであろう。人為的な社会行政システムが限界に直面し、さらに、世界的な食料危機が差し迫っている現在、生きるために必要な営みを考えていかなければならないとするならば、それらを生かした産業の構築、インフラの整備、研究・技術の集積、エネルギーの再生、雇用の創出などには大きな期待が寄せられるところである。今後の課題は、これらが有機的につながる資源の流れをいかに再生させることができるかという点にあるといえよう。

佐原アカデミアの挑戦

このことを考えていくためには、東京志向ではなく、コミュニティ空間の歴史的延長線において固有の視点を構築していかなければならない。けだし、個々の団体・業界・分野が突出して東京圏域と結びつこうとすれば、コミュニティ空間における資源の流れは断ち切られ、自治体間の共倒れは免れないからである。このことは、佐原のまちづくりが絶対に回避しなければならない点といえよう。特定の地域が特定の産業を囲い込んで発展するという発想は、もはや幻想でしかない。それは、自然の流れの中で淘汰されていかざるをえないからこそ、生きる地域を創出する自治が改めて問われているからである。

ここで改めて重要となるのが、原点探求である。佐原のまちづくりが果たす役割とは、佐原のコミュニティ空間が利根川流域を挟む広域的なコミュニティ空間の中でどのような配置と履歴を持っているのか、その多角的な探求を試みていくことである。それを遡っていけば、利根川東遷以前にあった香取の海という地理的条件や、香取神宮の歴史的意味にまで辿り着くであろうし、その中で自治の歴史と条件がどのようなものであったのかを探ることが重要となる。後藤新平が強調していたように、経済活動も、地域生活も、行政活動も、すべてが自治活動であって、それらが有機的な相互関係をつくり出すところに、生きたコミュニティが生み出される。そのためには、さらなる原点探求を通じて、この地域に根ざした自治のあり方を深掘りしていかなければならないのである。

佐原アカデミアがなすべきことは、この原点探求を導いていくことであり、その学びを実践へと結びつけていくことである。そのためには、佐原というコミュニティ空間そのものを学びの場ととらえ、知の集積と実践の拠点をつくり出していくことが必要となる。しかも、このことは、地域と大学との新たな関係づくりという課題にもかかわってくる。地域や社会において役立てられる知識や技術というものは、本来、その地域や社会のあり方を無視して成り立つものではない。各種専門家がまちづくりにかかわるといっても、専門分化している現在においては、もっぱら専門分野別のかかわりに留まってしまうことが大半であり、まちをトータルにとらえようとする発想は実に希薄である。地域側からしても、専門分化した知識や技術は個別の課題解決には役立つであろうが、まち全体の持続可能性を高めていくためには不足する。地域に生きるということは、個別分野の単なる集積ではなく、生きたまちづくりの知恵が必要だからである。これから問われていくまちづくりの根本課題は、この専門分化した状況をリアルなコミュニティ空間を通じて結びつけ、生きたまちづくりを実践していくことである。それは、大学にとっても、地域にとっても、新たな協働の形となるであろう。

佐原アカデミアは、これらを媒介していく組織である。佐原というコミュニティ空間から創出されるまちづくりを基軸に、大学・民間企業・行政を積極的につないでいくとともに、相互応答的な知の創造を試みていく。それは、佐原というコミュニティ空間が、学びの場であり、新たな知識や技術を生み出していく場になっていくということに他ならない。それは、小森氏の功績を後世につなぐことであり、新たな時代を切り拓く自治のまちづくりの本格的な挑戦なのである。

あとがき

多くの皆様のお力添えをいただいて、この本を出版することができました。二〇一一年に東日本大震災でこのまちが甚大な被害を受けたとき、佐原のまちづくりの軌跡をしっかり残さなくてはと本当に強く思いました。

早速、まちづくりに携わってくださった方々のヒアリングを開始し、毎年少しずつ取り組みました。とりわけ長い間いつも佐原のまちに寄り添い、歴史を紐解き、未来を見つめてきてくださった小森孝一さんのヒアリングを積み重ねていくうちに、地域の記憶として、地域に残していくことが、これからのまちづくりへの大切な贈り物だと思いました。

毎年少しずつ取り組み、幾度も重ねた編集会議、記録や資料取集に真摯に取り組んでくれた佐原アカデミアの仲間たちに心から感謝します。

何よりまず、小森さんに深甚なる感謝を申し上げます。これまで佐原に残してくださった大いなる軌跡に心から敬意を表します。

また、専門的知見で支援をいただいた小出晧一さん、坂本行広さん。そして佐原のまちと町衆の歴史を綴ってくださった酒井右二先生の寄稿文は、歴史とともにこの地が育まれていくことを改めて想い起こさせるもので、とても大切なことでした。有難うございました。

さらに菅井源太郎さんに佐原囃子のヒアリングができたことが本当によかったと思います。与倉屋さんの佐原の伝統文化への貢献は宝物です。

とりわけ、ヒアリングの初めから主体的に丹念に聴きとりながら、潜在的な世界観を丁寧に紡いで、本書の編集に携わってくださった大矢野理事長には、本当に長い間お疲れ様でした。語り手の声に耳を澄まし粛々と取り組んで下さったこと、感謝の気持ちで一杯です。本当に有難うございました。そして全体を見つつ最後の寄稿文を執筆いただいた関谷昇理事、有難うございました。

今回、本書帯に、推薦の言葉をいただきました田中優子先生には、ことのほかうれしい出来事でした。なによりの心強いエールを受けとりました。有難うございました。

結びに、言叢社に感謝を申し上げます。以前ユネスコ無形文化遺産登録を記念して刊行した『写真文集 佐原の大祭』(二〇一七年)でお世話になりました。その折編集を担われた島亨さんから「次は小森さんの本ですね」と言われたのを想い出します。編集者の方から見ても小森さんは魅力的だったんだとあらためて思いました。残念ながら島さんは他界され、今回は五十嵐芳子さんにご尽力いただきました、重ねて御礼申し上げます。

この本を編んで、佐原のまちづくりの変革期の変遷の一端を可視化することができて本当によかったと思っています。お力添えくださった皆様にあらためて御礼申し上げます。

椎名 喜予
特定非営利活動法人 佐原アカデミア事務局長

●「小森孝一が語る」図版出典一覧　＊上段の算用数字は、本文の頁数です

◎小関与四郎氏撮影（『佐原の大祭』言叢社より）
48　小野川に沿って山車が並ぶ
172　上・下
178　八日市場「鯉」山車
179　仁井宿「鷹」山車
182　上・彫刻
183　大人形　九葉
190　忠敬橋での「お浜降り」二葉
192　香取市合併一〇周年記念「特曳き」
224・225　下座連　九葉
253　祭りの日

◎椎名敬之氏撮影
34　下：現在の忠敬橋
37　正上前の「出し」
47　下：小野川
60　佐原囃子マラソン・チャリティーコンサート
68　コミュニティ空間に生きる（二段左・中除く）
69　佐原文化芸術祭（一段右除く）
92　諏訪神社本殿
93　猿田彦命の頭部
132　伊能家旧宅前の樋橋
141　馬場本店酒造
199　わくわく広場と楽市楽座の永野美知子さん
207　東京ドームの「ふるさと祭り東京」に出場の山車と小森さんたち

◎椎名敬之氏提供
20　ポスター
47　上・柿実るころの小野川：ぶれきめら
59　「復興観光」チラシ
68　ボランティア通訳・お祭り日本体験：国際交流協会
69　小野川出しの花活け：佐原商工会議所
182　下・彫刻三葉：佐原の大祭パンフレット

◎小松裕幸氏提供
217　菅井誠太郎さん直筆の採譜録・「佐原囃子集成」表紙

◎香取市教育委員会提供
34　上：忠敬橋歩道橋竣工時
131　伊能堀・旧水路想定図
175　新宿・八朔参会、新宿・惣町幣台当役会議、本宿・祇園祭惣町参会

◎香取市ホームページ
17・19　被災状況

◎佐原市教育委員会『佐原山車祭調査報告書』
236　〈資料2〉活動中・解散・休止中の佐原囃子の下座連一覧
237　〈資料3〉佐原囃子下座連の分布図

◆カバー写真
○カバーおもて
上段・特曳き：太陽堂提供
昔の写真：小関与四郎撮影
下段左：大楠公山車『東関戸の年番記録』口絵
丸枠・小野川、下段中・右：椎名敬之氏撮影
○カバーおもて折返し
昔の写真：はごろも写真館提供
左3段目：『佐原の町並み資料集成』
右上・諏訪公園の伊能忠敬銅像：『伊能忠敬』一頁
下・地図：『佐原の大祭』二四頁
○カバーうら
右上・1段・2段目：椎名敬之氏撮影
3段目：ぶれきめら提供
下段左：椎名敬之氏撮影、右：佐原商工会議所
○カバーうら折返し
右：1段・2段・4段目：椎名敬之氏撮影
3段目：佐原アカデミア提供、下段左：椎名敬之氏撮影

◆以下の文書類は、本文に簡略に出典記す
・『佐原の町並み資料集成』佐原市、平成一六年
・『佐原新宿　諏訪神社大祭、明治十年〜平成元年「幣台年番記録集」』佐原山車文化研究会・編、平成二八年
・『平成二・三・四年、諏訪神社祭礼「幣台年番記録」幣台正年番東関戸区』平成四年
・『地域人としての伊能忠敬』伊能忠敬翁顕彰会・佐原アカデミア・江戸東京学水都佐原調査研究会
・『伊能忠敬』伊能忠敬翁顕彰会
・『佐原の大祭』言叢社、二〇一七年

佐原の山車祭り／まちおこしと小森孝一・戦後関連年表

西暦	山車祭り／まちおこし	佐原の動き／社会の動向
一九四五	九月　新宿惣町、終戦の年早々に例祭を行ない、山車まちに出る（本宿は翌年から）	第二次世界大戦終戦
一九四六	菅井誠太郎さんが佐原囃子を採譜	
一九四八	『佐原囃子集成』初版本発行	
一九五〇	正年番・下宿を中心に幣台規約の一部改正（年番引き継ぎは幣台一二以上出た年に行なう）	
一九五一	佐原市制施行祝賀で新宿・本宿合同山車曳き廻し東関戸・年番（一九五一年〜五五年の五年間）	佐原町・香取町・香西村・東大戸村の二町二村が合併して、佐原市が誕生
一九五五	佐原囃子が千葉県無形民俗文化財に指定 新宿惣町当役会議で大町、小町の区別をなくす	佐原市に新島村・津宮村・大倉村・瑞穂村の四村が加わる第二次市町村合併
一九五九	佐原囃子保存会発足	第三代市長　小森鐘吉氏就任（〜二期 一九六七年まで）
一九六一		佐原市制十周年
一九六四	『限定版　佐原囃子』（佐原囃子集成第二版）	オリンピック東京大会開催
一九六五	八坂神社の旧神輿を市文化財に指定	
一九六七		第四代市長　宇井隻平氏就任（〜三期 一九七九年まで）

一九六八	新宿・本祭行事規約改正（年番、三年で次町へ引き継ぎ、十町で本祭とするなど）	忠敬橋落成
一九七四		文化庁が伝統的建造物群保存地区保存対策のための調査及び計画を策定（一度目）
一九七六	諏訪神社大祭の祭礼日改正（一〇月第二土曜日を中日とする三日間）	
一九七八		新東京国際空港（成田）開港
一九七九		第五代市長　鈴木全一氏就任（～二期　一九八七年まで）
一九八〇	市制三〇周年祝賀山車曳き廻し	
一九八二		財団法人観光資源保護財団による佐原の町並みに関する調査（二度目）
一九八四		佐原市観光振興計画策定
一九八七	東関戸区　新宿惣町の後年番（受年番） 小森氏祭事区長	佐原市　手づくり郷土賞（いきいきとした楽しい町並み）受賞 第六代市長　宇井隻平氏就任（～一期　一九九一年まで）
一九八八	天皇闘病の報で祭礼中止 水郷佐原山車会館オープン	
一九九〇	東関戸区が三五年ぶりに諏訪神社祭礼の山車正年番 小森氏、年番区長を務める（三年間）	まちづくりを語り合う場の発足（佐原市） 小野川ふるさと川づくり検討委員会発足（佐原市）
一九九一	新宿・山車特曳き会場を佐原コミュニティセンター駐車場に変更、山車八台が参加し、好評 新宿・上新町、幣台年番入り決定 佐原の町並みを考える会設立（小野川と佐原の町並みを考える会に名称変更・二〇一六年にＮＰＯ法人を取得）	第七代市長　鈴木全一氏就任（～三期　二〇〇三年まで） 佐原の町並みを考える会は、佐原三菱館を拠点にして観光案内を行ない、夜には学習会を開いて保存計画を議論

西暦	山車祭り／まちおこし	佐原の動き／社会の動向
一九九二	新宿・山車特曳き会場整備実行委員会（小森委員長）を結成（招待桟敷席八〇〇席） 山車順路で電線の高さを八mに上げる工事始まる 祭礼前日の町の準備風景撮影　NHKテレビ 新宿惣町区長・当役長会議で山車特曳きの継続を小森氏に一任 清宮良造著・小出皓一補『佐原の大祭山車まつり』出版	行政、市民、専門家の連携で佐原市小野川・香取街道歴史的町並み保存基本計画を作成
一九九三	小森氏、前年番区長に就く（三年間） 市長を本部長とする佐原観光山車祭り実施本部を設置。その下に「佐原観光山車祭り実行委員会」（初代委員長に小森氏）。なお、同会は後に「佐原の大祭実行委員会」に名称変更 特曳き会場で桟敷拡大三〇〇〇席 小野川の川さらいを実施、舟運復活（祭り当日のみ）	佐原市佐原地区町並み形成基本計画を作成 佐原市商業振興ビジョンを策定
一九九四	夏祭り、秋祭りで楽市楽座（お祭りステージ）設置	佐原市歴史的景観条例を制定
一九九五	小森氏、佐原商工会議所副会頭に就任 本宿の祭礼日を変更（七月十日過ぎの金・土・日）	佐原市歴史的町並み観光活性化プラン策定 小野川周辺整備開始 栃木市・川越市・佐原市で小江戸会をつくり交流
一九九六	小野川両岸を新宿・本宿の山車が周回できるよう「議定書」を締結 小野川の川さらいを再開 観光案内ボランティアの会発足 新宿・秋祭り、観光客数四〇万人（三日間合計：実行委員会資料）	関東地方で初めて、重要伝統的建造物群保存地区に選定 佐原市歴史的景観条例に基づき、佐原市佐原景観形成地区を決定 佐原市山車保存整備事業制度発足
一九九七	佐原囃子連合会と佐原囃子保存会が合併 忠敬橋歩道橋を撤去	町並み観光案内所開設

年	佐原	市
一九九八	『佐原囃子集成』第三版（楽譜編・解説編）	
一九九九	佐原の大祭実行委員会が第七回地域伝統芸能大賞受賞	
二〇〇〇	小森氏、佐原商工会議所会頭に就任 佐原市制五〇周年記念事業　新宿・本宿合同の山車二四台	佐原市中心市街地活性化基本計画を策定 佐原市教育委員会『佐原山車祭調査報告書』をまとめる
二〇〇一	NPO法人まちおこし佐原の大祭振興協会設立	佐原伝統的建造物群保存地区防災計画策定
二〇〇二	第三セクターまちおこし会社ぶれきめら設立 山車特曳き終了（国の重要無形民俗文化財指定取得のため）	佐原商工会議所が佐原戦略ビジネスプラン（TMO構想）「よりよい佐原のまちづくりを目指して」を策定
二〇〇三	ぶれきめら、小野川舟運事業の通年運航開始 『定本・佐原の大祭山車まつり』発刊	第八代市長　岩瀬良三氏就任（～一期二〇〇六年まで） 小野川右岸電線共同溝事業開始
二〇〇四	佐原の山車行事、国の重要無形民俗文化財の指定を受ける 佐原市国際交流協会設立（二〇〇六年市町村合併で香取市国際交流協会に変更）	
二〇〇五	佐原の大祭、小野川沿いにおける時間指定の車両進入禁止に着手 佐原おかみさん会結成（まちぐるみ博物館を主宰） 佐原駅周辺の活性化を目指す第三セクター（株）ゼットやっぺい社設立	佐原市、二度目の手づくり郷土賞を受賞
二〇〇六	佐原市が平成一七年度優秀観光地づくり賞金賞を受賞	佐原市・小見川町・山田町・栗源町の一市三町が合併、香取市発足 香取市初代市長　宇井成一氏就任（～四期二〇二一年まで） 小野川右岸電線共同溝事業完了

西暦	山車祭り／まちおこし	佐原の動き／社会の動向
二〇〇七	山車保存事業が東日本鉄道文化財団の地方文化支援を受ける 小森氏、佐原商工会議所会頭を退任	
二〇〇八	佐原囃子保存会がサントリー地域文化賞を受賞	歴史的建造物の空き店舗を活用した実験事業を実施
二〇〇九	佐原の町並みが平成百景に認定 佐原おかみさん会が商店街ルネッサンス・コンテストわかば部門最優秀賞受賞 食文化をテーマとした女性による「結いの会」発足	
二〇一〇	特定非営利活動法人江戸優り佐原まちづくりフォーラム設立（二〇一三年に認定ＮＰＯ法人を取得）	道の駅・川の駅　水の郷さわら開業 伊能忠敬関係資料を国宝指定 中心市街地活性化の取り組みに対する診断・助言事業
二〇一一	震災直後、女性有志でまちの復興を誓う「負けるな佐原！」のポスター作成 まちおこし佐原の大祭振興協会、佐原囃子マラソン・チャリティーコンサートを開く 復興支援の情報発信機能をもったプラットフォーム佐原立ち上げ 佐原アカデミア、任意団体としてスタート 被災した歴史的町並み支援・復興を目的に佐原・商たすきがけ事業協同組合設立 佐原商工会議所が第四回全国商工会議所きらり輝き観光振興大賞のグランプリを受賞 伝統文化支援を目的に小森文化財団を設立	東日本大震災・福島第一原発事故勃発。香取市も甚大な被害を受ける（歴史的建造物の三分の二が被災）香取市、災害復興計画を策定
二〇一二		東京情報大学と香取市との間で地域連携協定を締結 小野川左岸電線共同溝事業開始（香取市）

二〇一三	東京ドーム「ふるさと祭り東京」に山車と佐原囃子が参加（二〇二〇年まで毎年参加）	震災で被害にあった建物の修復がほぼ完了
二〇一四	与倉屋大土蔵や店舗など、まちなか全体を活用して江戸優り佐原文化芸術祭・まちぐるみ小劇場を開催（以降、毎年） 佐原時代の伊能忠敬の功績を知ってもらうため、伊能忠敬翁顕彰会を設立	小野川左岸電線共同溝事業完了
二〇一六	佐原の町並みと山車行事、香取神宮など、日本遺産に認定（二〇一八年に観福寺・飯篠長威斎墓などが追加認定） 佐原の山車行事が全国三三の「山・鉾・屋台」とともにユネスコ無形文化遺産に登録 特定非営利活動法人佐原アカデミア設立	学校法人千葉工業大学・千葉県香取市との包括的地域連携協定を締結
二〇一七	法政大学人間環境学部と佐原アカデミアで学生の受入れの覚書締結 佐原アカデミアと津田塾大学で包括的連携協定締結	小野川左岸美装化工事完了
二〇一八	佐原おかみさん会が平成三〇年度都市景観大賞優秀賞「都市景観の日」実行委員会会長賞受賞 （株）ＮＩＰＰＯＮＩＡ ＳＡＷＡＲＡ、古民家ホテル開設 まちづくり会社・佐原みらい運河（株）設立 日本かき氷協会と連携し、かき氷コレクション.in佐原二〇一八を開催、かき氷のまちを目指す	
二〇一九		香取市歴史的風致維持向上計画を国が認定

西暦	山車祭り／まちおこし	佐原の動き／社会の動向
二〇二〇	コロナ禍で佐原の大祭（夏祭り・秋祭り）中止（二年間）	新型インフルエンザ等対策特別措置法に基づく、新型コロナウイルス感染症に関する緊急事態宣言
二〇二二	三年ぶりに佐原の大祭開催 佐原アカデミアと國學院大學観光まちづくり学部と相互連携及び協力に関する基本協定書締結	香取市第二代市長　伊藤友則氏就任

出典

佐原市史（昭和四一年三月三一日 佐原市役所）
香取市集客・観光・交流アクションプラン（平成二九年三月 香取市）
佐原商工会議所創立五〇周年記念誌（平成一四年三月 佐原商工会議所）
定本 佐原の大祭山車まつり（平成一五年九月吉日　著者：清宮良造　補者：小出晧一　発行人：ＮＰＯ法人まちおこし佐原の大祭振興協会）
諏訪神社祭礼幣台年番記録　幣台正年番東関戸区（平成四年十月吉日　著作：東関戸区祭事委員会　発行人：東関戸区祭事区長　小森孝一
発行所：東関戸区）

小森 孝一が語る

佐原の山車祭りと まちおこしの35年

特定非営利活動法人 佐原アカデミア 編
話者＝小森 孝一
本文・構成＝大矢野 修

2023年2月15日 第一刷発行

発行者 言叢社同人
発行所 有限会社 言叢社
〒101-0065 東京都千代田区西神田2-4-1 東方学会本館
Tel.03-3262-4827／Fax.03-3288-3640
郵便振替・00160-0-51824

印刷・製本 中央精版印刷株式会社

ISBN978-4-86209-089-8 C0036
写真：小関与四郎・椎名敬之
装丁 佐藤篤司